Resteliebe Papier

Alles verwenden. Nichts verschwenden.

Ina Mielkau

Resteliebe

PAPIER

Alles verwenden.
Nichts verschwenden.

DIE BESTEN
IDEEN
AUS PAPIER

CV

Inhalt

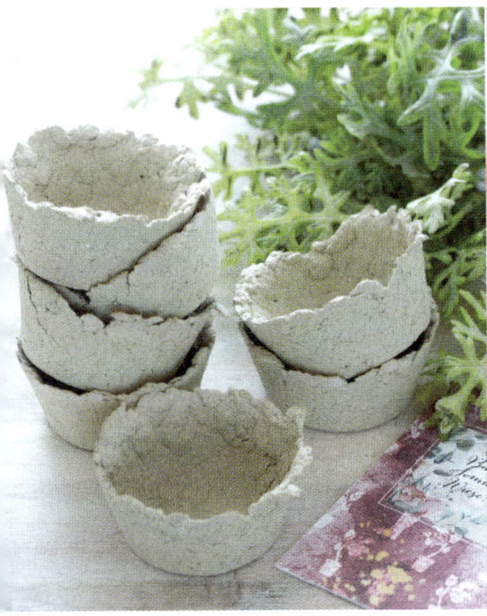

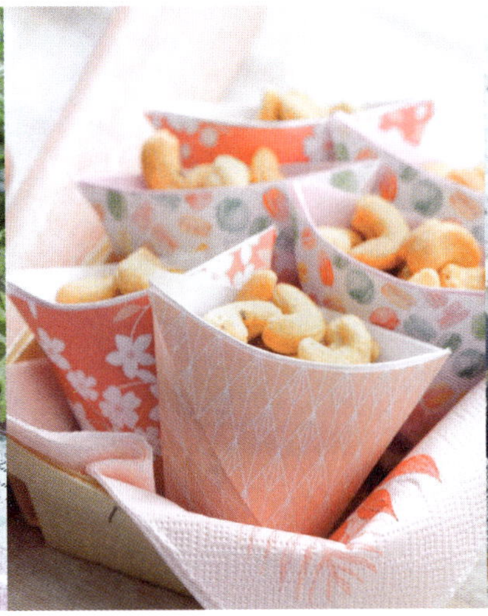

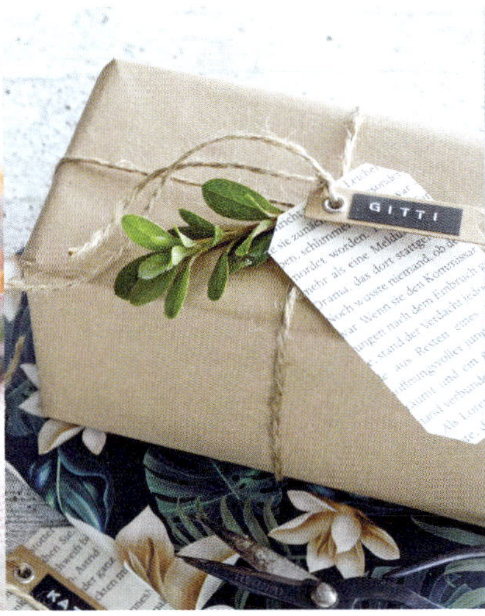

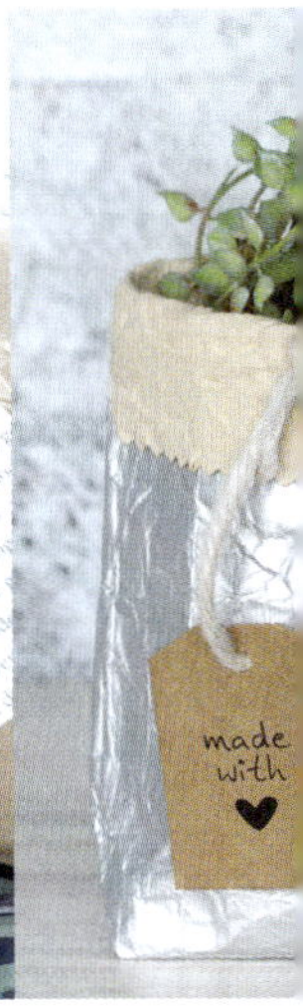

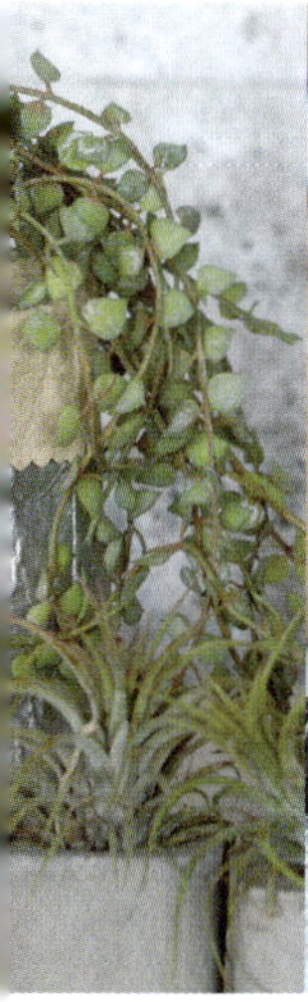
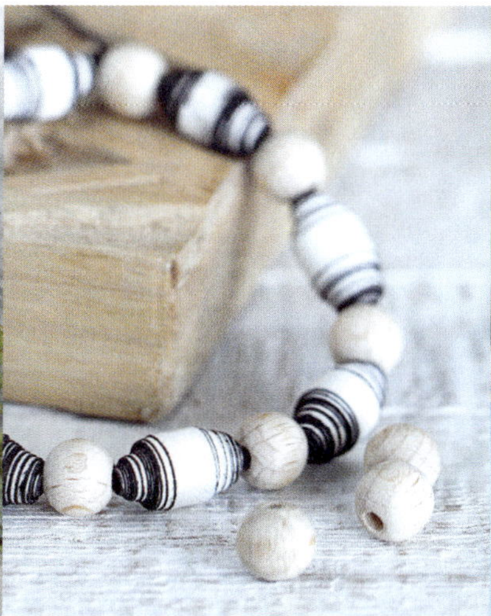
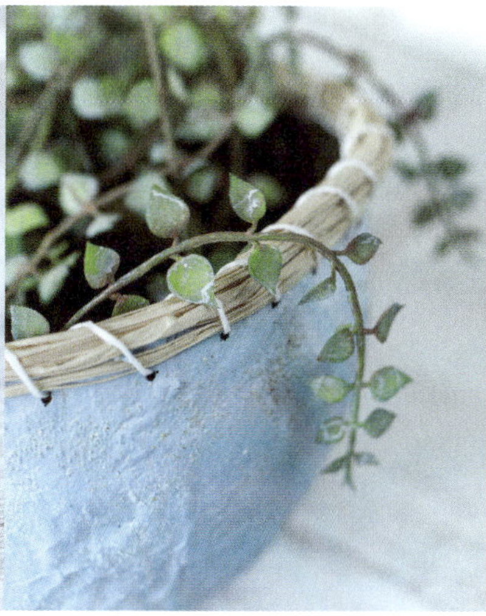
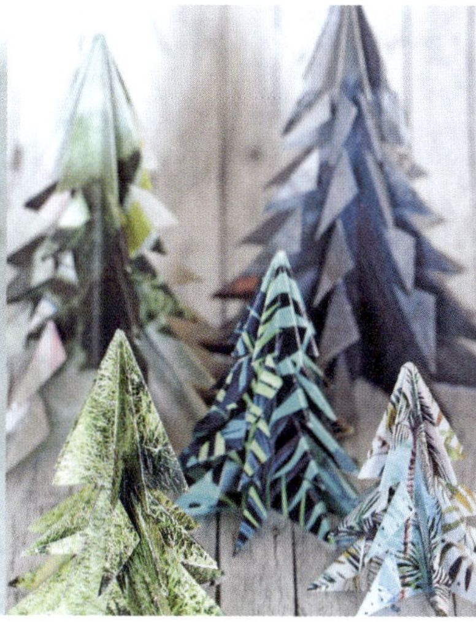

Vorwort

Papier ist ein ganz wundervoller Werkstoff und seit jeher mein Lieblingsmaterial. Vielleicht, weil man selten irgendein kompliziertes Werkzeug benötigt, um es zu bearbeiten. Das meiste hat jeder in irgendeiner Form zu Hause.

Papier lässt sich bemalen, bedrucken, bekleben, reißen, schneiden, falten, stanzen - es gibt so viele Möglichkeiten. Und jeder kleine Papierrest ist noch für irgendetwas zu gebrauchen. Ich habe eine ganze Kiste voll, nur mit Schnipseln, die ich oft hervorkrame. Es ist immer ein Stück dabei, das sich noch verwenden lässt.

Auch Schachteln und Versandkartons werden immer erst mal einer kleinen Prüfung unterzogen, ob sie sich nicht noch irgendwie verwenden lassen. Schließlich muss man ja auch mal etwas verschicken oder als Geschenk einpacken. Auch kleine Obstschachteln kann man prima weiterverwenden.

Selbst ein paar Bögen Zeitungspapier lassen sich zu etwas Nützlichem verarbeiten. Ob man daraus Anzuchttöpfchen herstellt, sich einen Malerhut bastelt oder die Zeitung durch die Schreddermaschine jagt und so Material gewinnt, um fragile Gegenstände zu sichern.

Vielleicht weicht man aber auch sein Papier komplett auf (zum Beispiel Eierkartons) und stellt daraus neues, eigenes Papier her.

Vor allem lohnt es sich aber, vor jeder Anschaffung von neuem Papier zu überlegen, ob es wirklich nötig ist. Vielleicht findet sich zu Hause doch irgendwo etwas, das man noch einmal verwerten kann.

Auf den Seiten 56-63 sind Projekte aus alten Milchtüten beschrieben. Hier handelt es sich natürlich nicht um Altpapier, denn Tetrapack ist ein Verbundmaterial. Weil sich daraus aber viele schöne Dinge herstellen lassen, haben sie sich dann doch hier reingemogelt ;)

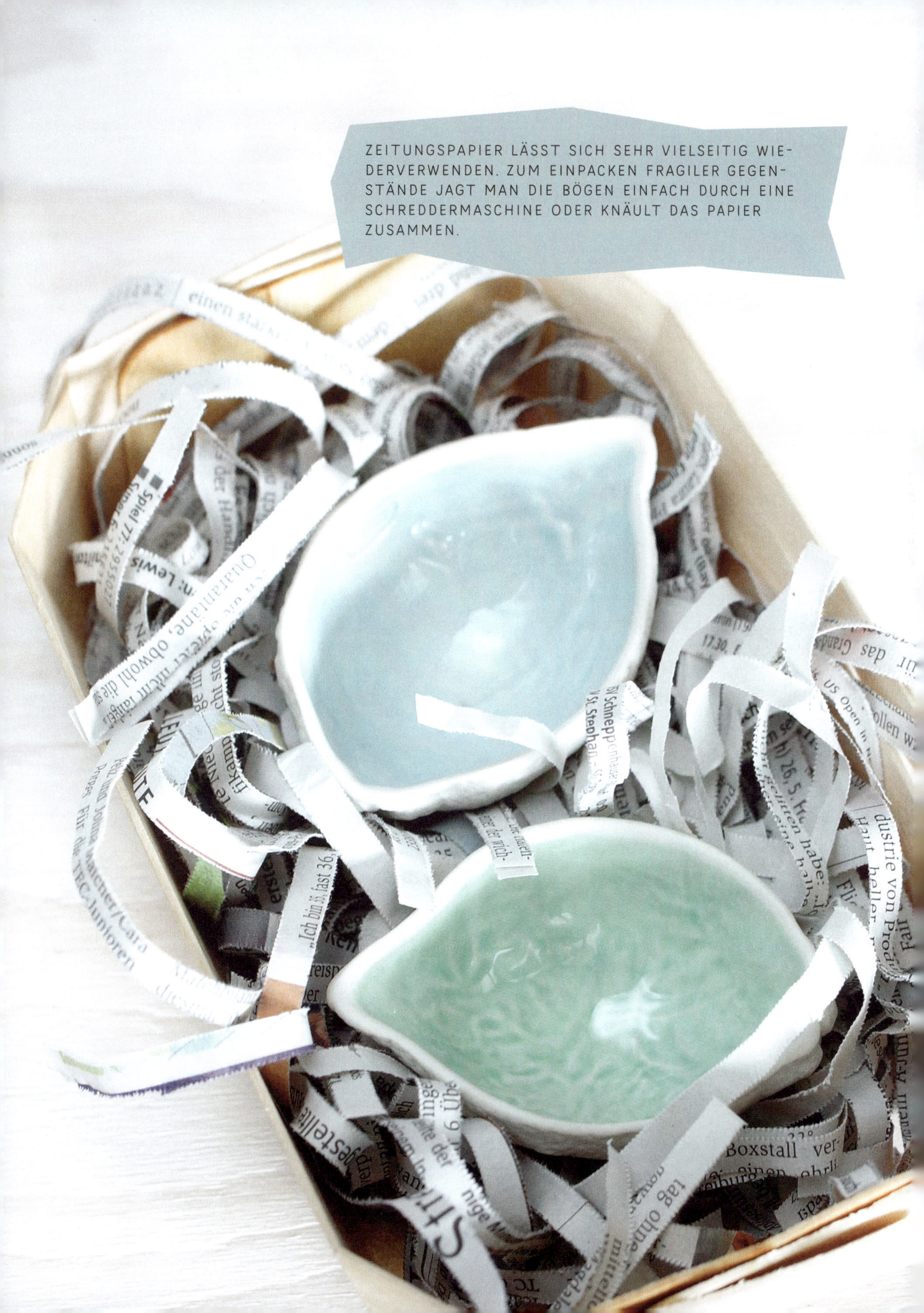

ZEITUNGSPAPIER LÄSST SICH SEHR VIELSEITIG WIEDERVERWENDEN. ZUM EINPACKEN FRAGILER GEGENSTÄNDE JAGT MAN DIE BÖGEN EINFACH DURCH EINE SCHREDDERMASCHINE ODER KNÄULT DAS PAPIER ZUSAMMEN.

Was ist Altpapier?

Altpapier ist Papierabfall. Er fällt in unseren Haushalten oder in Gewerbebetrieben an und wird zum Recyclen gesammelt. Beim Papierrecycling wird das Altpapier aufgelöst und aufbereitet, um daraus wieder neues Papier, Karton und Pappe herzustellen.

Aus Altpapier entsteht beispielsweise Zeitungspapier (die meisten Tageszeitungen werden auf 100 % Altpapier gedruckt), Kopierpapier, Hygienepapier und auch für Kartonagen verwendet man es. Je mehr Papier wiederverwertet wird, desto weniger Holz oder Zellstoff wandert in die Papierproduktion. Denn die Herstellung von neuem Papier belastet unsere Umwelt stark durch den Verbrauch von Holz, Energie und sehr viel Wasser. Außerdem können gefährliche Chemikalien in die Gewässer gelangen. Durch den Einsatz von Altpapier und spezielle Techniken bei der Produktion können diese Umweltbelastungen jedoch stark reduziert werden.

Obwohl das Altpapier vor der Verarbeitung sortiert wird, ist es wichtig, dass jeder beim Sammeln schon weiß, was in die Altpapiertonne gehört und was nicht. Hier noch mal eine Liste zur Erinnerung.

INS ALTPAPIER GEHÖREN:

- Zeitungen/Zeitschriften/Broschüren/Bücher
- Schulmaterial aus Papier
- Papiere, Kartons und Pappen aus Büros und Verwaltungen
- Geschenkpapier und -karton
- Verpackungen aus Papier, Pappe und Karton
- Eierkartons

NICHT INS ALTPAPIER GEHÖREN:

- Verbundmaterialien, z. B. Getränkekartons
- Tapeten
- Wachs-, Paraffin-, Bitumen- und Ölpapiere bzw. -pappen
- Thermopapier – Kassenzettel, Fahrkarten
- Selbstdurchschreibepapier
- nassfest imprägnierte und/oder geleimte Papiere und Pappen – Plakate
- mit Kunststofflacken oder -folien hergestellte Lack-, Glacé- und Chromopapiere und -pappen
- Papiere mit Klebstoffanwendungen, die sich nicht leicht abtrennen lassen (Haftnotizen, Adressetiketten, Selbstklebeverschluss bei Kuverts)

(Quellen: Wikipedia, Umweltbundesamt)

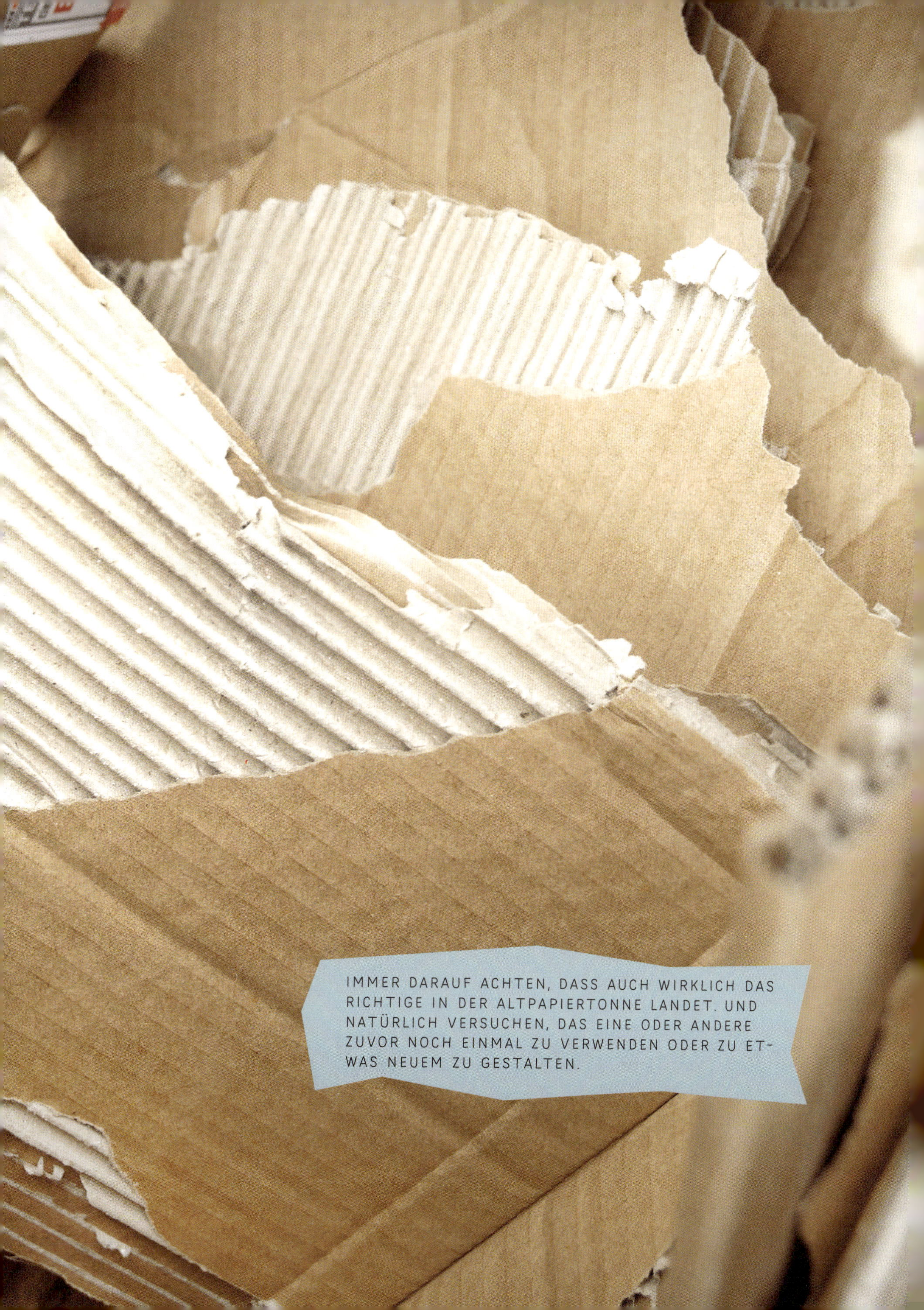

IMMER DARAUF ACHTEN, DASS AUCH WIRKLICH DAS RICHTIGE IN DER ALTPAPIERTONNE LANDET. UND NATÜRLICH VERSUCHEN, DAS EINE ODER ANDERE ZUVOR NOCH EINMAL ZU VERWENDEN ODER ZU ETWAS NEUEM ZU GESTALTEN.

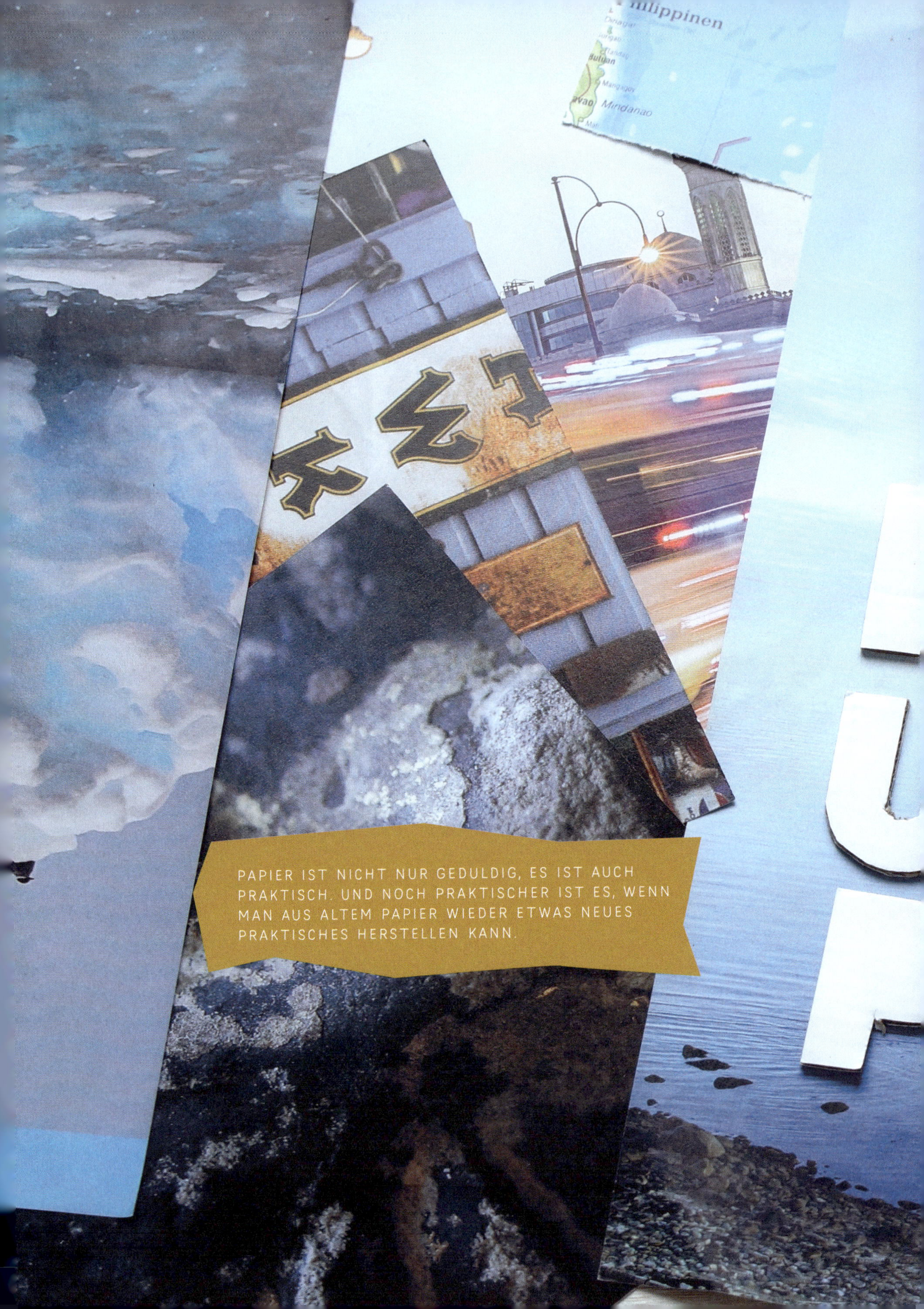

PAPIER IST NICHT NUR GEDULDIG, ES IST AUCH PRAKTISCH. UND NOCH PRAKTISCHER IST ES, WENN MAN AUS ALTEM PAPIER WIEDER ETWAS NEUES PRAKTISCHES HERSTELLEN KANN.

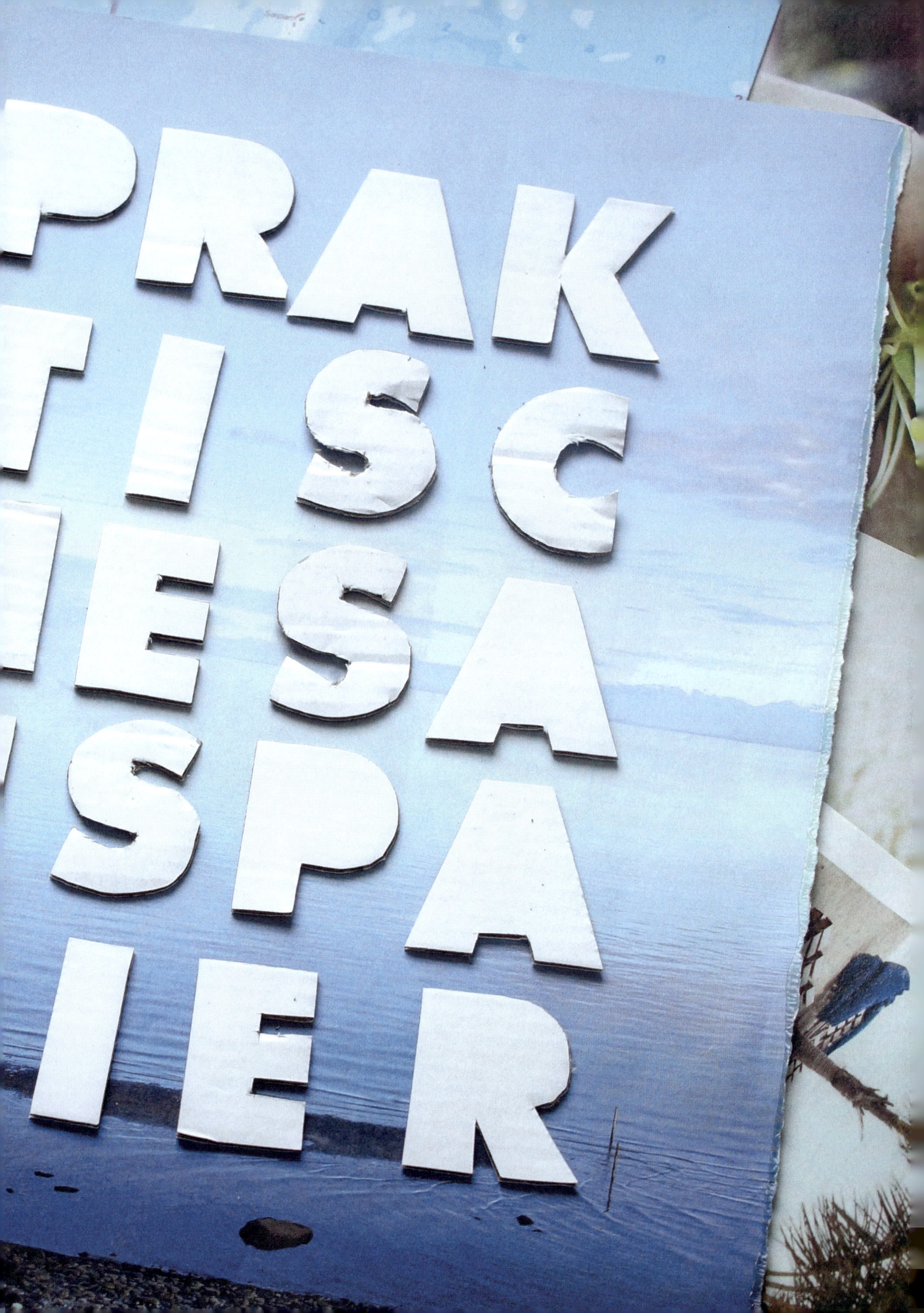
PRAK
TISC
ESA
SPA
IER

Papier selber schöpfen

MATERIAL:
PAPIERSCHNIPSEL (Z. B. ZEITUNGSPAPIER ODER EIERKARTON), 2 EINFACHE BILDERRAHMEN, FLIEGENGITTER AUS METALL, SCHERE, TACKER, SCHÜSSEL, WASSER, MIXSTAB, KLEINE FLACHE WANNE, KÜCHENTÜCHER, EVTL. HANDTUCH, SCHWAMM

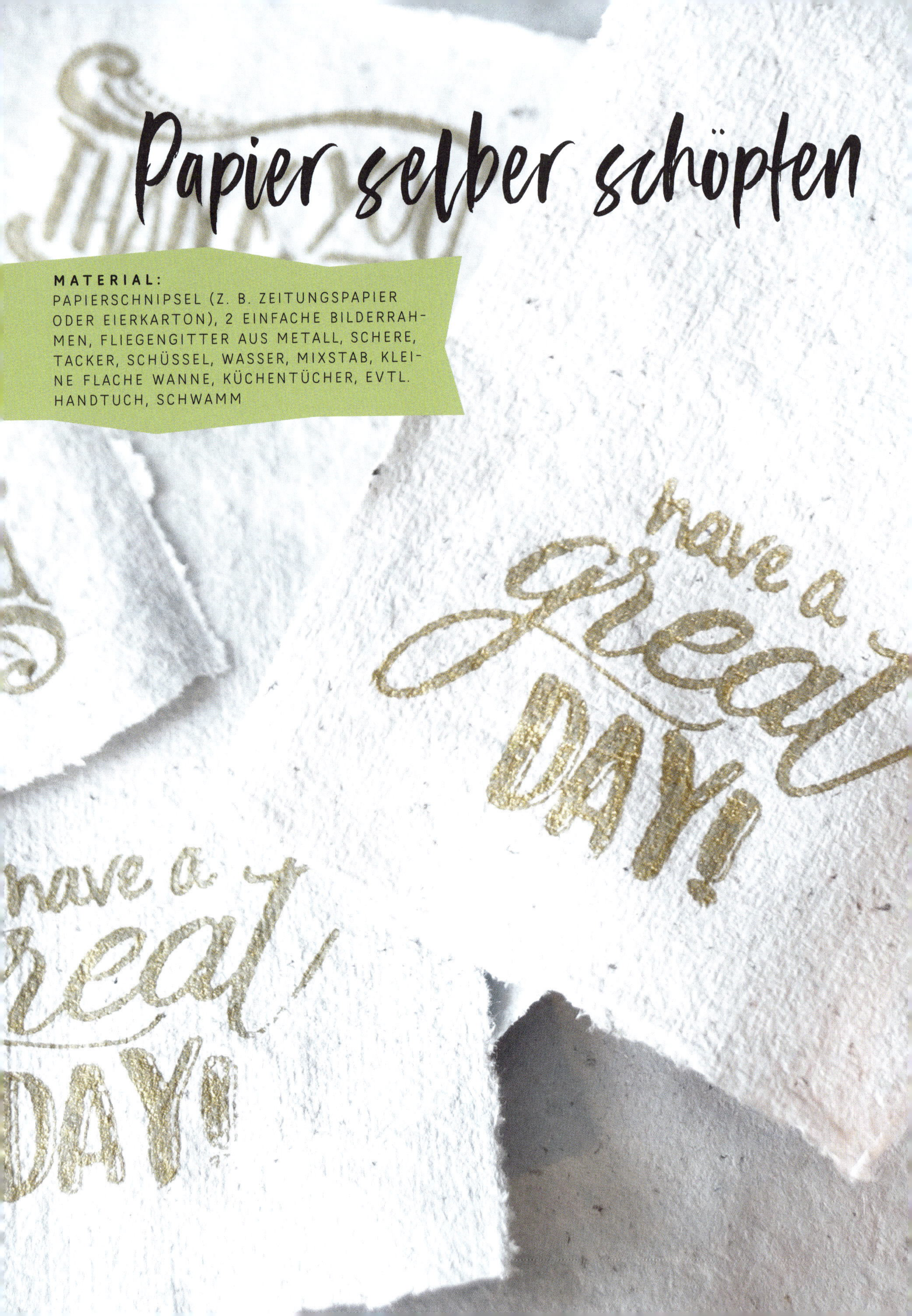

NEUES PAPIER AUS ALTEM PAPIER: SELBER PAPIERSCHÖPFEN IST EINE SUPER SPANNENDE SACHE. HIER KANN MAN ALLES ZERSCHNIPSELN, WAS MAN FINDET. EIERKARTONS, BEERENSCHACHTELN, KOPIERPAPIER, ZEITUNGSPAPIER, BÜCHER ... DAS ERGEBNIS IST AUF JEDEN FALL IMMER WIEDER ÜBERRASCHEND.

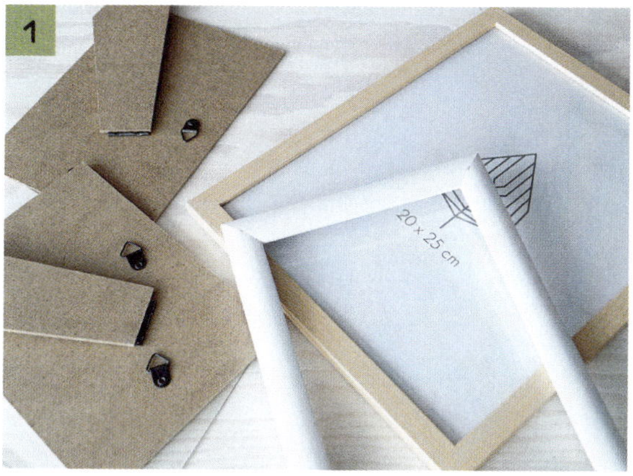

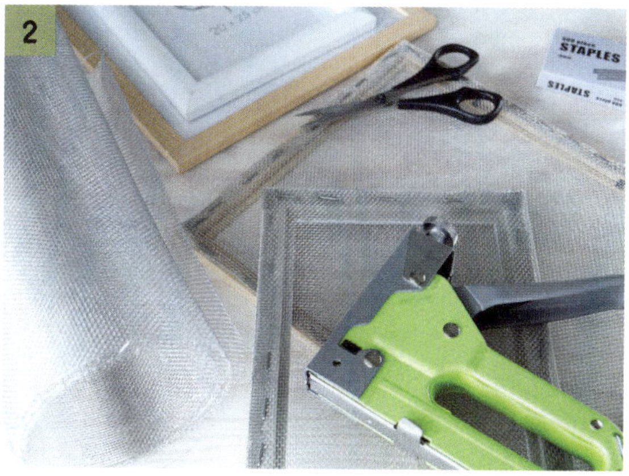

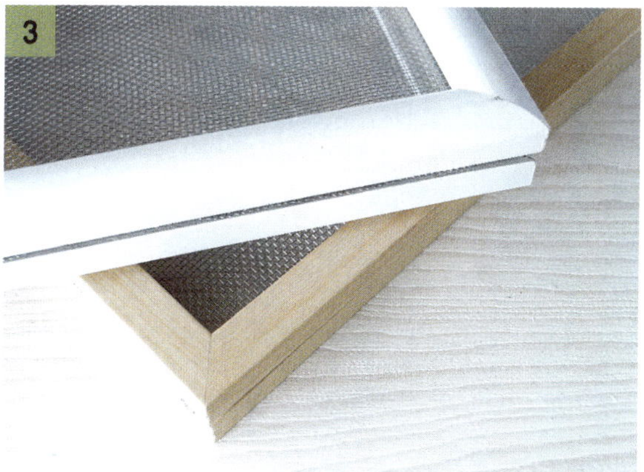

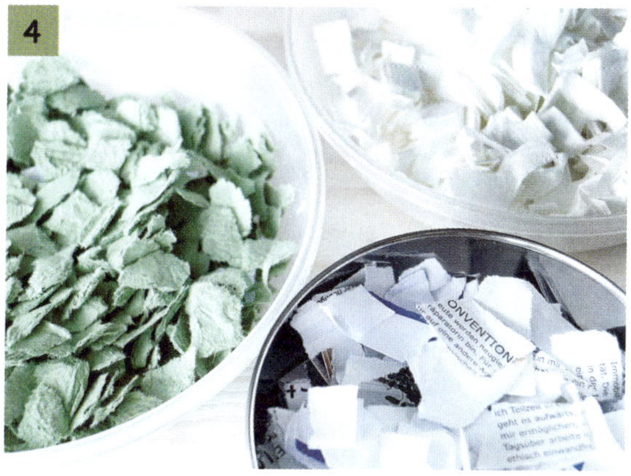

1. Aus den 2 Bilderrahmen entfernt man das Glas und die Rückseiten, ebenso die kleinen Clips, die die Rückseite festhalten.

2. Aus dem Fliegengitter schneidet man passende Stücke und tackert sie auf die Rückseite eines der beiden Rahmen. Dabei am besten die Kanten umschlagen.

Vorsicht mit dem Draht. Die kleinen Metalldrähte können ziemlich piksen.

3. Am besten gleich mehrere Größen anlegen. z. B. A6 für Postkarten oder A5 für faltbare Grußkarten.

4. Dann wird geschnipselt. Das Papier schön klein rupfen. Man kann das Papier ein wenig nach Farben sortieren, wenn man mag. Dann ist das Ergebnis vorhersehbarer. Wer sich überraschen lassen will, mischt alles zusammen. Die Schnipsel mit Wasser übergießen und erst einmal eine Weile einweichen lassen.

Fortsetzung auf der nächsten Seite

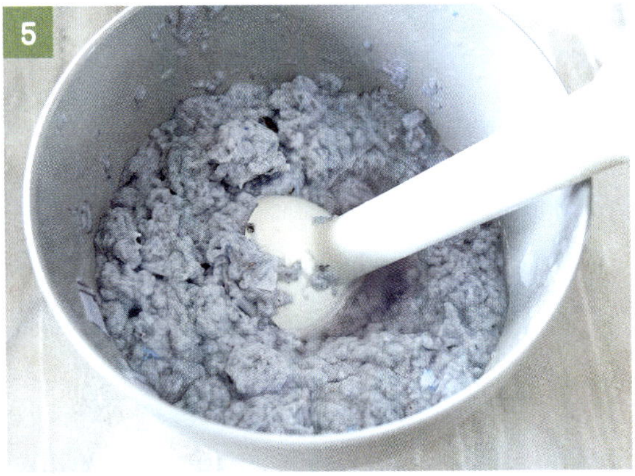

5. Ist die Masse aufgeweicht, wird sie mit einem Mixstab gleichmäßig zerkleinert.

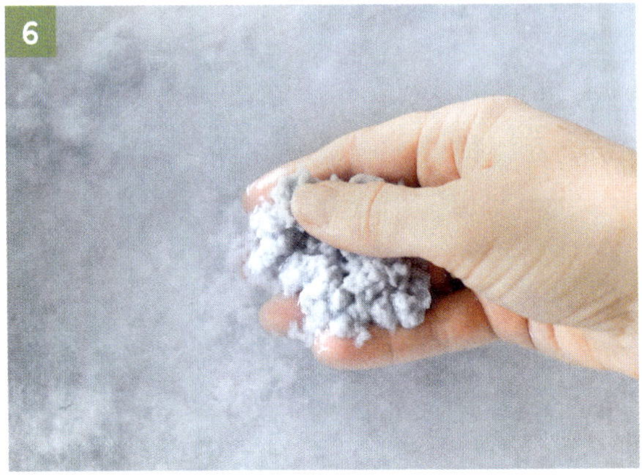

6. Dann gibt man einen Teil der Masse in die flache, mit Wasser gefüllte Wanne und verteilt sie.

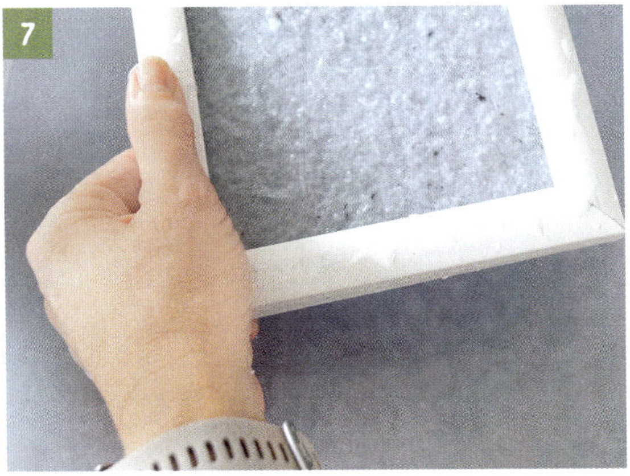

7. Auf das erste Sieb – mit der bespannten Drahtseite nach oben – legt man den zweiten Rahmen ohne Gitter. Beides nun vorsichtig durch das Wasser ziehen.

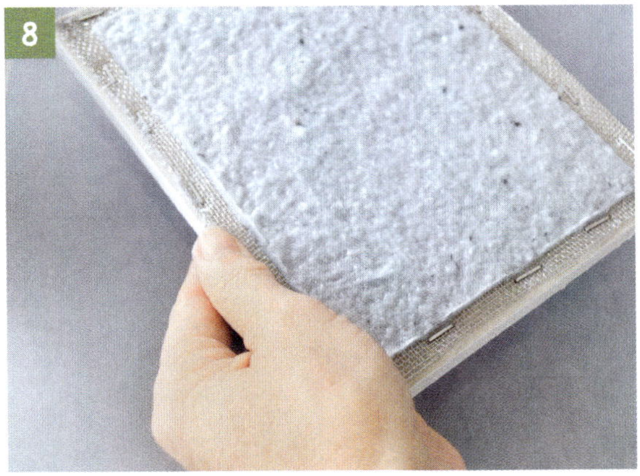

8. Das Wasser ein wenig abtropfen lassen und den zweiten, oberen Rahmen abnehmen.

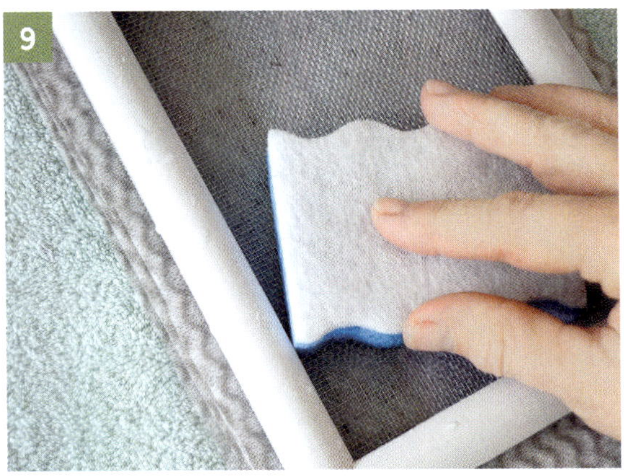

9. Anschließend stülpt man den Rahmen auf ein Küchentuch und tupft mit einem Schwamm das überschüssige Wasser aus dem Sieb heraus.

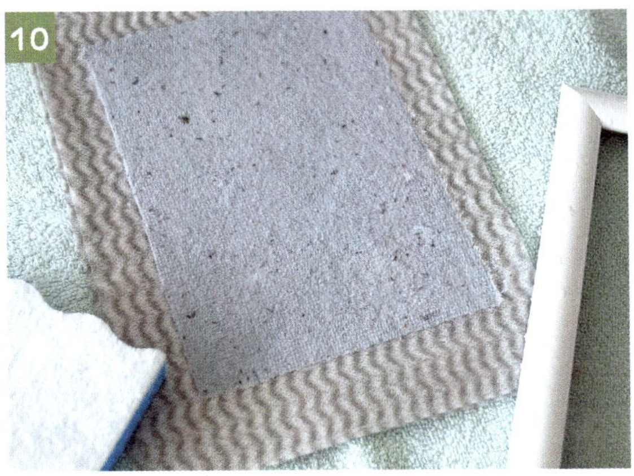

10. Dann das Sieb vorsichtig abnehmen. Das Papier eine Weile so trocknen lassen. Später auf einer Leine zum Trocknen aufhängen.

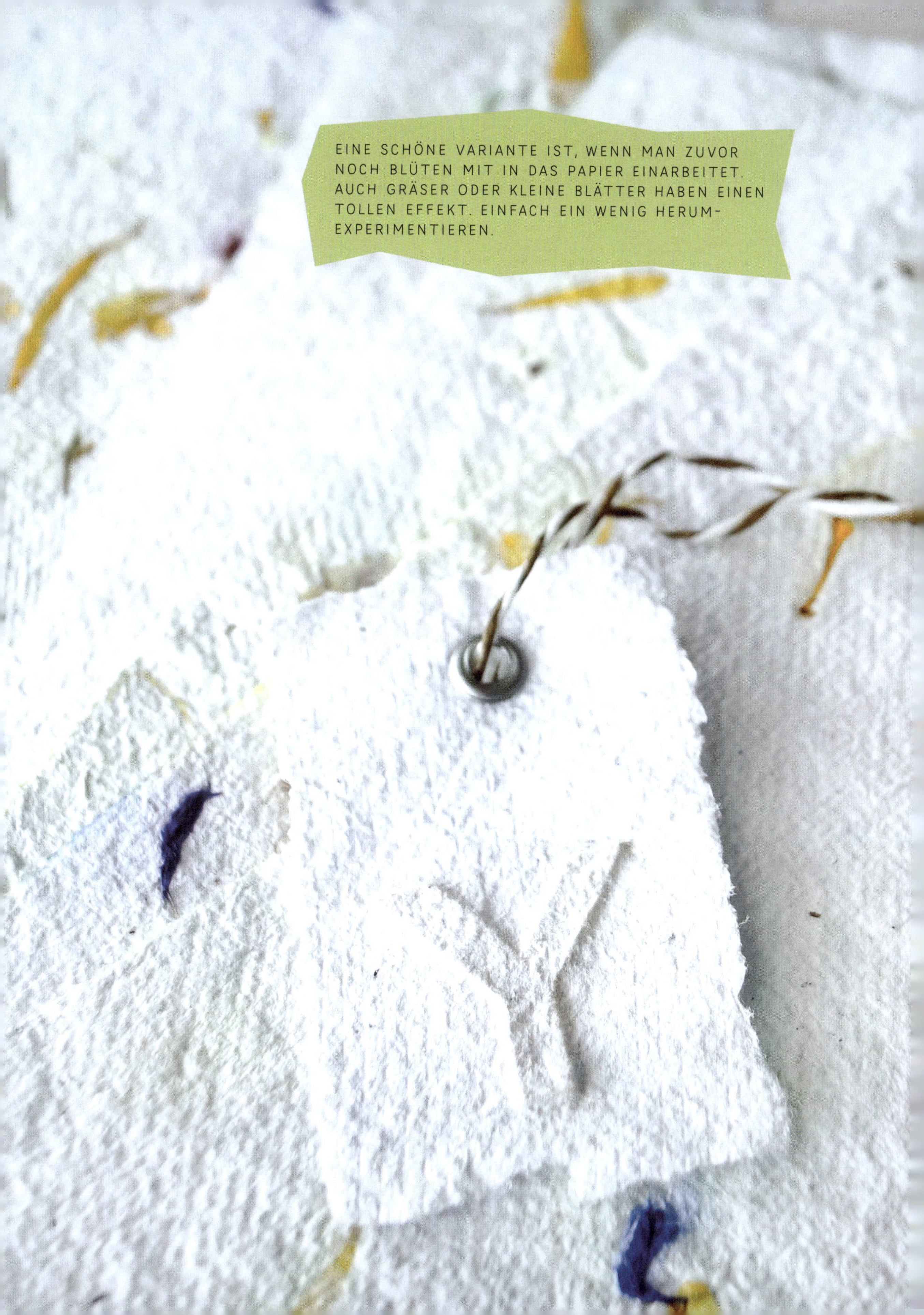

EINE SCHÖNE VARIANTE IST, WENN MAN ZUVOR NOCH BLÜTEN MIT IN DAS PAPIER EINARBEITET. AUCH GRÄSER ODER KLEINE BLÄTTER HABEN EINEN TOLLEN EFFEKT. EINFACH EIN WENIG HERUMEXPERIMENTIEREN.

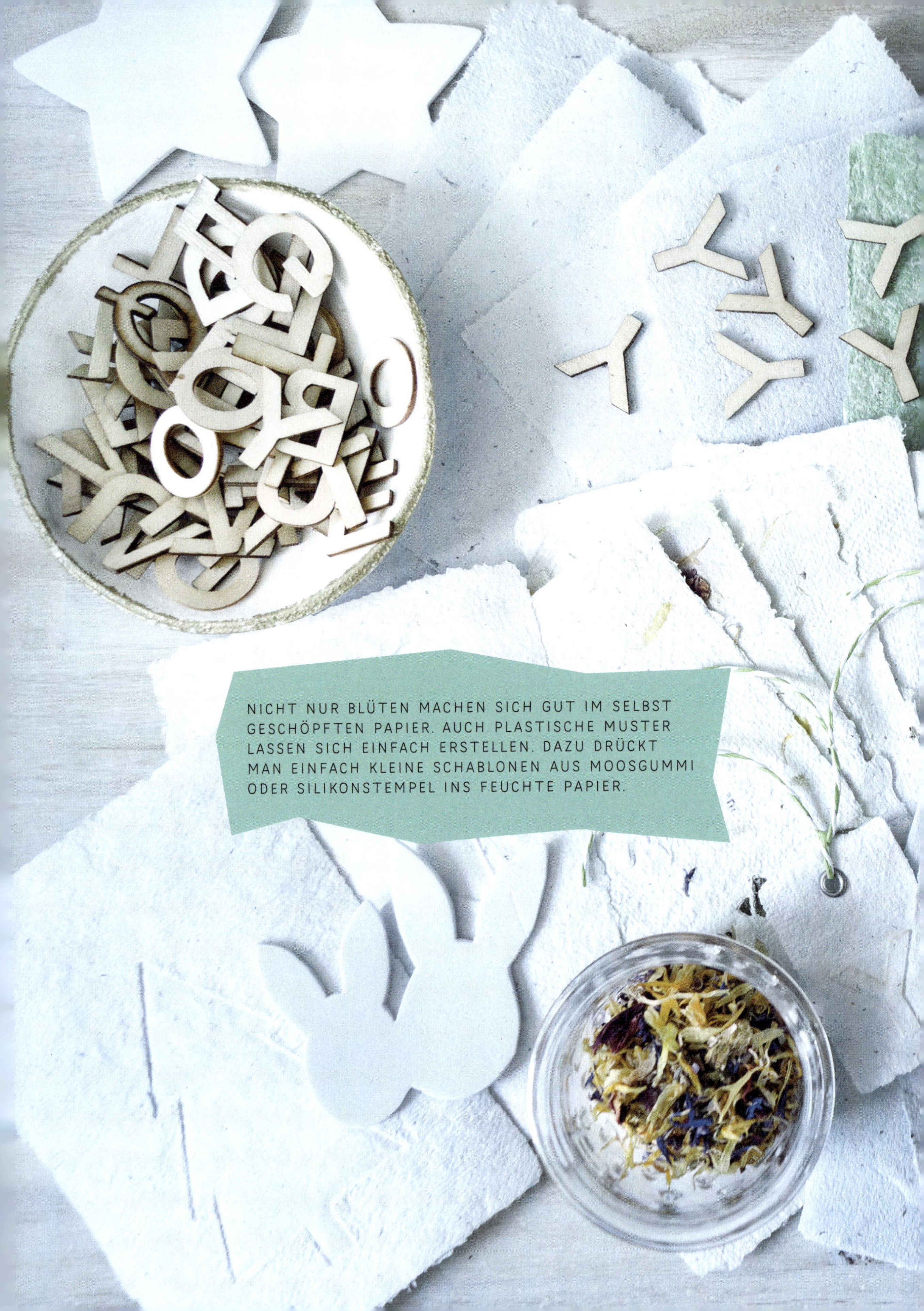

NICHT NUR BLÜTEN MACHEN SICH GUT IM SELBST GESCHÖPFTEN PAPIER. AUCH PLASTISCHE MUSTER LASSEN SICH EINFACH ERSTELLEN. DAZU DRÜCKT MAN EINFACH KLEINE SCHABLONEN AUS MOOSGUMMI ODER SILIKONSTEMPEL INS FEUCHTE PAPIER.

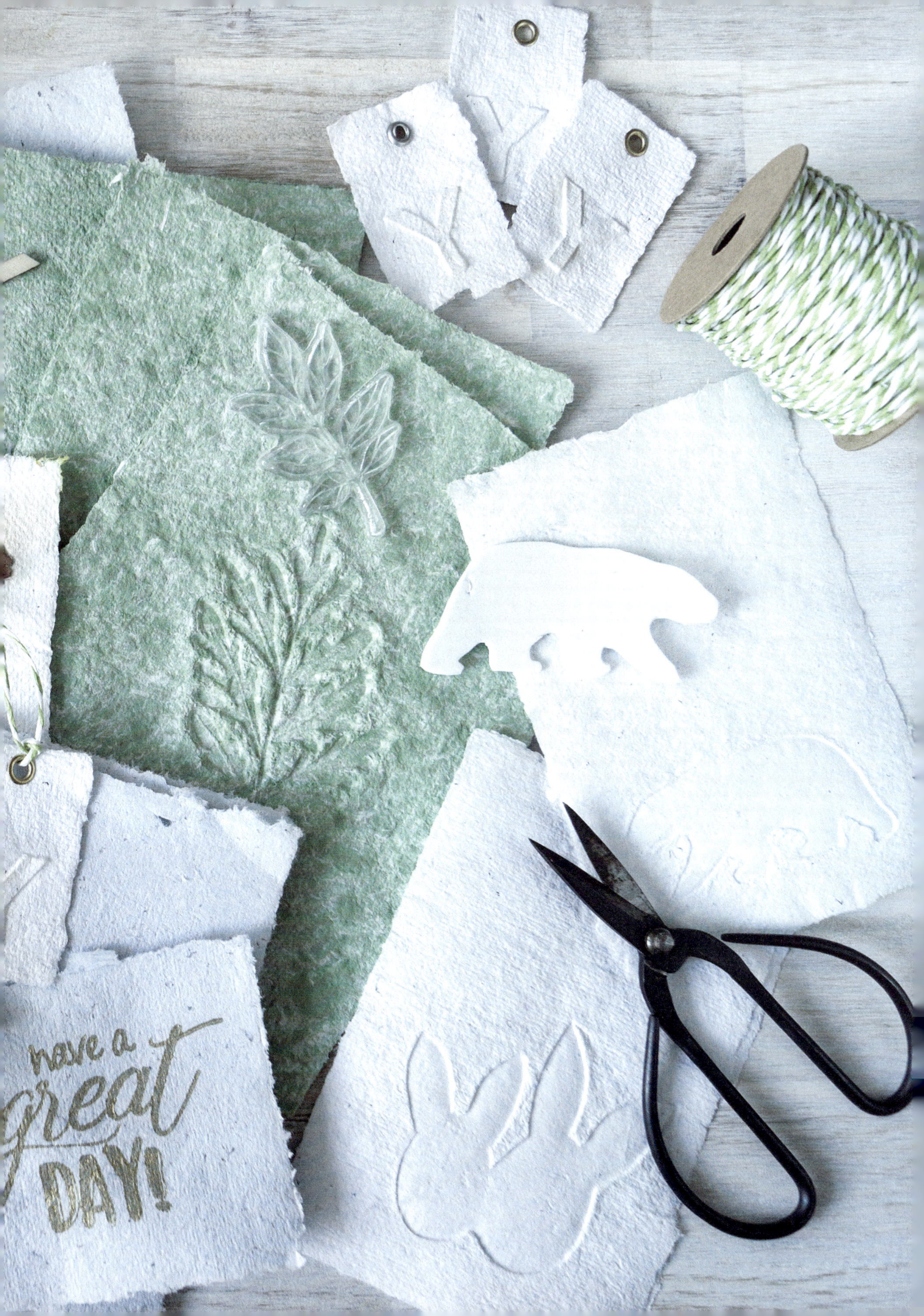
have a
great
DAY!

Für junges Gemüse

MATERIAL:
PAPIERSCHNIPSEL (Z. B. ZEITUNGSPAPIER, EIER- ODER OBSTKARTON), MIXER, WASSER, MUFFINFÖRMCHEN, TUCH

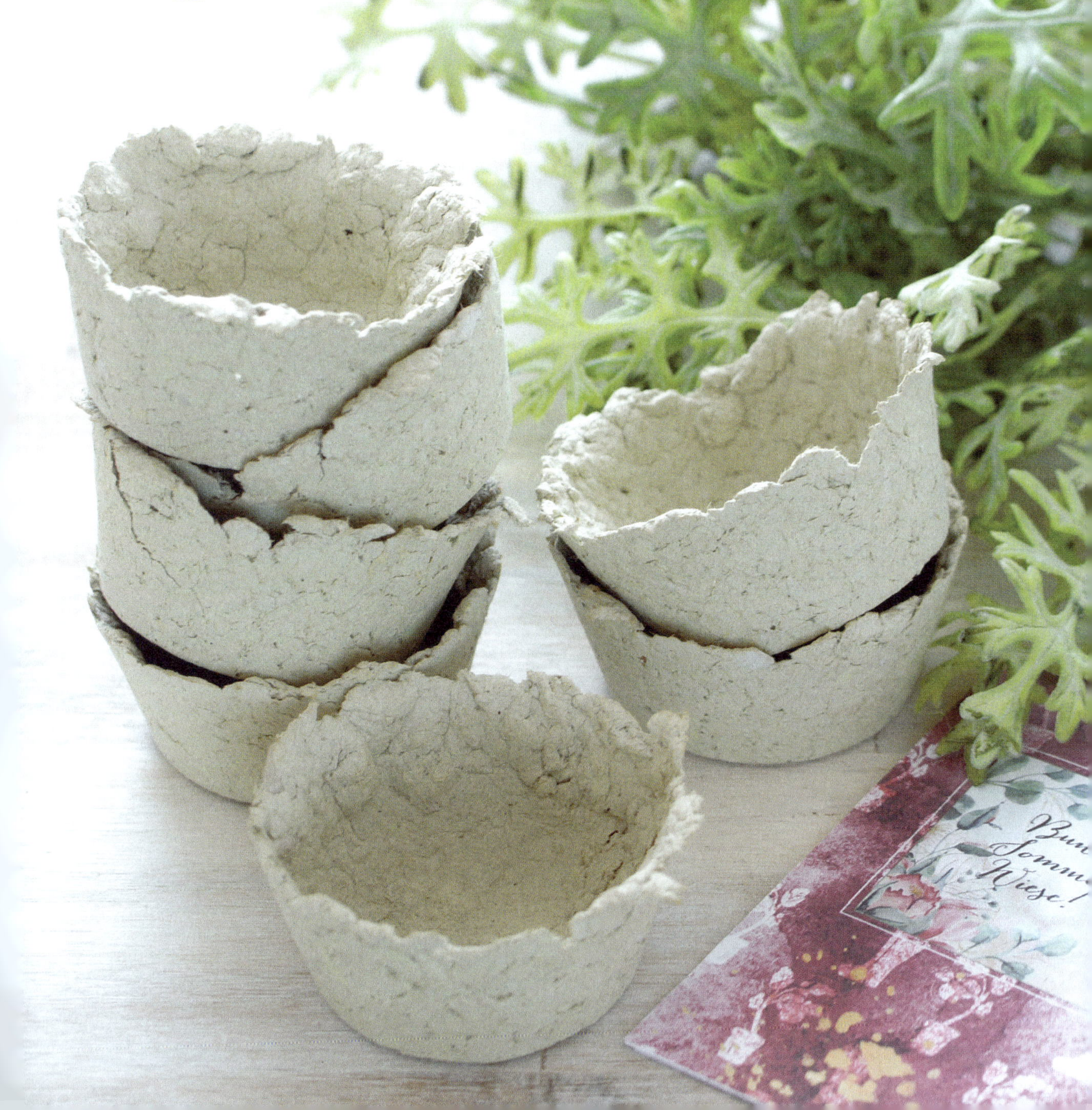

ALTE EIERKARTONS HAT BESTIMMT JEDER ZU HAUSE ODER ER KANN SICH WELCHE VON FREUNDEN BESORGEN. ENTWEDER MAN BENUTZT SIE GLEICH ALS ANZUCHTTÖPFCHEN ODER MAN STELLT DARAUS WELCHE HER. DAS TOLLE IST, SIE VERROTTEN MIT DER ZEIT UND LASSEN SICH DANN GLEICH MIT EINPFLANZEN.

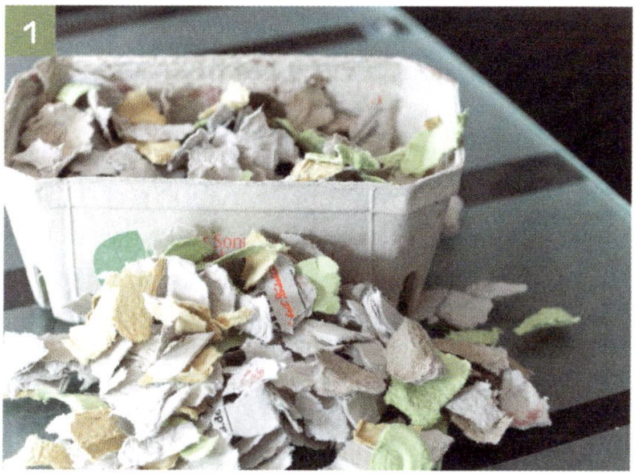

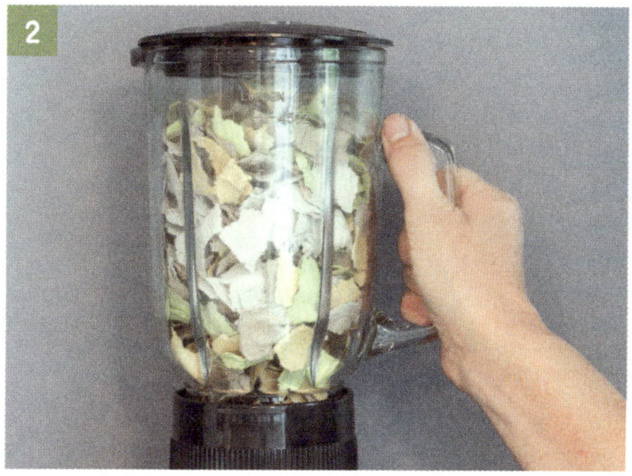

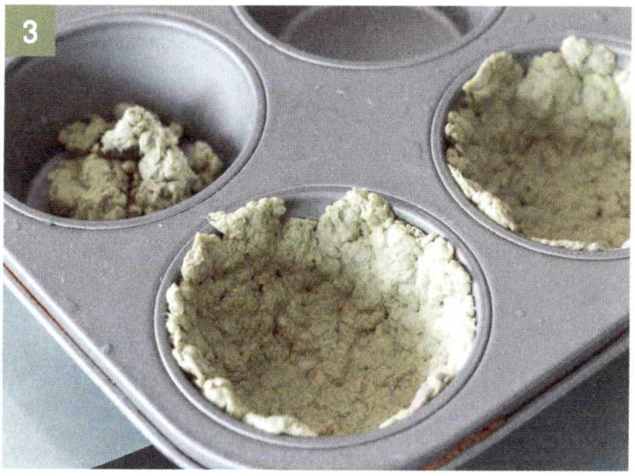

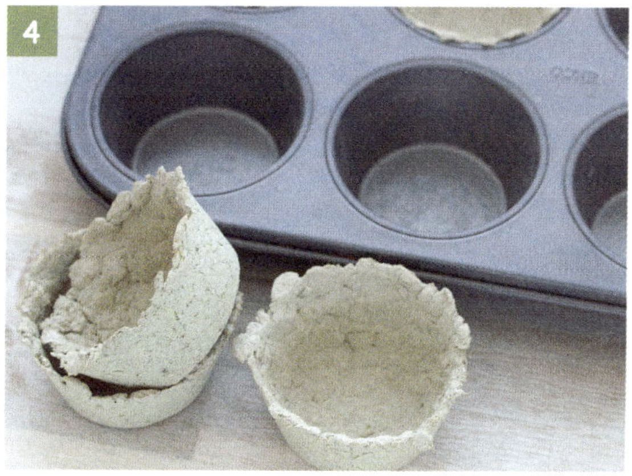

1. Wie beim Papierschöpfen wird auch hier zunächst erst einmal alles klein geschnipselt. Man kann dabei Eierkartons und Obstschälchen aus dem gleichen Material verwenden.

2. Dann ab damit in den Mixer. Etwas warmes Wasser dazu und los gehts! Besser funktioniert es, wenn man die Schnipsel zuvor eine Weile in warmem Wasser einweicht. Wer keinen Standmixer hat, kann auch einen Stabmixer verwenden. Nicht zu viel Wasser auf einmal hinzugeben. Lieber zunächst eine kleine Menge.

3. Ist die Masse gut durchgequirlt, gibt man sie zunächst in eine Schüssel und drückt das überschüssige Wasser aus.
Dann eine kleine Menge in eine Muffinform füllen und die Form mit der Masse auskleiden. Da steckt noch immer reichlich Wasser drin, das man mit einem trockenen Tuch ein wenig aufsaugen sollte. Einfach einen Lappen vorsichtig in die Form drücken.

4. Nun sollten die Förmchen gut austrocknen. Im Sommer einfach raus in die Sonne stellen. Oder im Haus an einen warmen Ort. Ist die Papiermasse vollständig getrocknet, lösen sich die Schälchen ganz leicht aus der Form und können bepflanzt werden.

Indoor Farming

MATERIAL:
ZEITUNGSPAPIER (HALBE SEITEN), BÜROKLAMMERN, ANZUCHTERDE, SAMEN

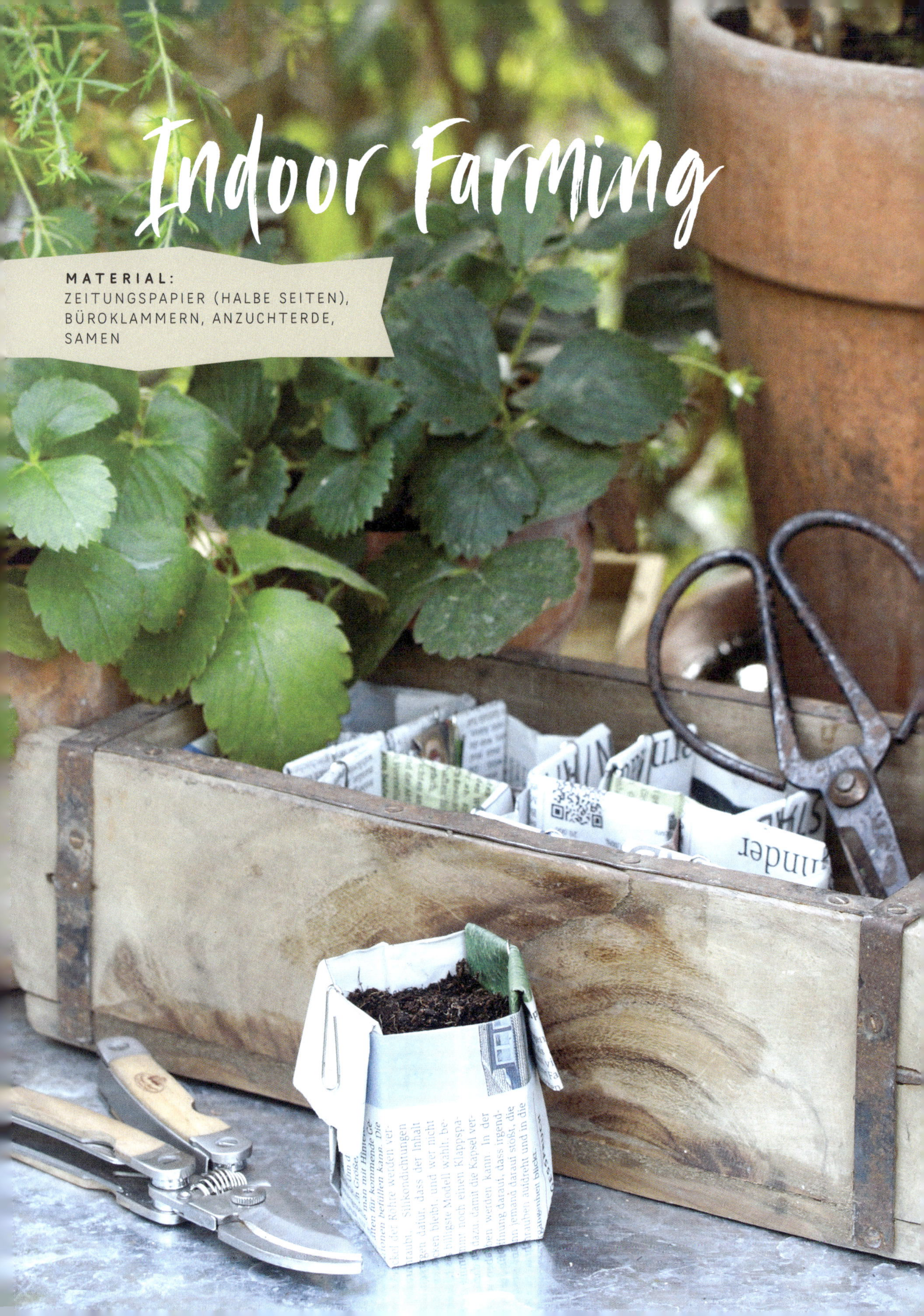

EINE SCHNELLE ALTERNATIVE ZU DEN EIERKARTONSCHÄLCHEN AUF SEITE 18 SIND KLEINE TÜTCHEN AUS ZEITUNGSPAPIER. DIE SIND OHNE GROSSEN AUFWAND FIX GEFALTET. AUSSERDEM LASSEN SICH HIER SEHR VIELE KLEINE TÖPFCHEN AUF VORRAT HERSTELLEN UND ZEITUNGSPAPIER IST LEICHT ZU BESORGEN.

1

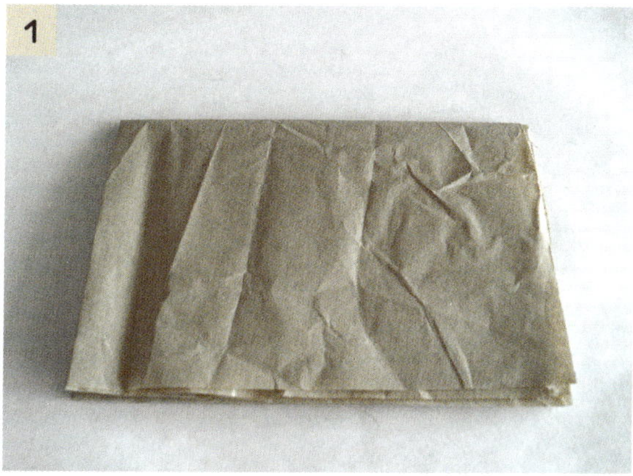

2

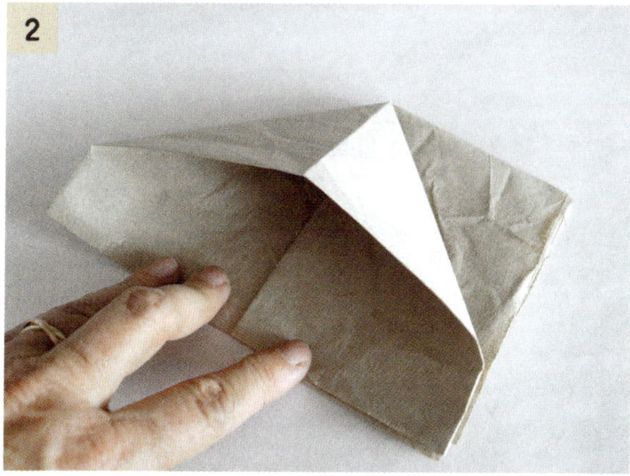

3

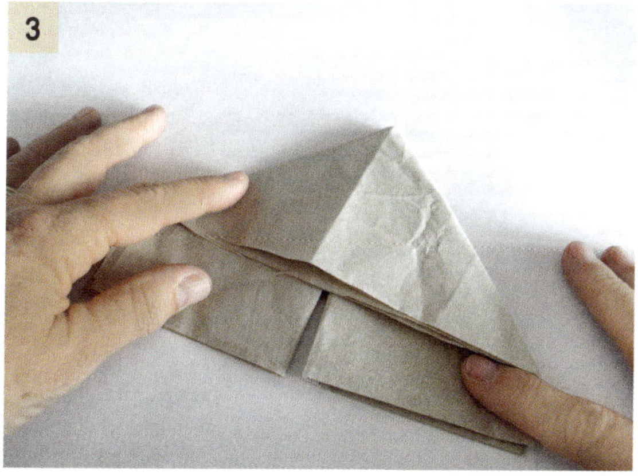

4

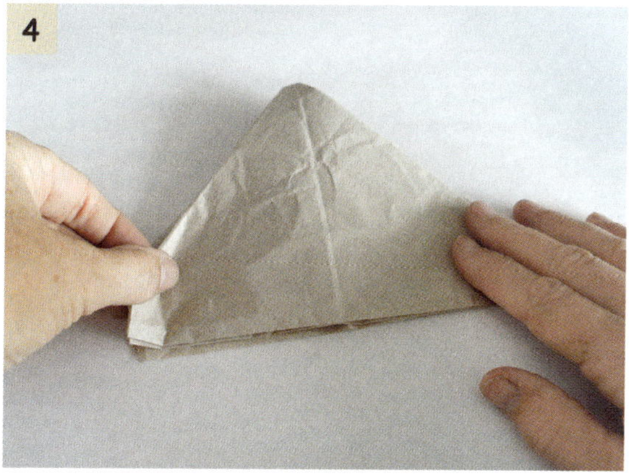

1. Für die kleinen Töpfchen mit einer Höhe von ca. 8 cm benötigt man eine halbe Seite einer großen Zeitung (ca. 35 x 50 cm). Diese Seite faltet man zunächst dreimal jeweils mit den kurzen Seiten zueinander. Dann legt man das Teil mit der geschlossenen Seite nach oben hin. Alle offenen Kanten zeigen nach unten und rechts.

2. Nun noch einmal nach rechts falten und wieder öffnen. Dies erleichtert den nächsten Schritt. Die linke Seite öffnen und den oberen Bogen zu einem Dreieck nach rechts zusammenlegen. Nach unten drücken und glatt streichen. Anschließend das Objekt seitlich wenden.

3. Das Gleiche wiederholt man auf der anderen Seite. Dann sollte es wie in Abb. 3 aussehen.

4. Nun faltet man das Dreieck auf beiden Seiten auseinander, sodass vorne und hinten eine geschlossene Fläche entsteht.

Fortsetzung auf
der nächsten Seite

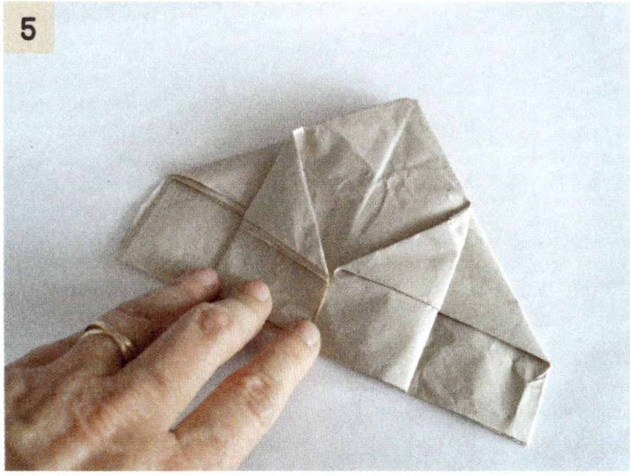

5. Dann faltet man die linke und rechte Seite zur Mitte.

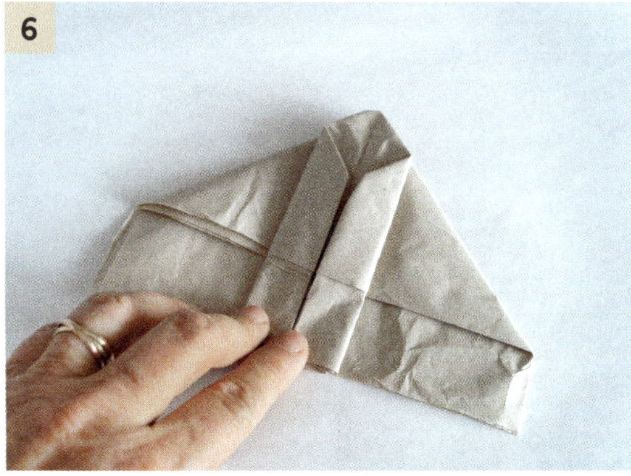

6. Und dann gleich noch einmal.

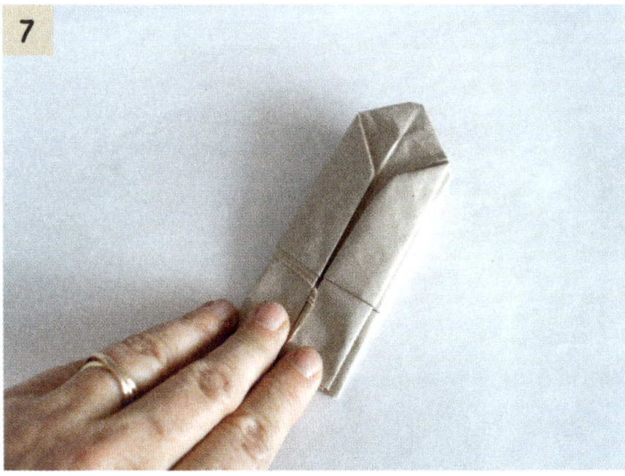

7. Das Ganze wenden und auf der anderen Seite wiederholen.

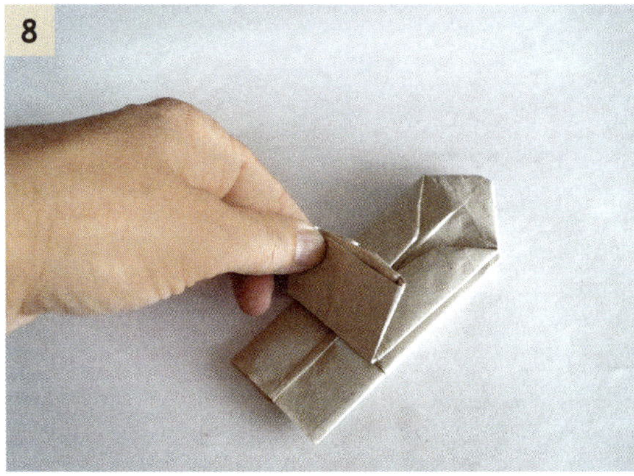

8. Die überstehenden unteren Kanten nun auf beiden Seiten nach oben falten.

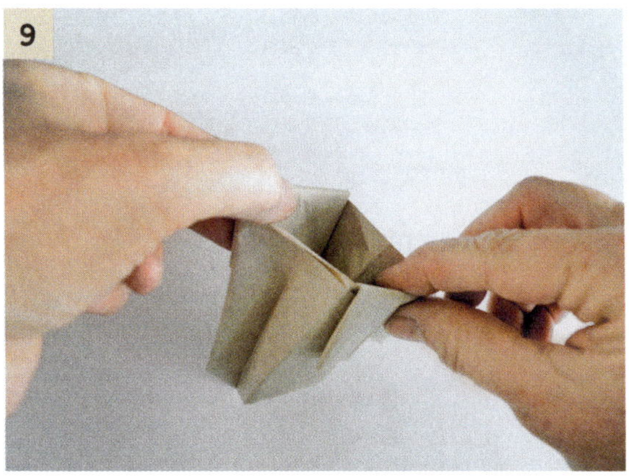

9. Nun lässt sich das kleinen Tütchen öffnen und man drückt den Boden flach.

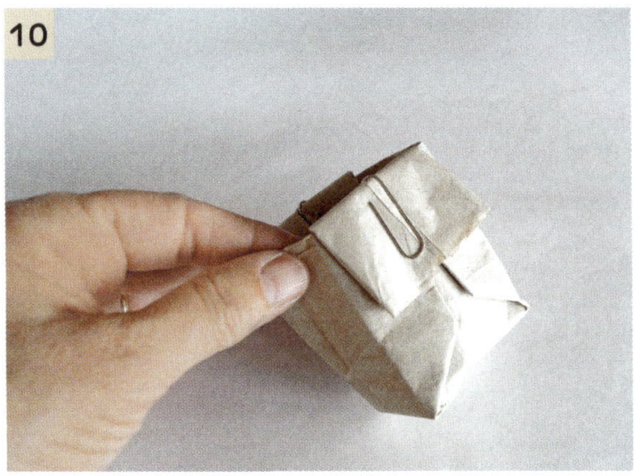

10. Die überstehenden Seitenteile klemmt man einfach mit einer Büroklammer fest.

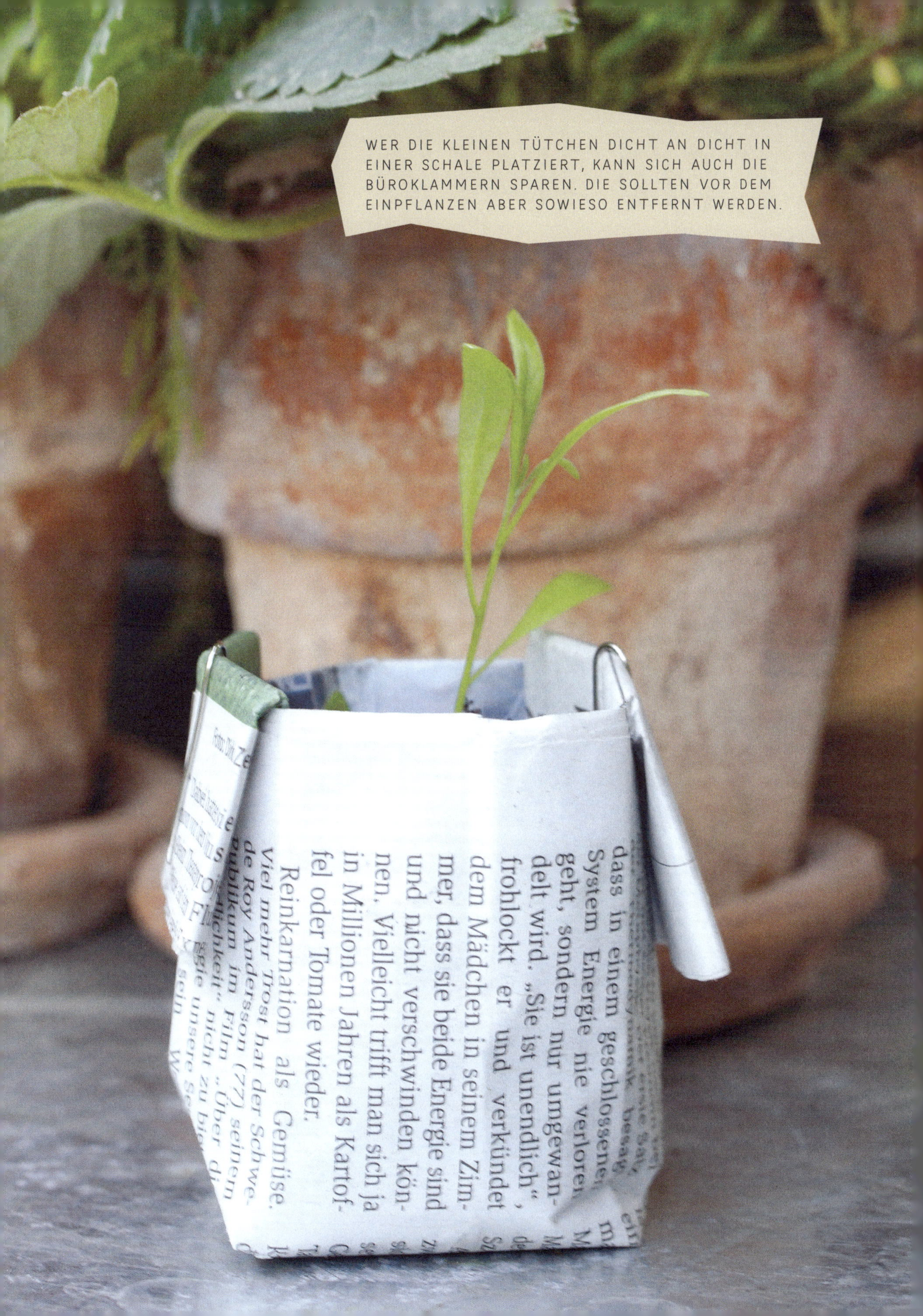

WER DIE KLEINEN TÜTCHEN DICHT AN DICHT IN EINER SCHALE PLATZIERT, KANN SICH AUCH DIE BÜROKLAMMERN SPAREN. DIE SOLLTEN VOR DEM EINPFLANZEN ABER SOWIESO ENTFERNT WERDEN.

Zero Waste Fire

MATERIAL:
ALTE EIERKARTONS, HOLZWOLLE, ALTER TOPF, KERZENRESTE, SCHERE

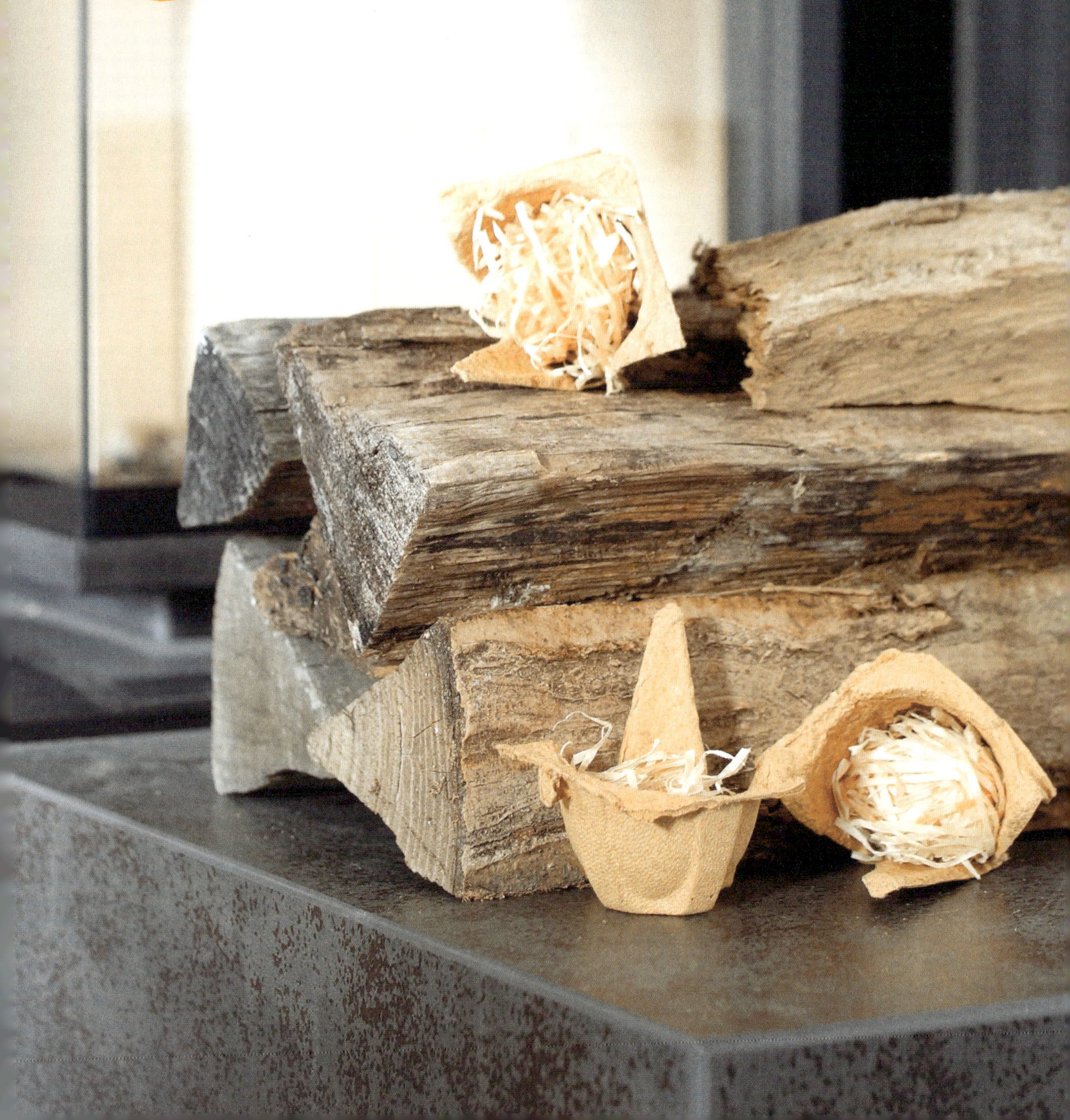

EIN PAAR HANDGRIFFE ZAUBERN AUS ABFALL EIN ZERO-WASTE-PRODUKT. DAZU KOMMT, DASS MAN HIER GENAU WEISS, WAS DRIN IST. UND ES FUNKTIONIERT FANTASTISCH ALS ANZÜNDER – NICHT NUR FÜR DEN KAMIN IM HAUS, SONDERN AUCH DRAUSSEN FÜR DEN GRILL.

1

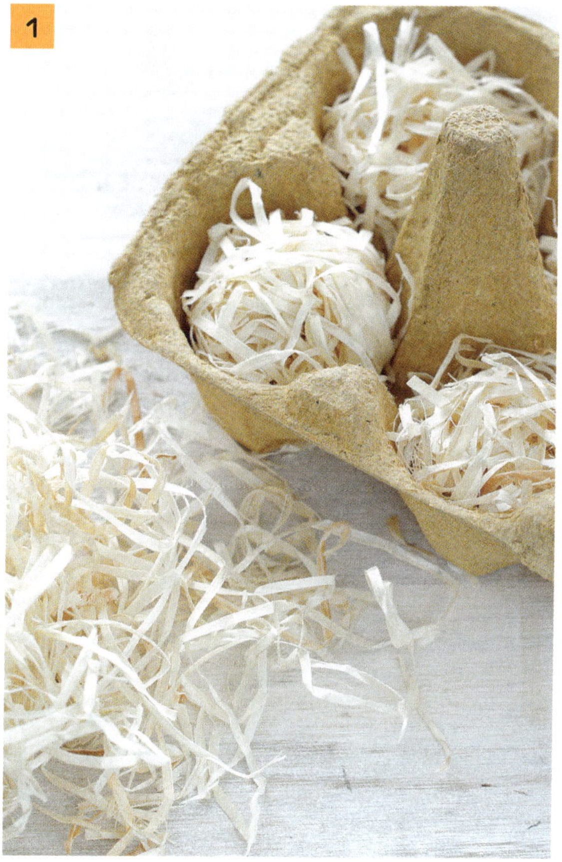

2

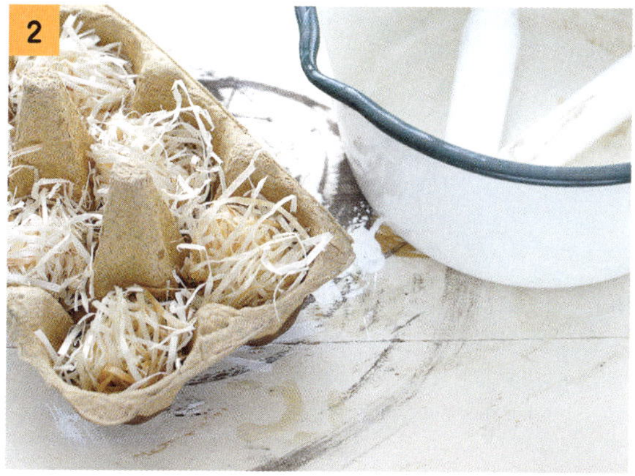

3

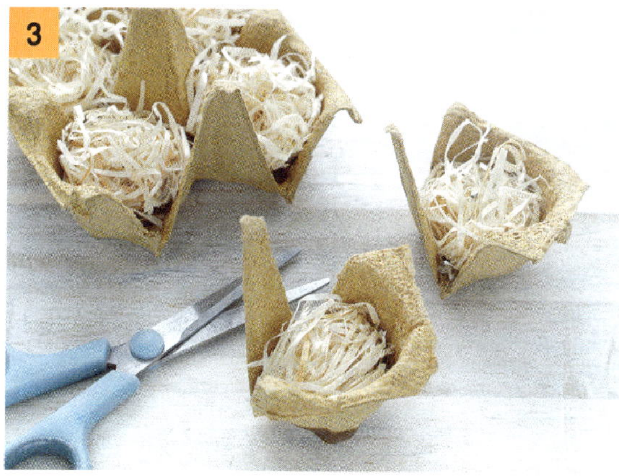

1. Die Holzwolle in kleine Knäuel zusammenrollen und in die Mulden des Eierkartons drücken.

2. Die Kerzenreste in einem alten Topf einschmelzen und die Dochte anschließend herausfischen. Dann vorsichtig über die Holzwolle gießen.

Achtung: Der Eierkarton saugt das Wachs sehr stark auf und es kann etwas durchsickern, daher unbedingt eine Unterlage verwenden.

3. Nachdem das Wachs angetrocknet ist, kann man die kleinen Förmchen des Eierkartons auseinanderschneiden und einzeln zum Anzünden des Kamins oder des Grills verwenden.

WER EINEN GUTEN DUFT WÜNSCHT, GIBT BEI DEN GRILLANZÜNDERN AUCH NOCH KRÄUTER UND GEWÜRZE HINZU. ZUM BEISPIEL THYMIAN ODER ROSMARIN.

It's Partytime!

MATERIAL:
ALTES GESCHENKPAPIER, LINEAL, CUTTER

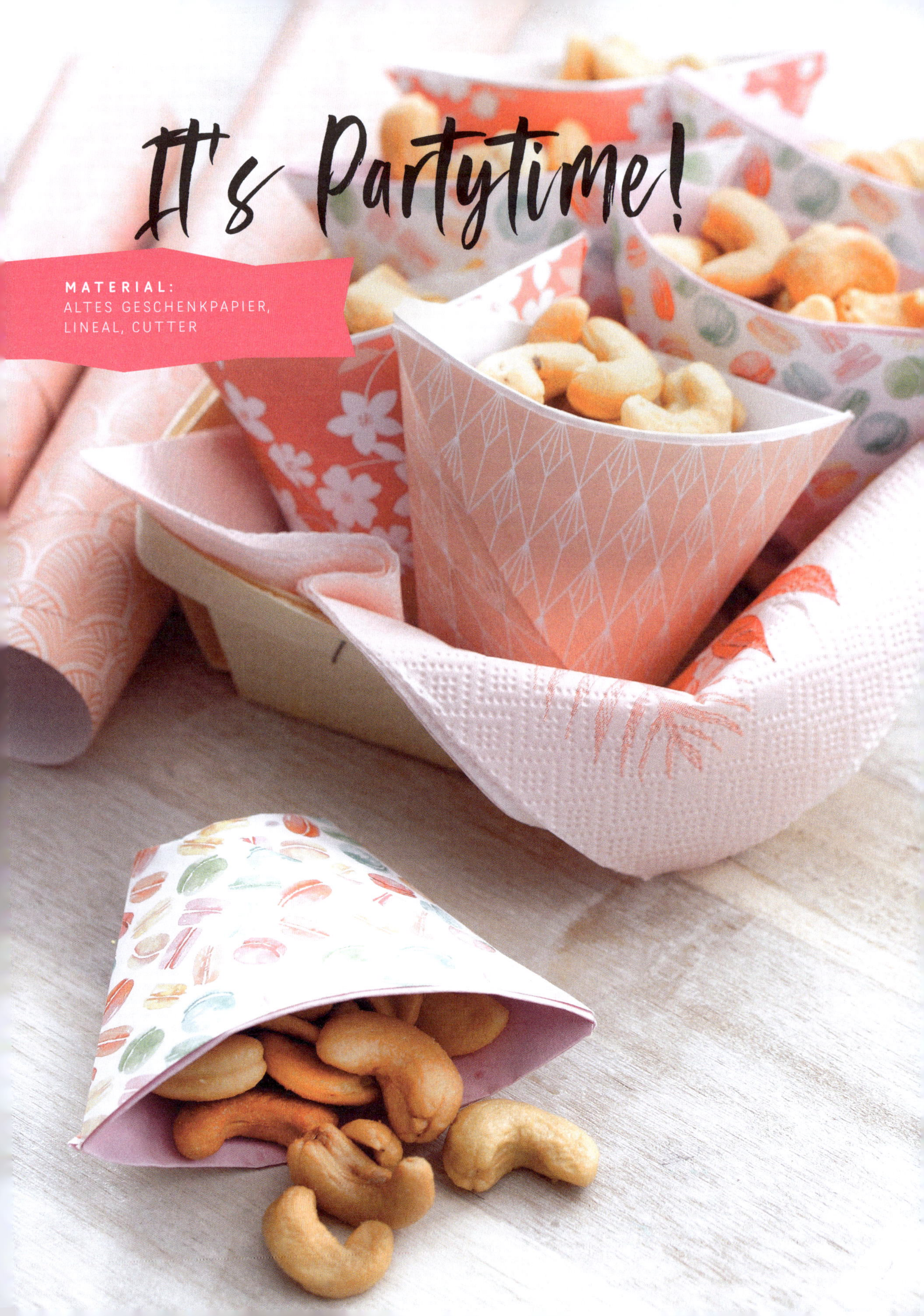

MAN KENNT DAS DOCH, BEI FESTEN STEHT DA IRGENDWO EINE GROSSE SCHÜSSEL MIT KNABBERZEUG. JEDER NIMMT SICH EINE HANDVOLL UND TRÄGT ES LOSE MIT SICH HERUM. WIE PRAKTISCH IST DAFÜR EIN KLEINES BEHÄLTNIS – WIE DIESE ORIGAMITÜTCHEN AUS ALTEM GESCHENKPAPIER, DIE MAN SICH IMMER WIEDER AUFFÜLLT.

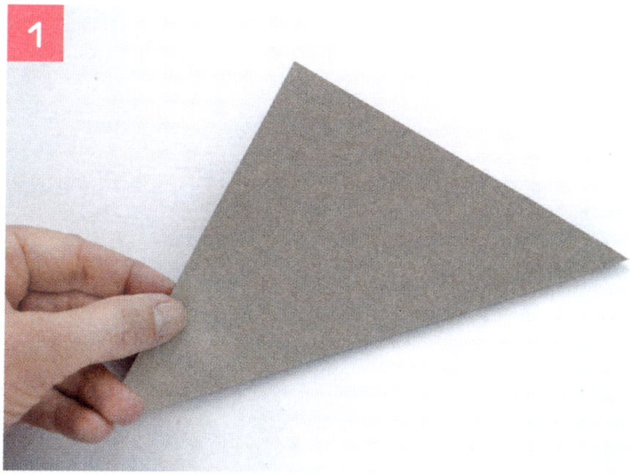

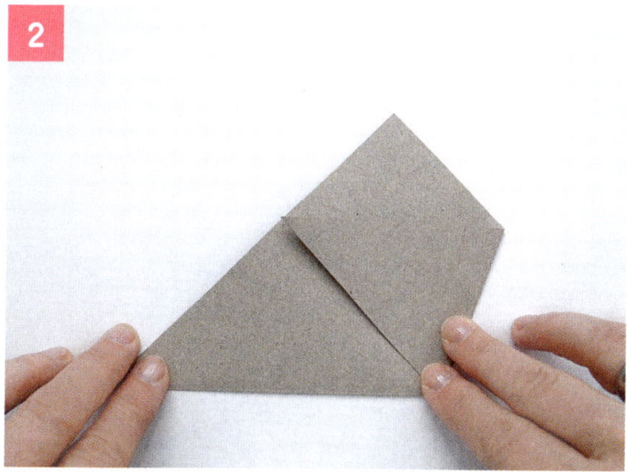

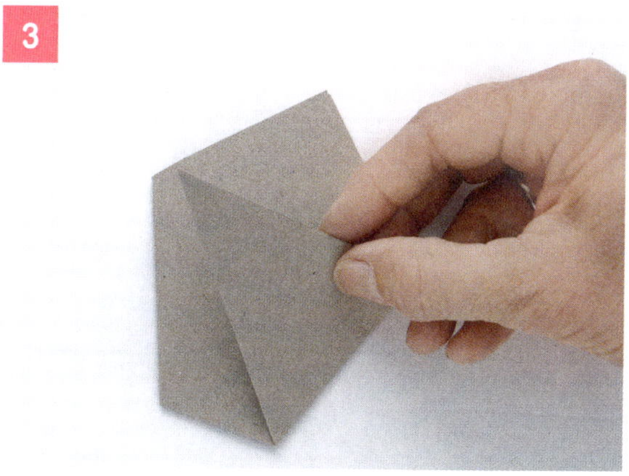

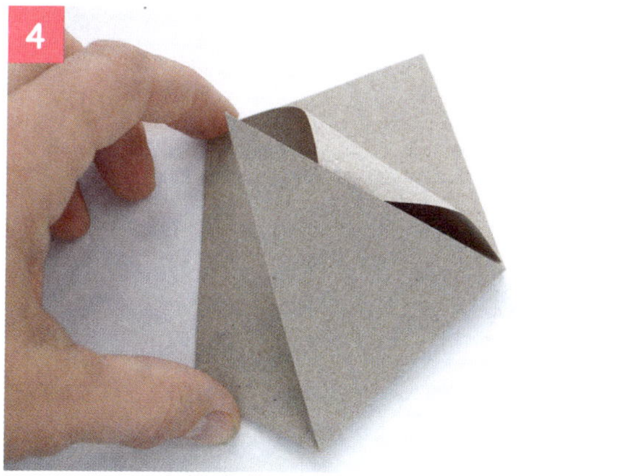

1. Aus einem Bogen Geschenkpapier viele Quadrate schneiden. Für Chips sollten sie ca. 21 x 21 cm groß sein, für Erdnüsse reichen evtl. 15 x 15 cm.

Zuerst faltet man zwei Spitzen zueinander. Die offene Seite zeigt nun nach oben.

2. Nun faltet man die rechte Seite wie in Abb. 2 nach links und wendet das Objekt anschließend.

3. Dann faltet man die andere Spitze ebenfalls nach links.

4. Die oberen Spitzen werden nun jeweils nach vorne und nach hinten geknickt und in die kleine Tasche der umgeklappten Spitzen gesteckt. Alles ein wenig glatt streichen und den Boden etwas nach innen drücken. Fertig ist die kleine Origamitüte!

Ordnungshelfer

MATERIAL:
SCHACHTELVORLAGE, PAPPKARTON, BLEISTIFT, SCHERE ODER CUTTER UND LINEAL, KLEBESTREIFEN

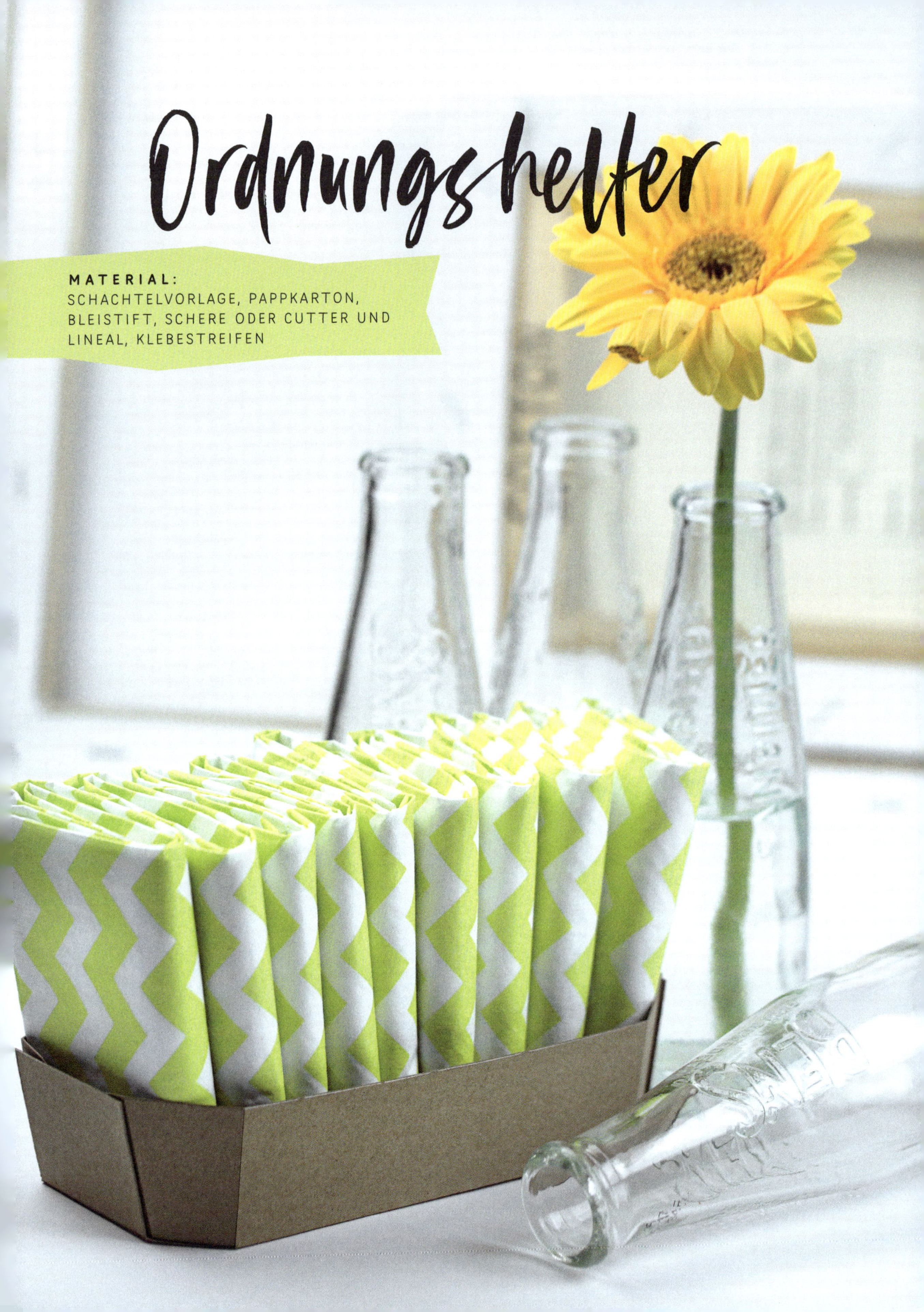

TOMATEN, KIWIS, CHAMPIGNONS – ALLES VERPACKT IN SCHACHTELN. DIE KANN MAN ENTWEDER GLEICH NOCH EINMAL VERWENDEN, INDEM MAN SIE Z. B. BEKLEBT ODER ANMALT. ODER MAN VERWENDET SIE ALS VORLAGE FÜR WEITERE SCHACHTELN. IDEAL FÜR DIE NÄCHSTE PARTY, ALS SERVIETTENBOX ODER FÜR SÜSSES UND SALZIGES.

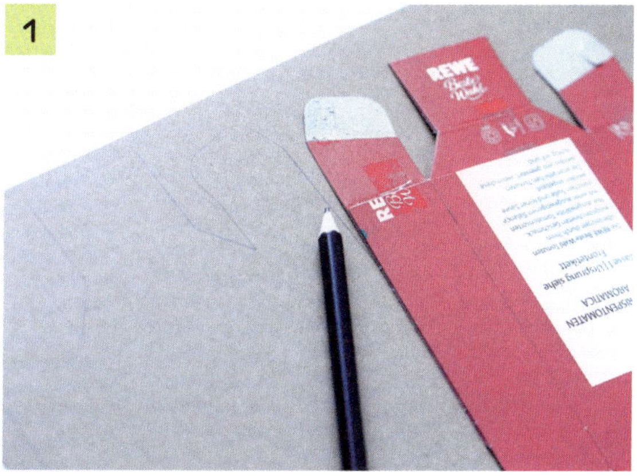

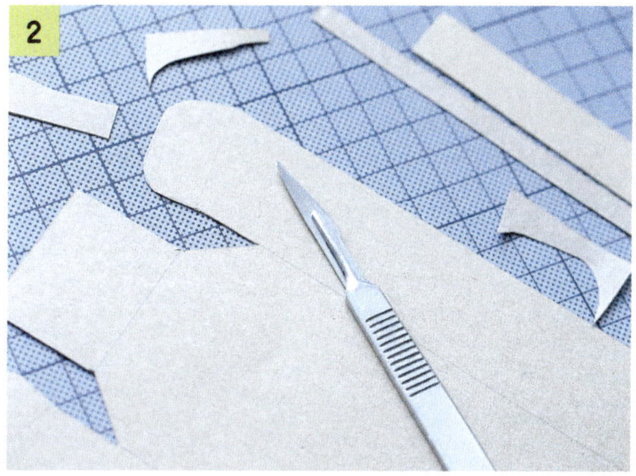

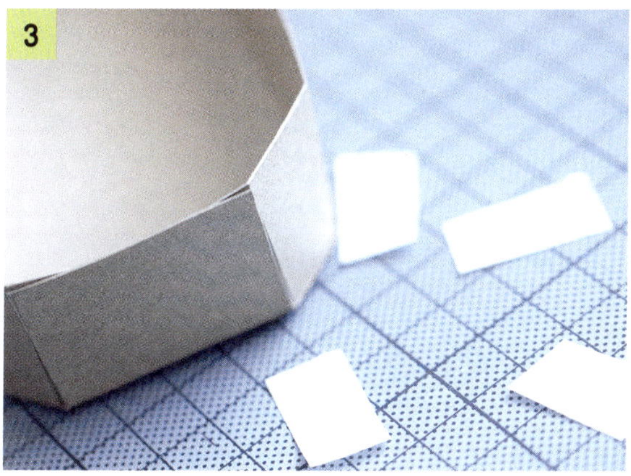

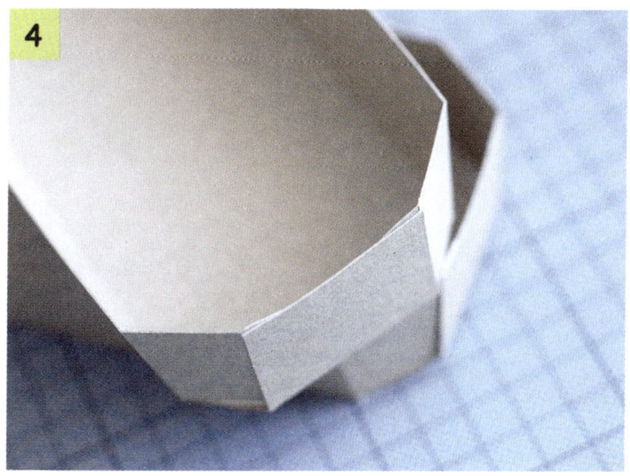

1. Die vorhandene Schachtel komplett auseinanderfalten. Als Schablone auf ein Stück Pappe legen und mit einem Bleistift die Konturen nachzeichnen.

2. Mit einem Cutter und dem Lineal nun die Vorlage ausschneiden.

3. Alle Kanten in Form falten und mit kleinen Klebestreifen entsprechend der Originalform zusammenkleben.

4. So erhält man ein Duplikat der Originalschachtel.

Wer will Meer?

MATERIAL:
BOGEN A4 AUS ATLASSEITEN, ZAHNSTOCHER, MASKINGTAPE, SCHERE

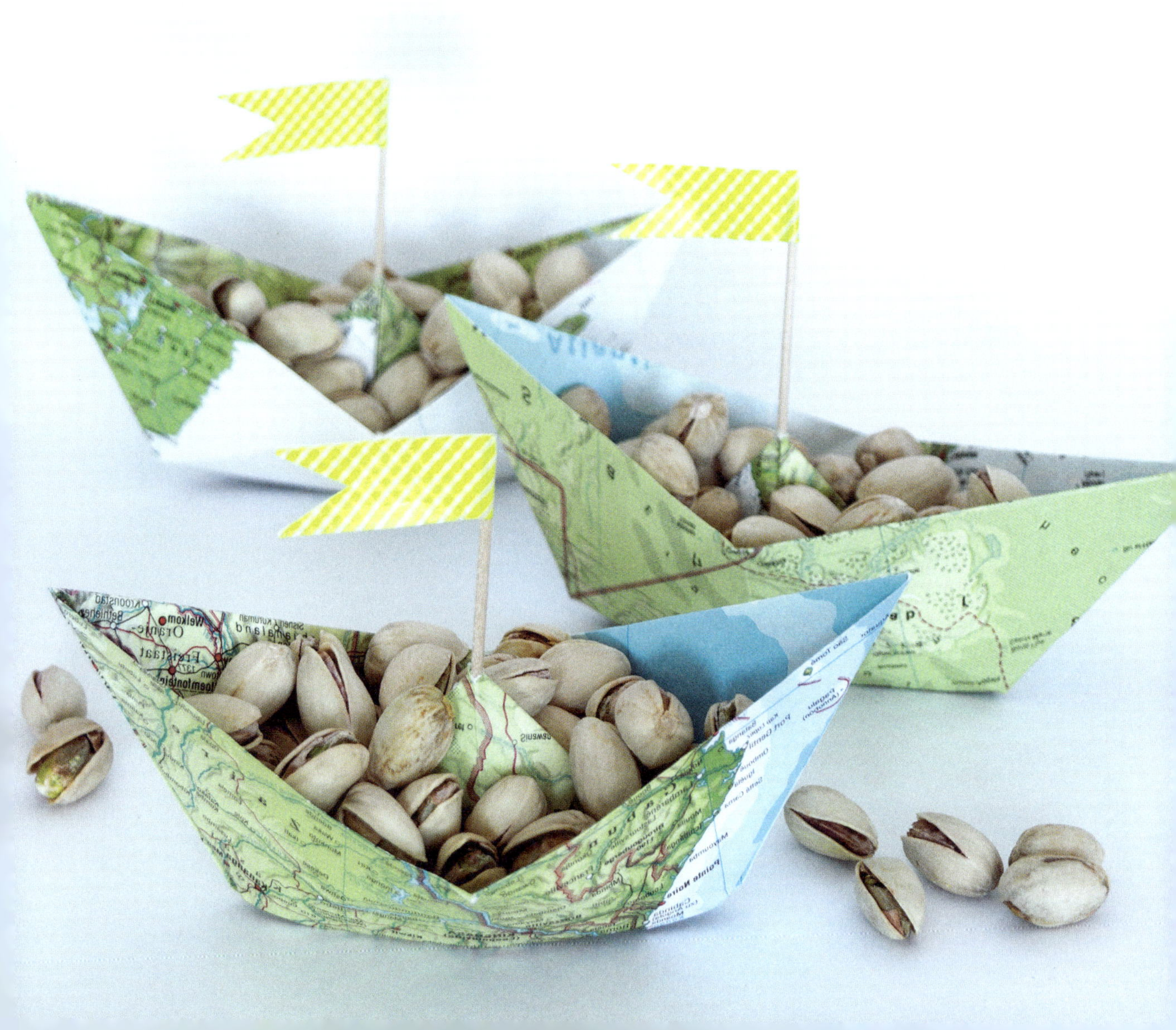

NÜSSCHEN AHOI! AUCH HIER GIBT ES FÜR JEDEN SEINE EIGENE PORTION. ALS PARTYBOAT. DIE KLEINEN SCHIFFCHEN KANN MAN SUPER AUF DEN TISCHEN VERTEILEN. WER MAG, KANN SICH SEIN EIGENES PARTYBOAT AUCH BESCHRIFTEN, DAMIT ER ES IMMER WIEDER FINDET.

Die blaue Seite bezeichnet hier die ausgewählte Seite, die man später im Inneren des Bootes sieht.

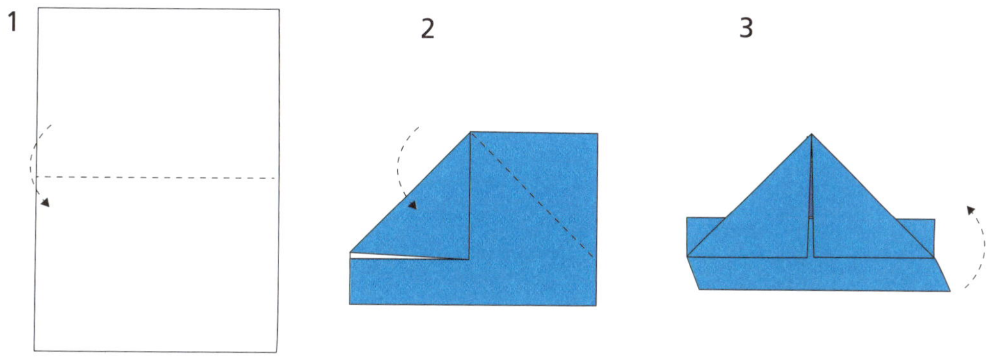

1. Papierbogen A4 einmal nach unten falten.
2. Dann die linke und rechte Seite zur Mitte. 3. Nun den unteren, überstehenden Streifen auf beiden Seiten nach oben falten.

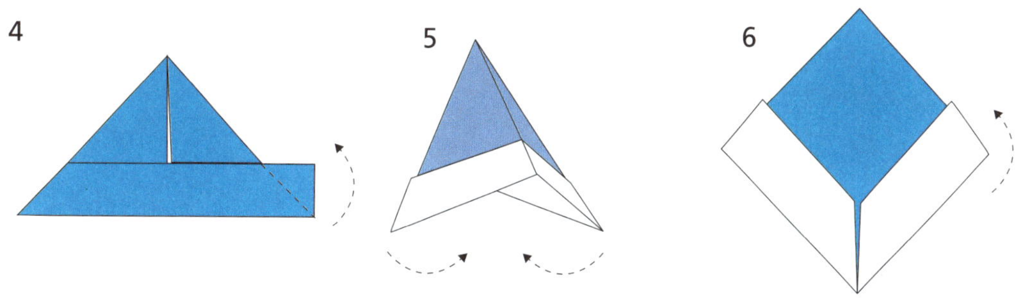

4. Die kleinen Ecken an den Seiten jeweils nach hinten wegfalten. 5. Nun die kleine entstandene Tüte wie in Abb. 5 zusammenlegen. 6. Das sieht dann aus wie hier.

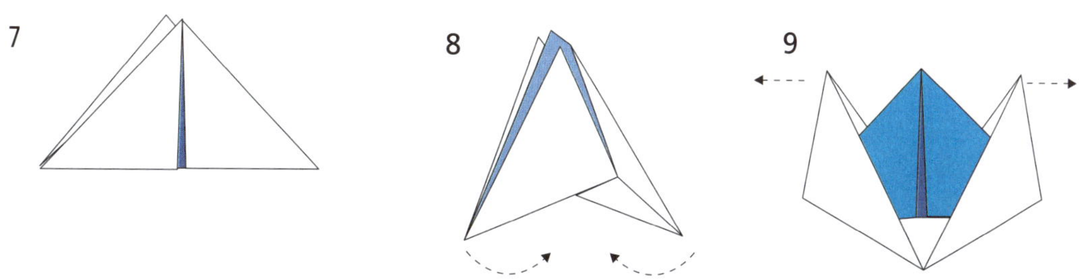

7. Die untere Kante wird nun auf beiden Seiten nach oben gefaltet. 8. Und anschließend die kleine Tüte wie in Abb. 8 zusammengelegt. 9. Zum Schluss an den äußeren Spitzen vorsichtig auseinanderziehen. Ahoi!

Wine Time

MATERIAL:
ALTE MAGAZINSEITEN, KARTON, KLEBER, ZIRKEL, SCHERE, LOCHSTANZE, LABEL-MASCHINE

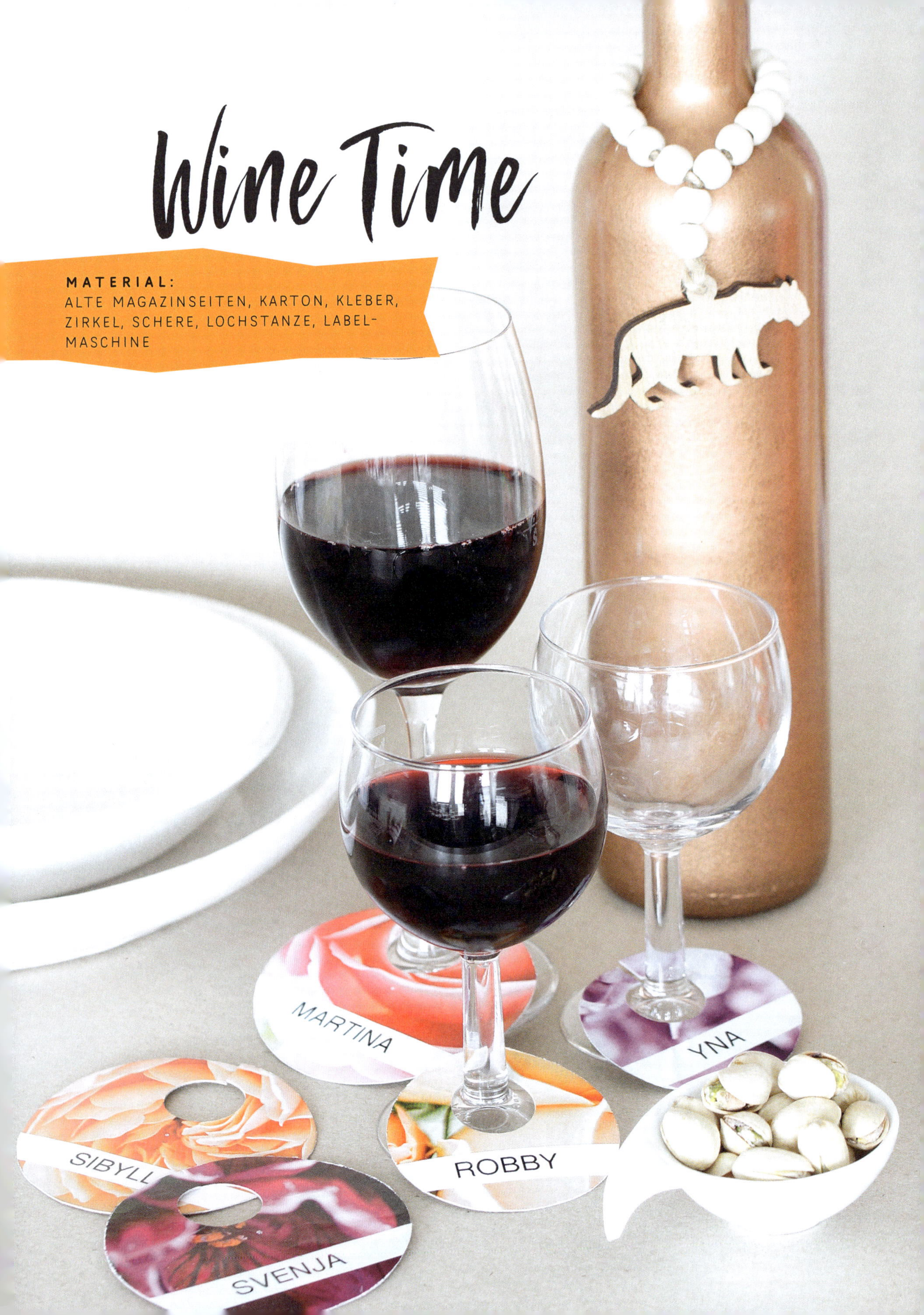

AUF GROSSEN FESTEN STELLT MAN GERNE MAL SEIN GLAS IRGENDWOHIN UND FINDET ES DANN NICHT WIEDER. DAMIT MAN SICH NICHT IMMER EIN NEUES GLAS BESORGEN MUSS UND BEIM GASTGEBER NICHT STÄNDIG DIE SPÜLMASCHINE LÄUFT, BEKOMMT NUN JEDER SEIN EIGENES ETIKETT.

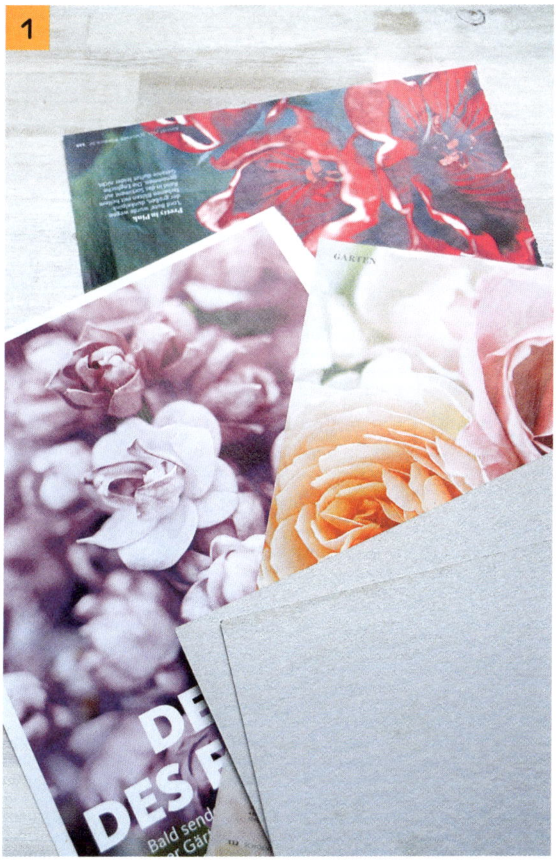

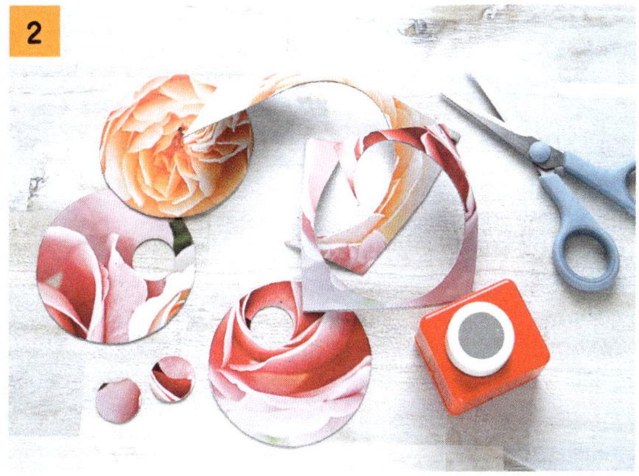

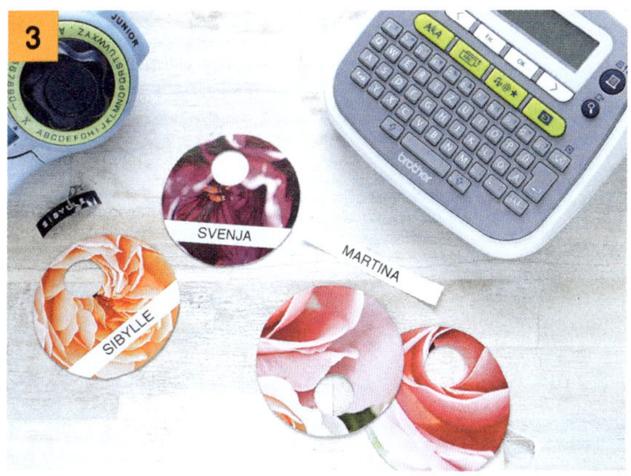

1. Für die Weinetiketten eignen sich besonders gut bunte, großflächige Bilder aus Hochglanzmagazinen. Diese zunächst auf einen festen Karton aufkleben.
Mit dem Zirkel nun einen Kreis pro Glas auf den Karton zeichnen. Die Größen sollten proportional zum Glas passen.

2. Dann mit einer Schere die Kreise ausschneiden. Mit einer Lochstanze nun einen kleinen Kreis am Rand des Etiketts ausstanzen.
An der schmalen Seite mit der Schere einschneiden, damit man das Etikett am Glas befestigen kann.

3. Mit einer Labelmaschine nun die Namen ausdrucken und auf die Etiketten kleben. Die Streifen an den Kanten der Kreise entsprechend abschneiden.

Wer keine Labelmaschine hat, kann auch Maskingtape auf die Etiketten kleben und mit einem Stift beschriften.

Das Ring-Ding

MATERIAL:
PAPPROLLE, SÄGE, GEHRUNGSLADE, ACRYLLACK, PINSEL, SERVIETTENKLEBER, SERVIETTEN

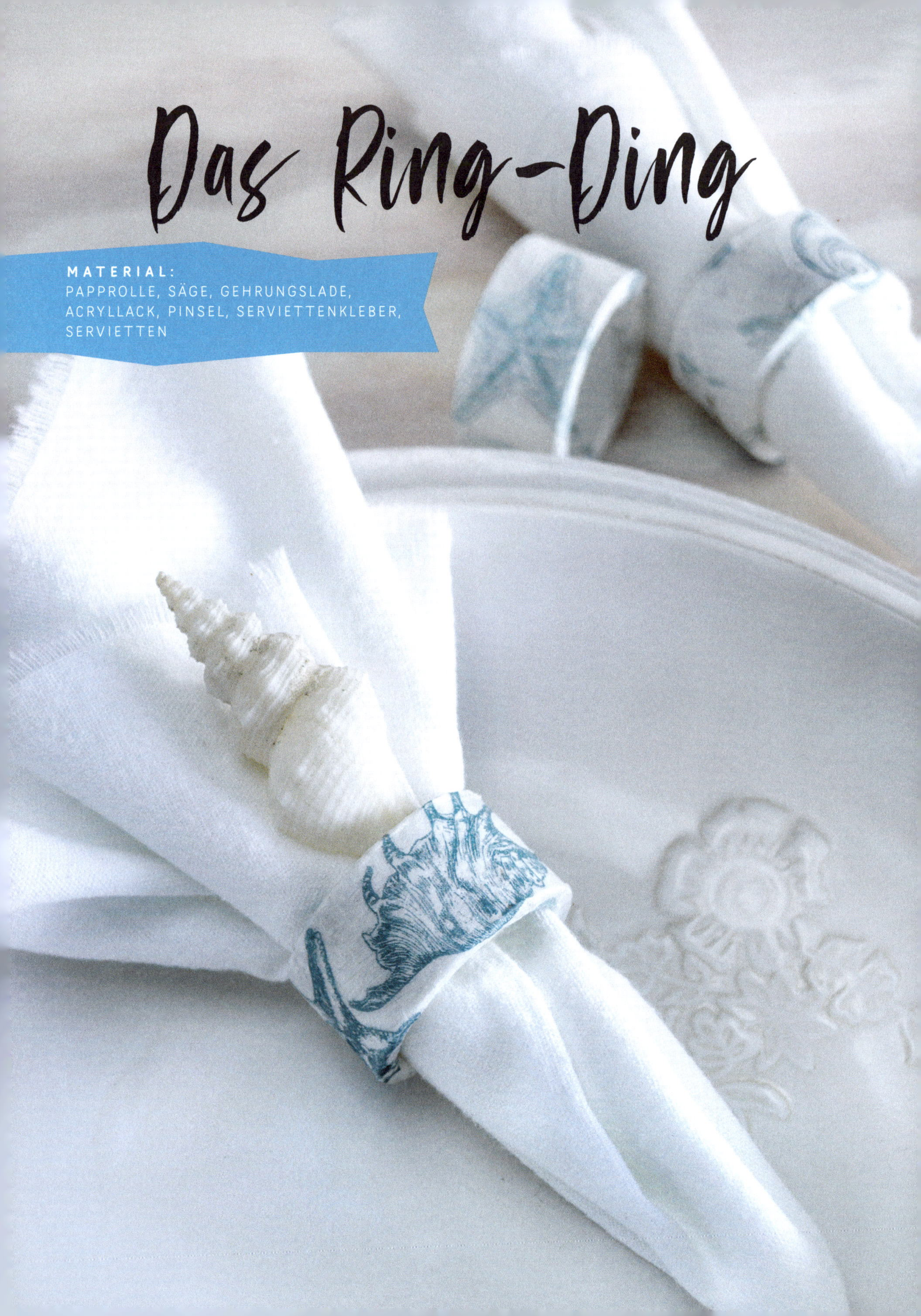

SERVIETTENRINGE KOMMEN NICHT AUS DER MODE – NICHT, WENN MAN SIE SELBST MACHT. FESTE PAPPROLLEN SIND DAFÜR BESTENS GEEIGNET, DA SIE AUSREICHEND STABIL SIND. PERFEKT FÜR EINEN MARITIMEN LOOK AUF DEM SOMMERLICH GEDECKTEN TISCH.

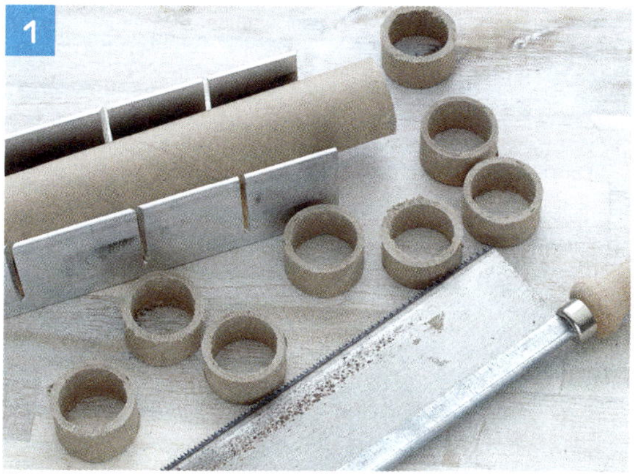

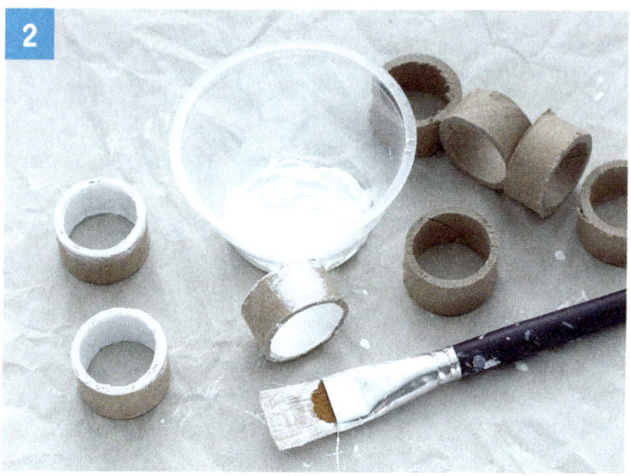

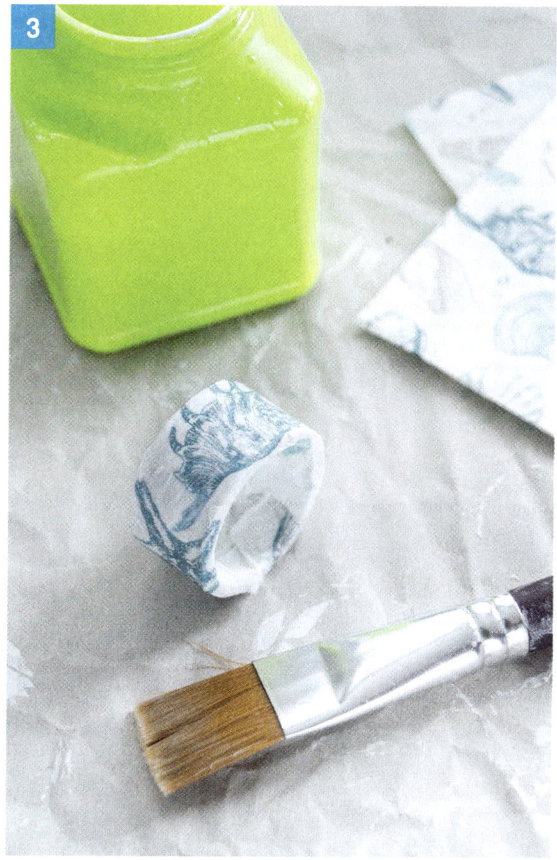

1. Mit einer Handsäge und einer Gehrungslade schneidet man Ringe von der Papprolle ab. So breit, wie man die Serviettenringe gerne haben möchte.

2. Für die Serviettentechnik ist ein weißer Untergrund vorteilhaft, daher sollte man die Ringe zunächst mit weißer Acrylfarbe anpinseln.

3. Dann schneidet man sich kleine Stücke aus der Serviette und teilt die einzelnen Schichten. Verwendet wird die oberste, dünne Schicht. Diese nun vorsichtig mittels Pinsel mit Serviettenkleber aufbringen. Gut trocknen lassen.

Wer mag, überzieht die Ringe am Ende noch einmal mit einer Lackschicht.

AM BESTEN BEKLEBT MAN ZUERST NUR DIE AUSSENSEITE MIT DER DEKOSCHICHT UND DRÜCKT DIE RÄNDER AN. DANN ERST TROCKNEN LASSEN UND AM ENDE INNEN FESTKLEBEN.

Große Anhängerzahl

MATERIAL:
BUCHSEITEN, LINEAL, CUTTER/SCHERE, LOCHSTANZE, ECKENSCHNEIDER, LOCHVERSTÄRKER, KARTON, NIETENZANGE, NIETEN, ETIKETTIERER, KORDEL

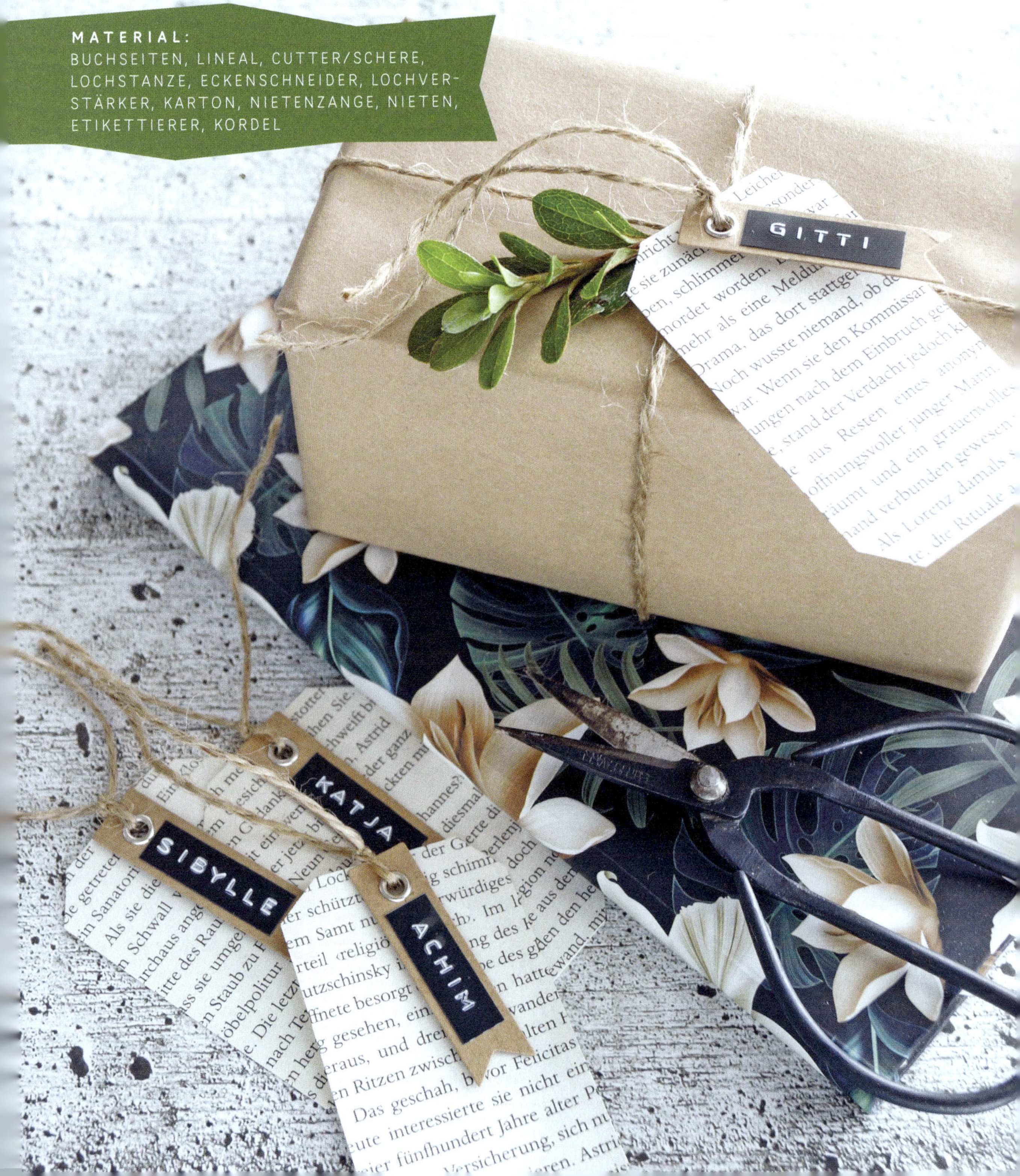

WAS IST EIN GESCHENK OHNE EINEN KLEINEN ANHÄNGER? AM LIEBSTEN SELBST GEMACHT – GANZ INDIVIDUELL. FESTE BUCHSEITEN EIGNEN SICH DAFÜR SUPER GUT. UND ES GEHT AUCH GANZ SCHNELL. AM BESTEN GLEICH MEHRERE AUF EINMAL HERSTELLEN.

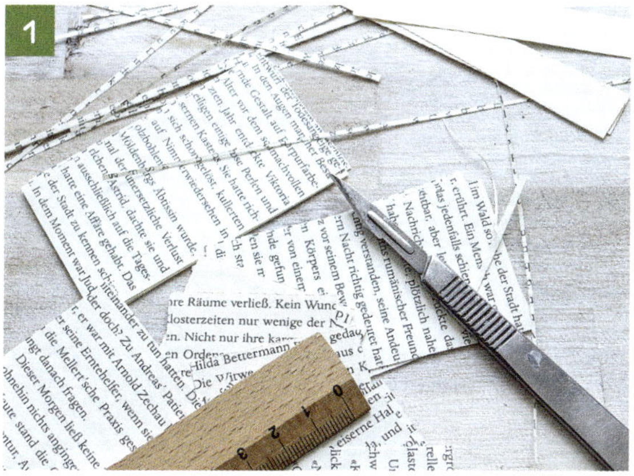

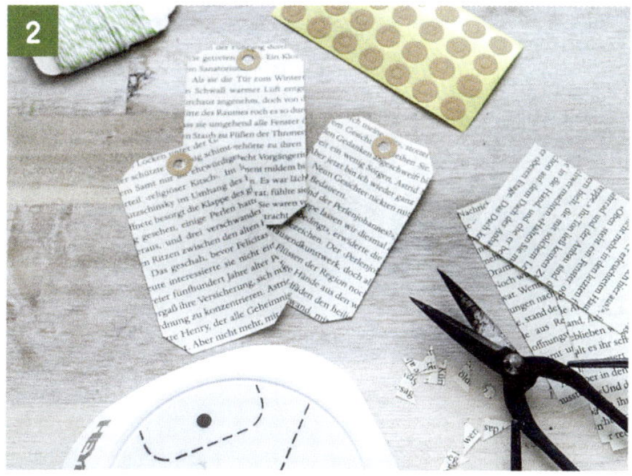

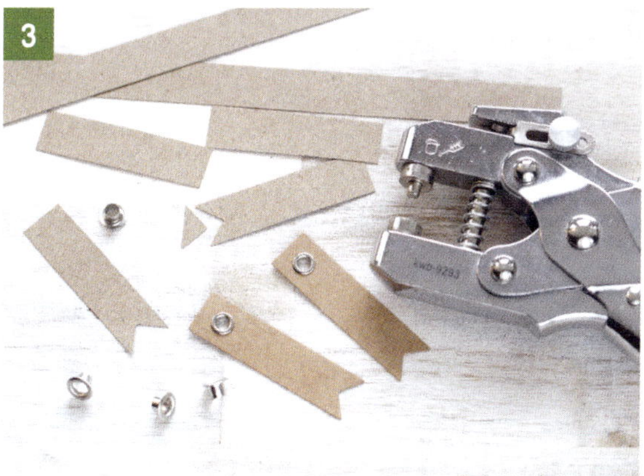

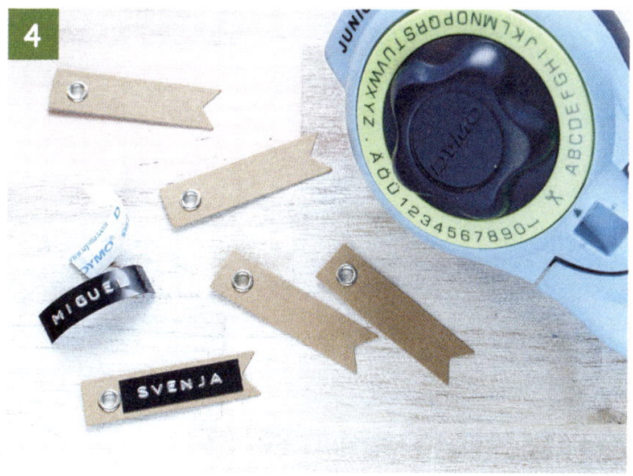

1. Ein paar Buchseiten aus einem alten Buch heraustrennen und in gleich große Stücke schneiden, je nachdem, wie groß die Etiketten werden sollen.

2. Mit einem Eckenschneider kann man nun die Ecken entweder rund oder eckig abschneiden. Anschließend für die Kordel noch ein Loch stanzen und mit Lochverstärker bekleben, damit die Etiketten beim Anbinden nicht gleich wieder einreißen

3. Aus dünnem Karton kleine Streifenstücke zu einem Fähnchen zurechtschneiden. Mit der Nietenzange kleine Nieten anbringen.

4. Mit einem Etikettierer kleine Namensschilder ausdrucken und auf die Fähnchen kleben. Diese dann zusammen mit den großen Etiketten an eine Kordel binden.

WER KEINE SPEZIELLE LOCHSTANZE HAT, KANN EINEN EINFACHEN LOCHER VERWENDEN. DIE ECKEN MIT DER SCHERE SCHRÄG ANSCHNEIDEN.
DIE KLEINEN ETIKETTEN LASSEN SICH NATÜRLICH AUCH MIT DER HAND BESCHRIFTEN.

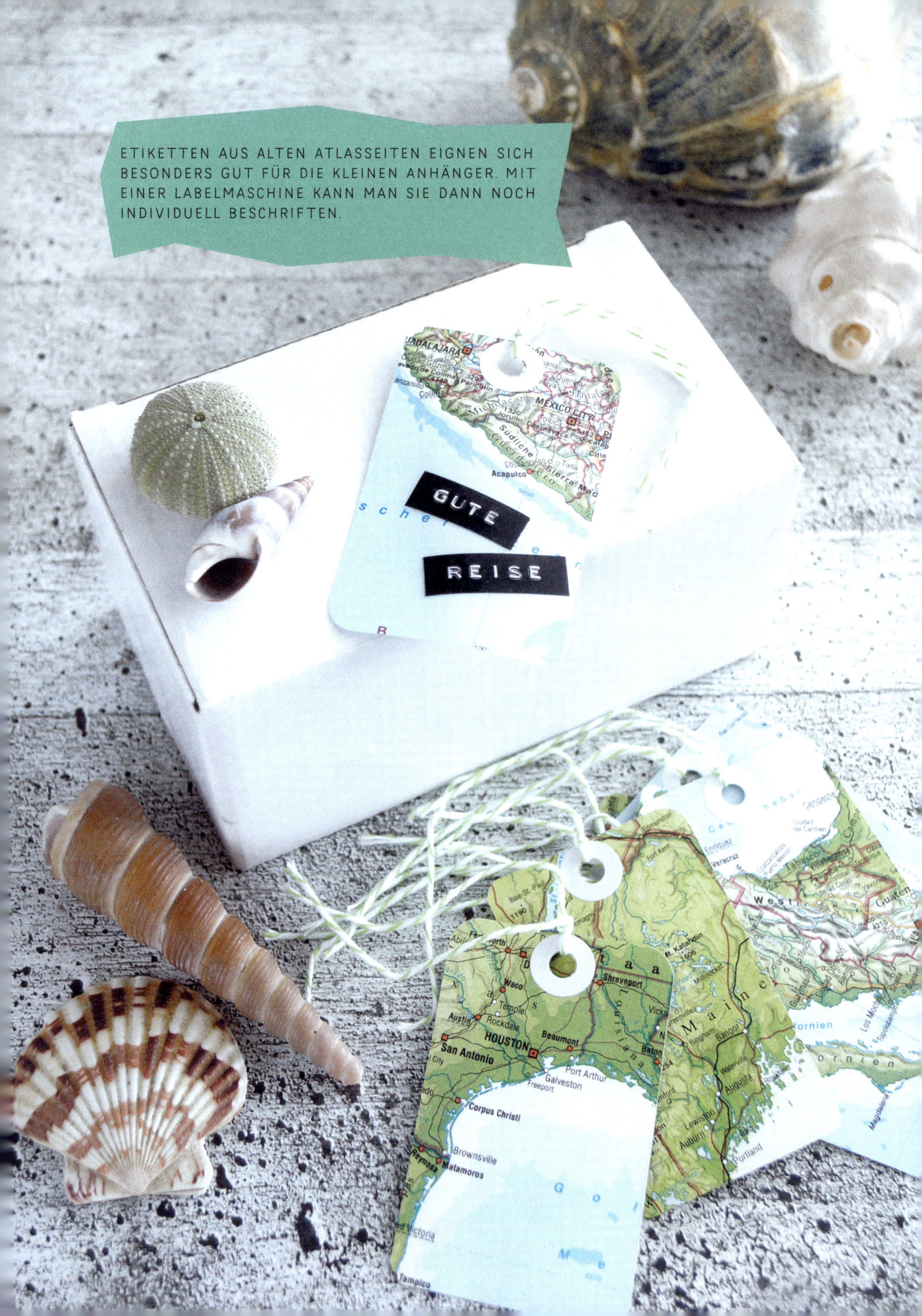

ETIKETTEN AUS ALTEN ATLASSEITEN EIGNEN SICH BESONDERS GUT FÜR DIE KLEINEN ANHÄNGER. MIT EINER LABELMASCHINE KANN MAN SIE DANN NOCH INDIVIDUELL BESCHRIFTEN.

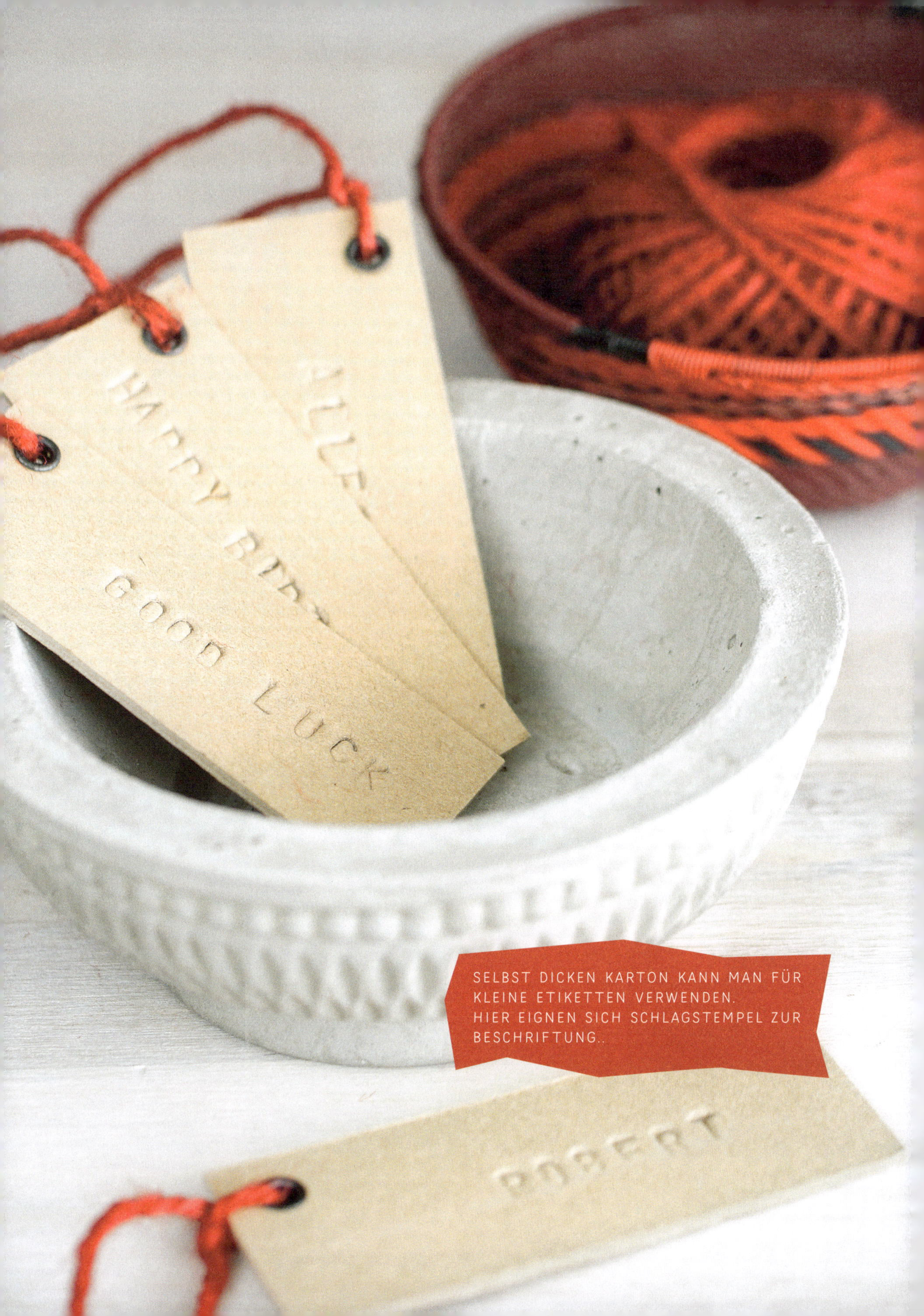

SELBST DICKEN KARTON KANN MAN FÜR KLEINE ETIKETTEN VERWENDEN.
HIER EIGNEN SICH SCHLAGSTEMPEL ZUR BESCHRIFTUNG..

Lesezeichen ahoi!

MATERIAL:
BUCHSEITEN (ATLAS), KARTON, KLEBER, SCHERE, CUTTER, LINEAL, ECKENSCHNEIDER, LOCHZANGE, NIETEN, NIETENZANGE, STEMPEL, STEMPELKISSEN, BAND

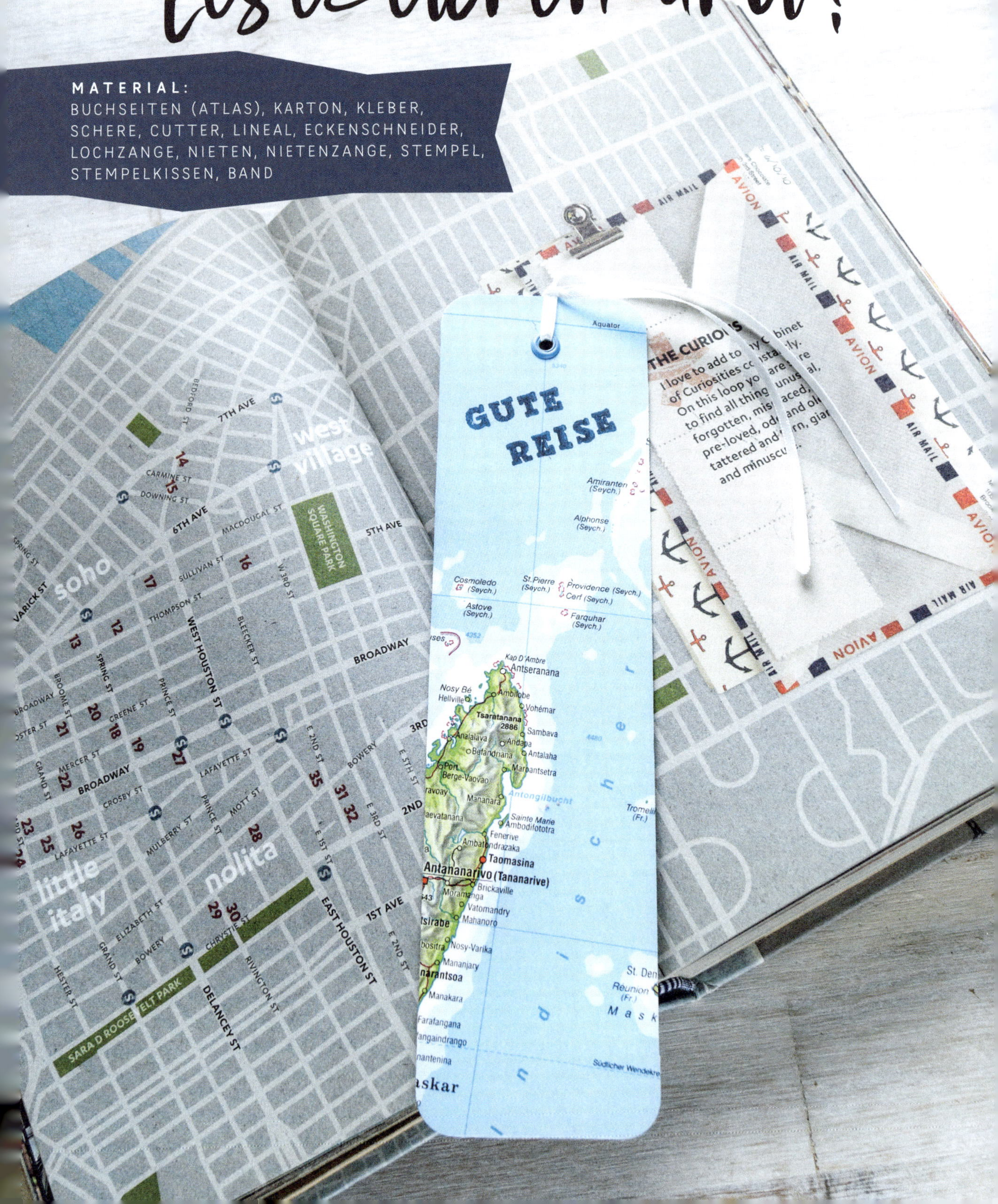

BLOSS KEINE ESELSOHREN INS BUCH MACHEN, WEDER INS AUSGELIEHENE NOCH IN DAS EIGENE BUCH. ABER AUF WELCHER SEITE WAR ICH DOCH GLEICH? LESEZEICHEN KANN MAN IMMER GEBRAUCHEN, FÜR DEN REISEFÜHRER UNTERWEGS ODER DEN LIEBLINGSSCHMÖKER DAHEIM.

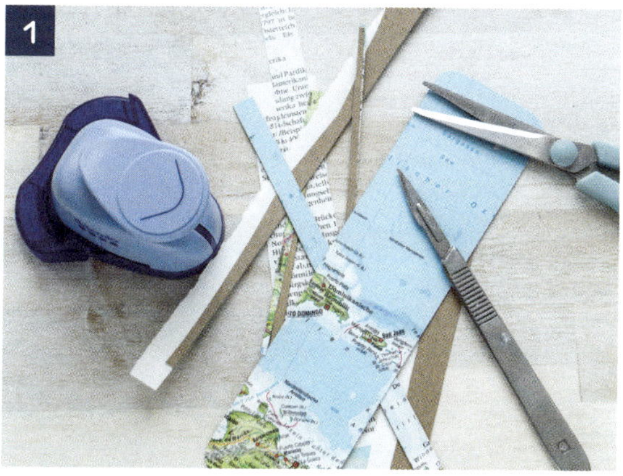

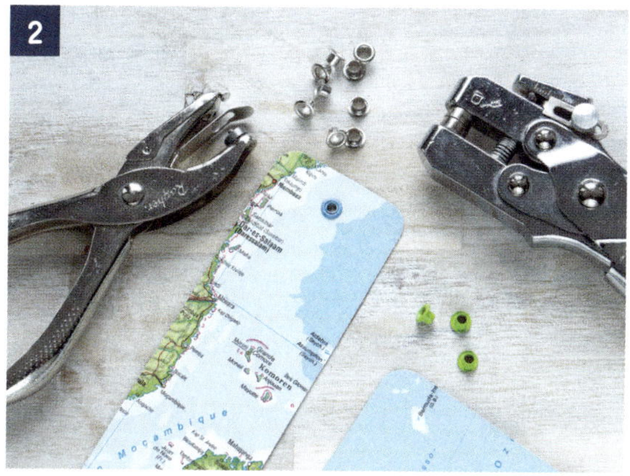

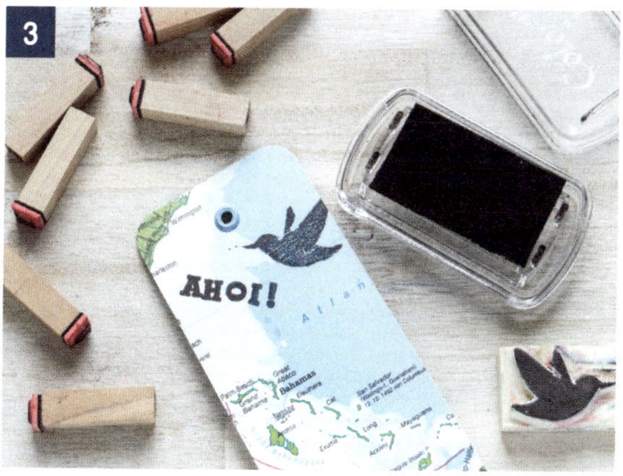

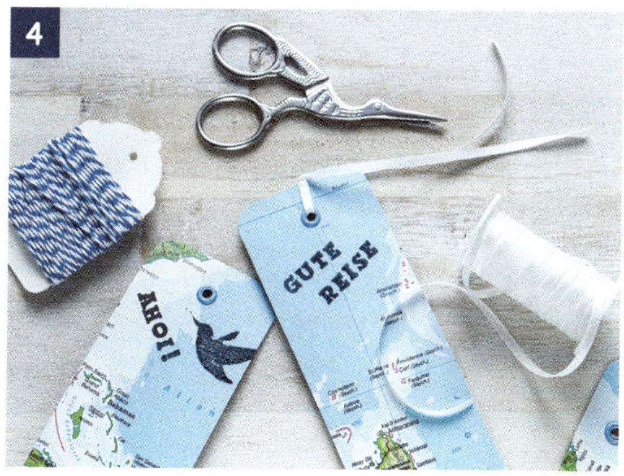

1. Aus einem alten Atlas die Seiten heraustrennen und auf einen festen Karton kleben. Dann in entsprechend große Streifen schneiden. Die Ecken mit einem Eckenschneider abrunden. (Alternativ mit der Schere die Ecken gerade abschneiden.)

2. Mit einer Lochzange an der oberen Seite ein Loch stanzen und mit der Nietenzange eine kleine Öse anbringen.

3. Dann nach Lust und Laune bestempeln oder beschriften.

4. Zum Schluss noch eine kleine Kordel oder ein Bändchen anbringen.

Nicht vergessen

MATERIAL:
PAPPKARTONRESTE, LINEAL, CUTTER, LOCHZANGE, BLEISTIFT, NIETENZANGE, NIETEN, SCHLAGSTEMPEL, HAMMER, PAPIER FÜR INNENSEITEN, LEDERBAND

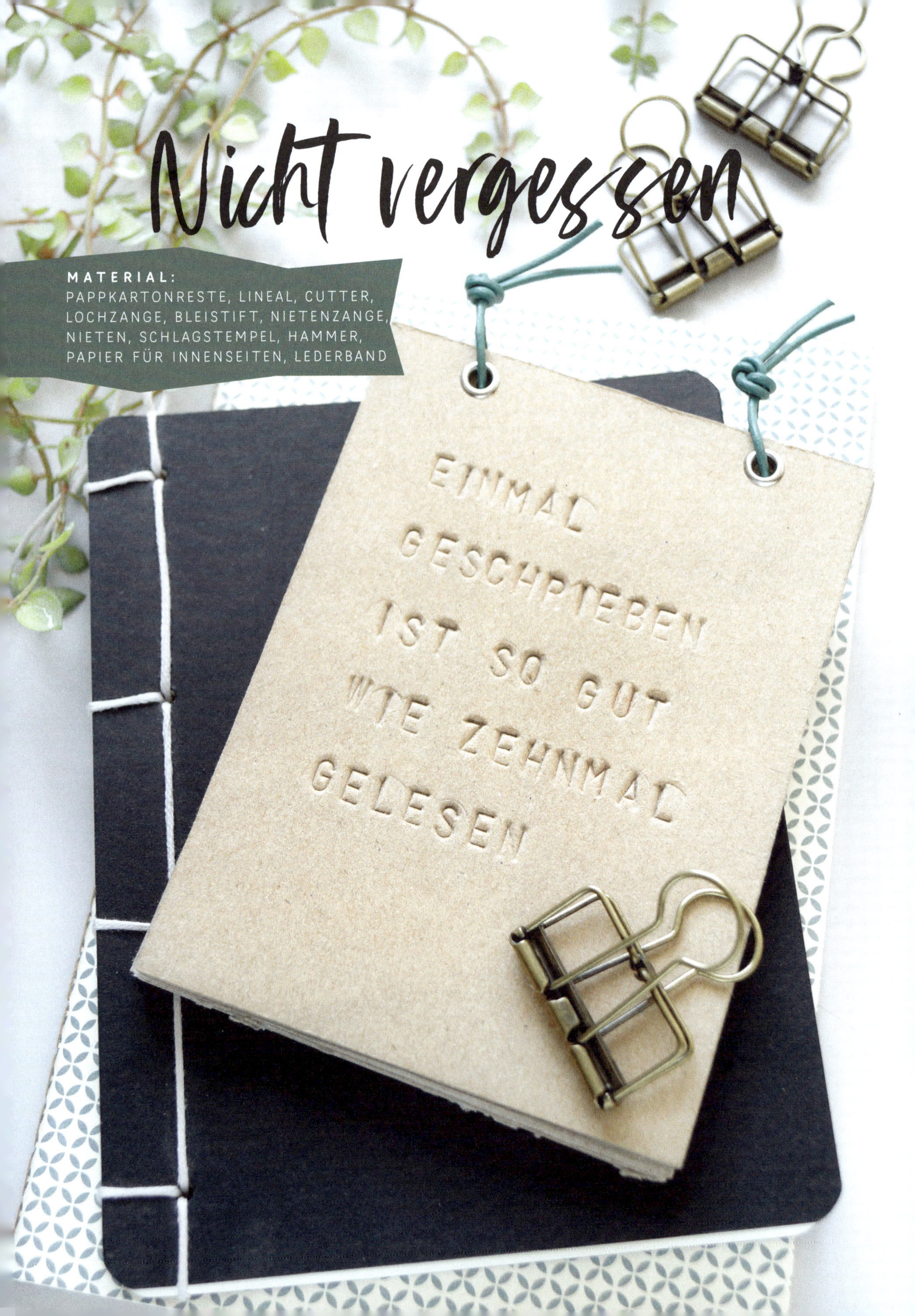

GESCHRIEBENES KANN MAN SICH BESSER MERKEN! ALSO SOLLTE MAN IMMER EIN KLEINES NOTIZBUCH BEI SICH TRAGEN. FÜR EINKAUFSLISTEN, GESCHENKIDEEN ODER WENN EINEM EINFACH MAL WAS SCHÖNES DURCH DEN KOPF GEHT, WAS MAN SICH UNBEDINGT MERKEN MÖCHTE.

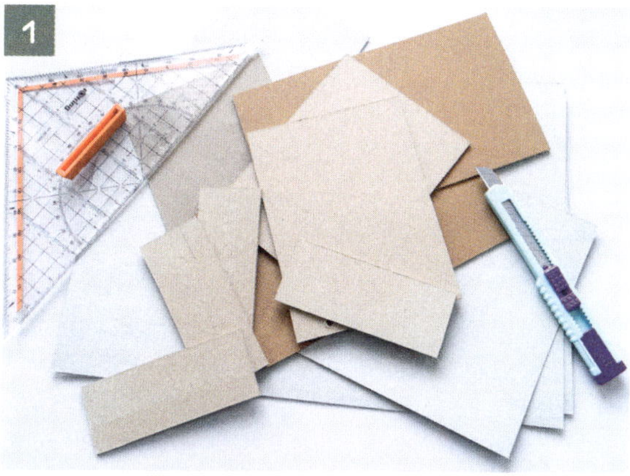

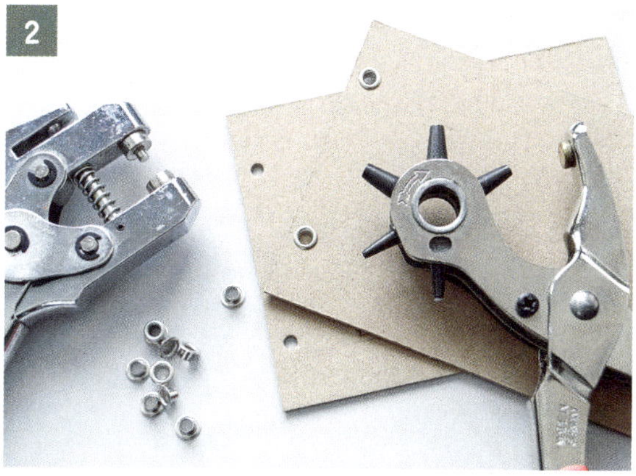

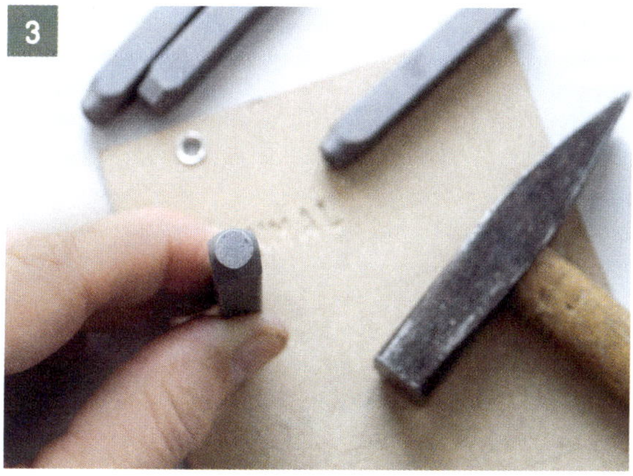

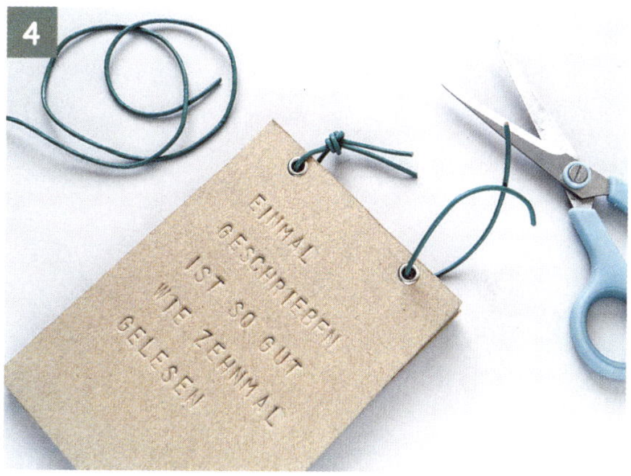

1. Aus festen Kartonresten zwei Stücke in der passenden Größe für ein kleines Notizbuch schneiden. Am besten mit Lineal und einem Cutter.

2. Für die Bindung einfach mit einer Lochzange an einer Seite jeweils 2 Löcher stanzen.

3. Mit Lineal und Bleistift zieht man sich für den Text eine feine Linie, die man später wieder wegradieren kann. Anschließend Text überlegen und mit Schlagstempeln (Punzen) und Hammer in die Pappe schlagen.

Immer darauf achten, dass die Buchstaben auch in die richtige Richtung zeigen!

4. Für den Innenteil, also die eigentlichen Notizzettel, kann man alles zurechtschneiden, wo noch irgendwie Platz ist für Notizen.
Die Seiten an die Pappe anpassen und ebenfalls an der gleichen Stelle lochen.
Dann ein kleines Stück Lederband auffädeln und verknoten. Aber nicht zu fest, sonst lassen sich die Seiten nicht mehr umschlagen.

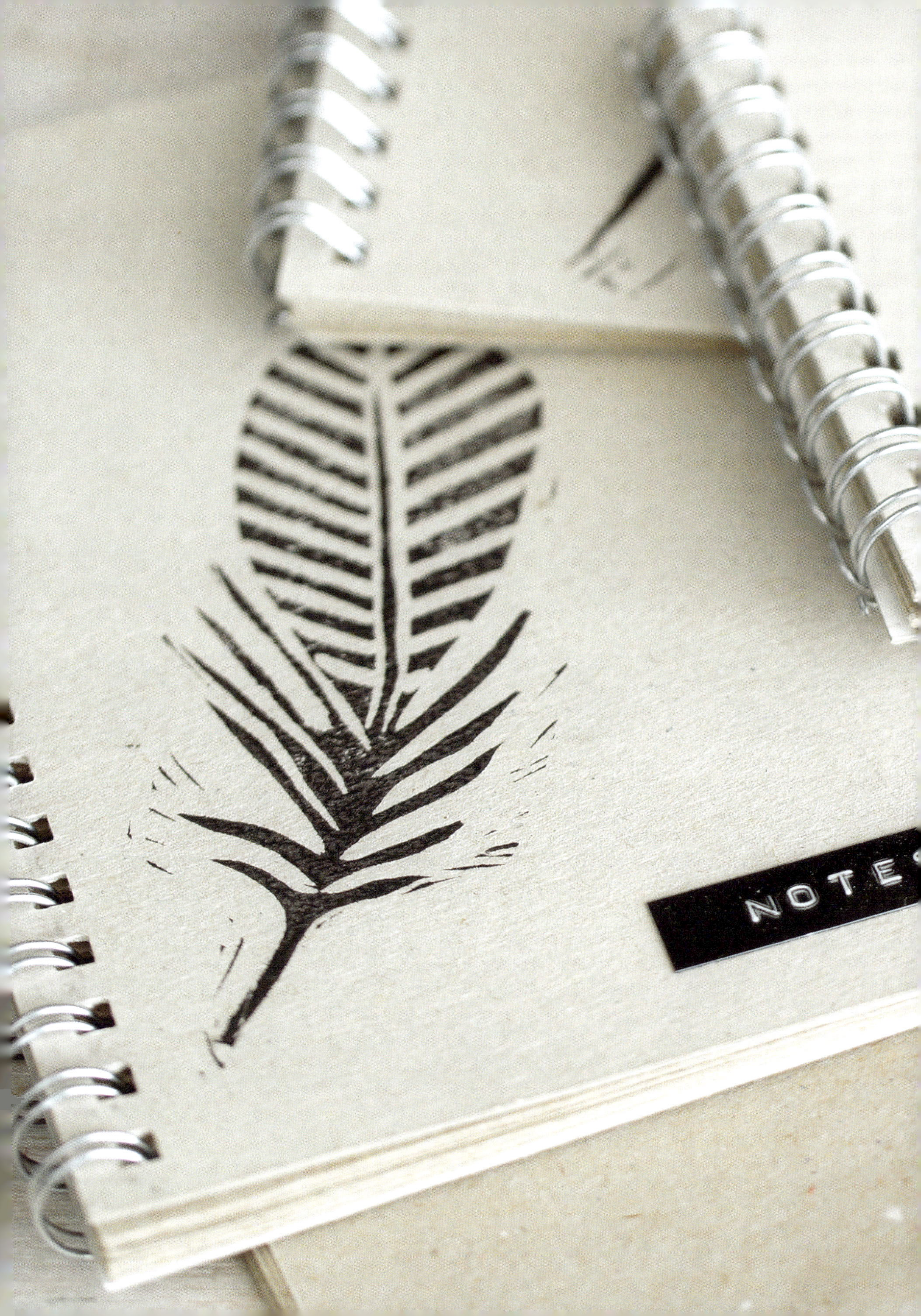
NOTES

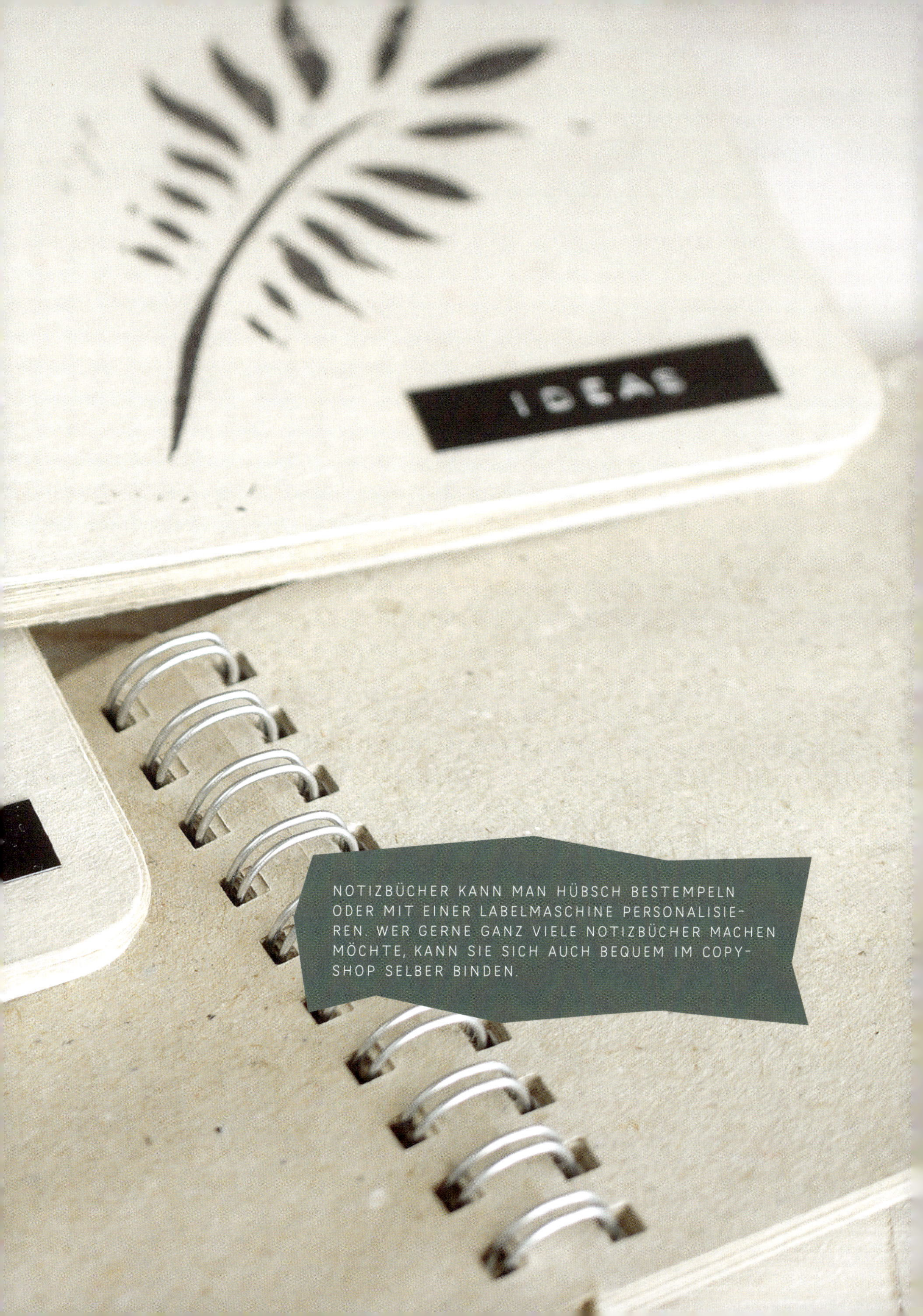

NOTIZBÜCHER KANN MAN HÜBSCH BESTEMPELN ODER MIT EINER LABELMASCHINE PERSONALISIEREN. WER GERNE GANZ VIELE NOTIZBÜCHER MACHEN MÖCHTE, KANN SIE SICH AUCH BEQUEM IM COPYSHOP SELBER BINDEN.

Bücher-Auslese

MATERIAL:
BUCHSEITEN, SCHERE ODER CUTTER, STEMPEL, STEMPELKISSEN, MASKING-TAPE, KLEBESTIFT, ZICKZACKSCHERE, CLIPS

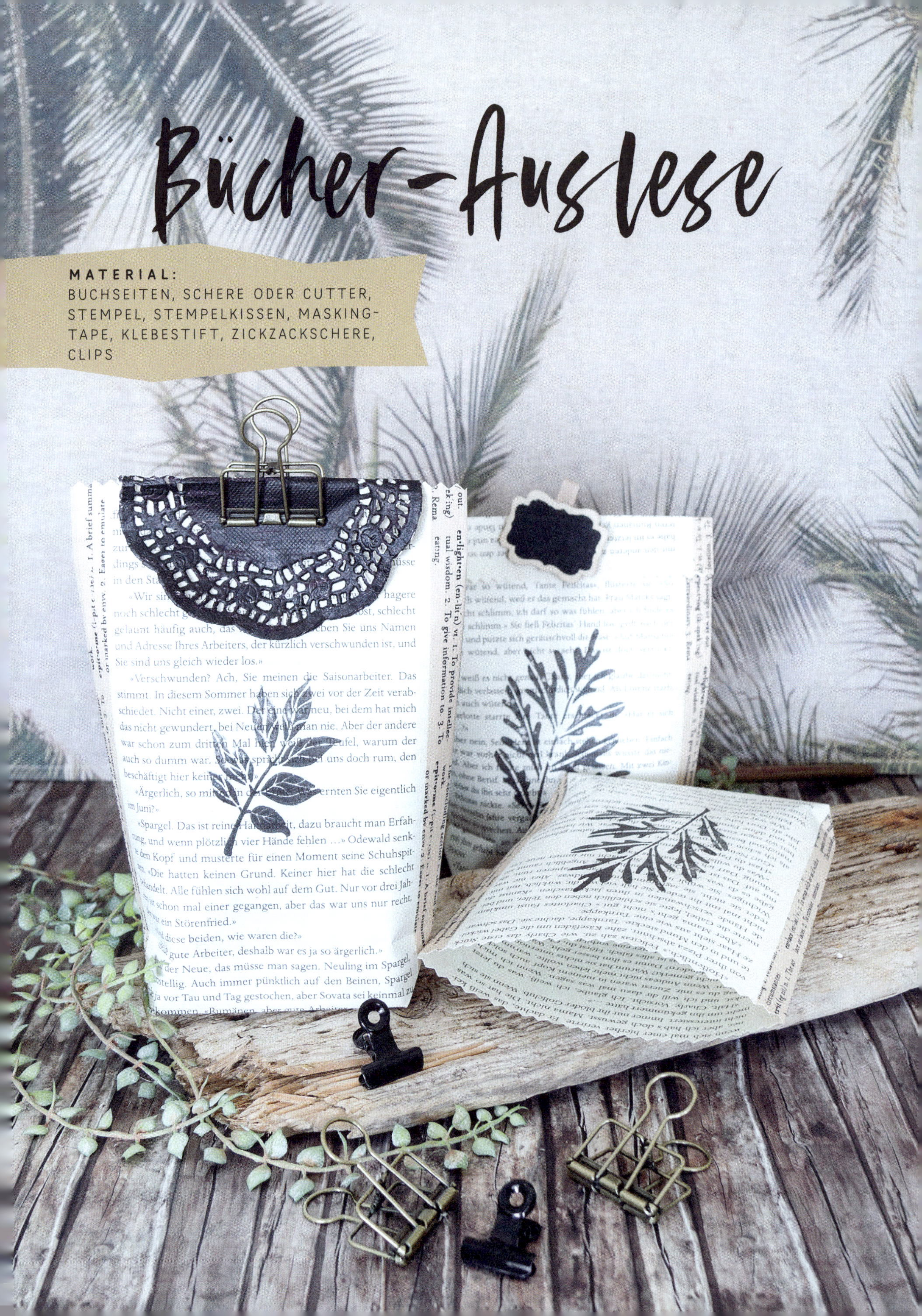

BÜCHER, DIE MAN NIE MEHR LIEST, DIE ABGEGRIFFEN ODER ZERFLEDDERT SIND, WARTEN NUR DARAUF, EINMAL ANDERS VERWENDET ZU WERDEN. WAS SICH NICHT VERKAUFEN ODER VERSCHENKEN LÄSST, WIRD EINFACH IN EINE GESCHENKVERPACKUNG UMGEWANDELT.

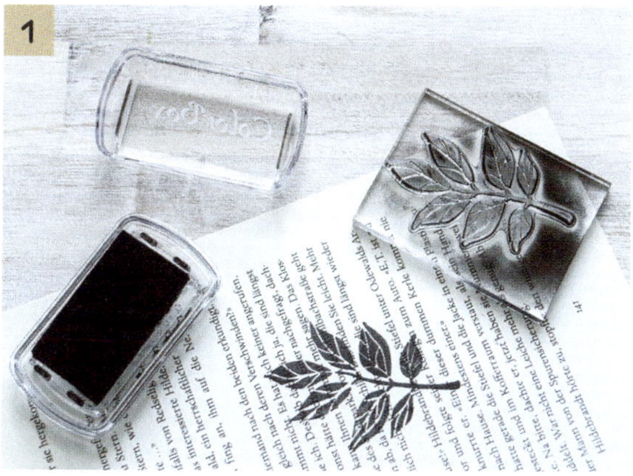

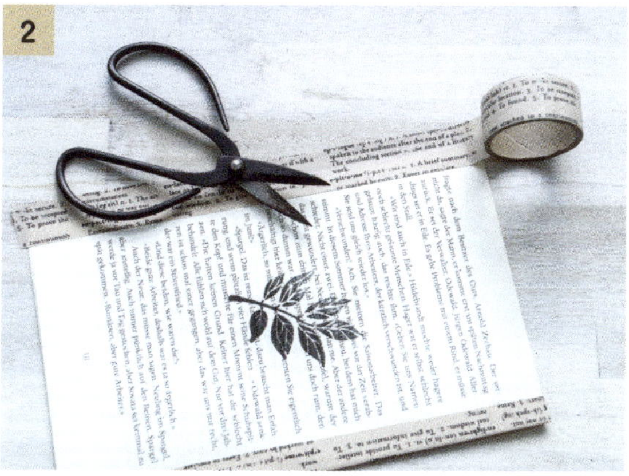

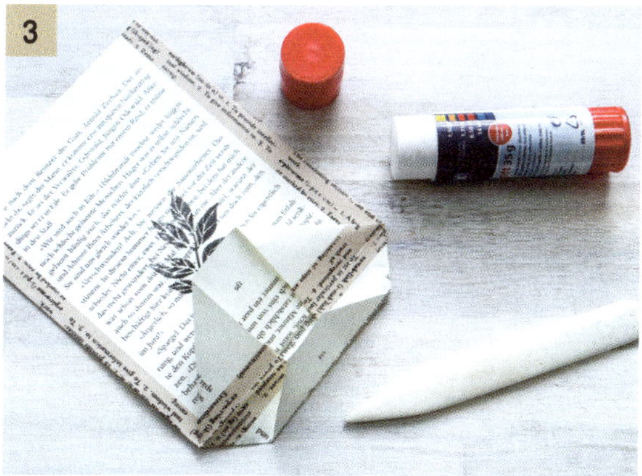

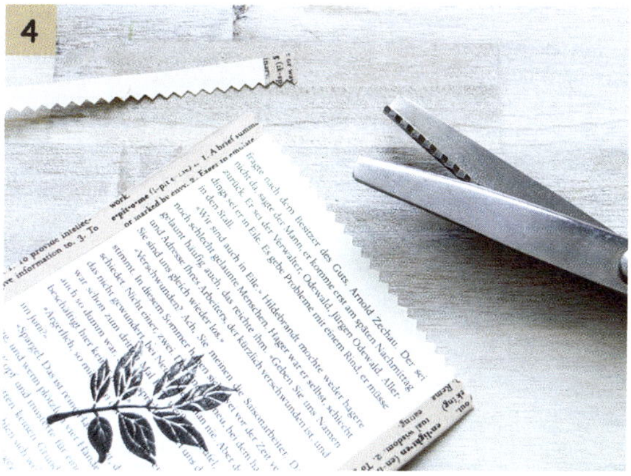

1. Die Seiten aus dem Buch heraustrennen – die Kanten evtl. mit einem Cutter noch einmal gerade abschneiden. Dann das gewünschte Motiv auf die Vorderseite stempeln.

2. Nun 2 Seiten aufeinanderlegen. Das Maskingtape an der Längsseite bis zur Hälfte auf die Seite kleben. Anschließend die Seite wenden, die Kante umknicken und festkleben. An der anderen Seite wiederholen.

3. Nun einen Tütenboden falten und mit einem Klebestift oder einem Stück Tape verkleben. Die Anleitung, wie man einen Tütenboden richtig faltet, befindet sich auf Seite 126.

4. Den oberen Rand der Tüte mit der Zickzackschere abschneiden. Zum Verschließen die Kante umschlagen und mit einem Clip sichern.

Brieffreundschaft

MATERIAL:
ALTE COMIC-HEFTE, SCHERE ODER CUTTER, LINEAL, KLEBER

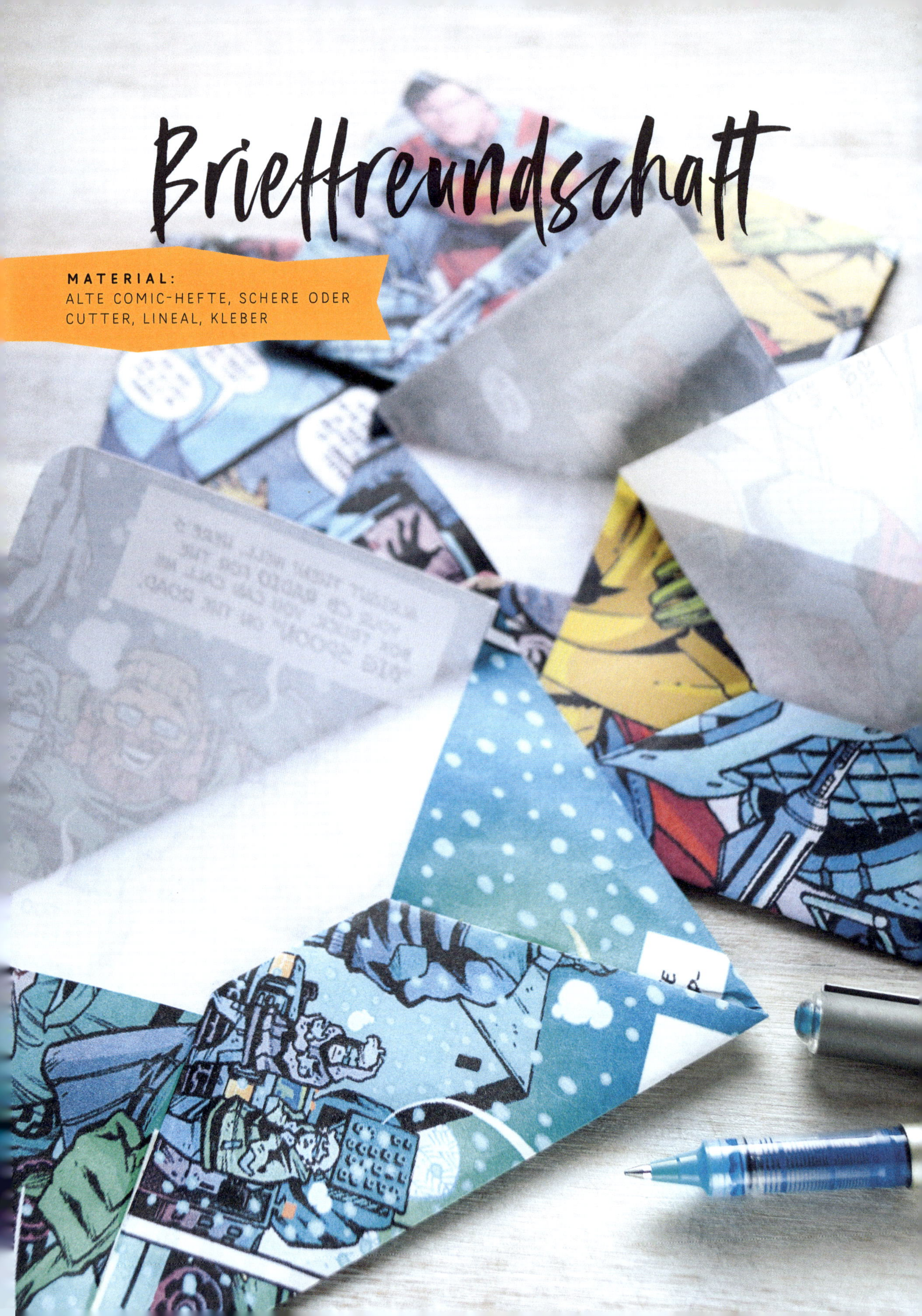

GERADE MAL KEINEN BRIEFUMSCHLAG ZUR HAND? UMSCHLÄGE FEHLEN MEIST, WENN MAN EINE KARTE VERSCHICKEN MÖCHTE. DIE BASTELT MAN JA OFT AUCH SELBST ... EIN PASSENDES KUVERT KANN MAN ABER AUCH GENAUSO SCHNELL SELBER FALTEN. EGAL, WAS GERADE ZUR VERFÜGUNG STEHT...

Möchte man den Umschlag später für eine Postkarte (A6) verwenden, sollte der Papierbogen mindestens eine Größe von 21,5 x 21,5 cm haben.

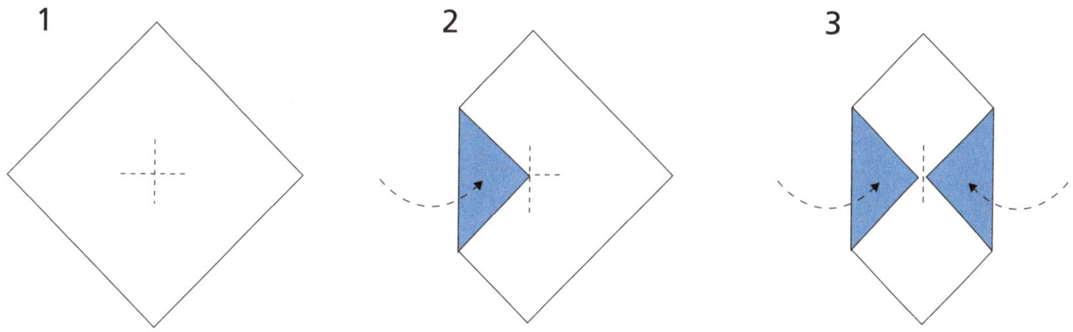

1. Einen quadratischen Bogen jeweils über die Spitzen zueinanderfalten, aber nur in der Mitte kurz andrücken, damit später auf dem Umschlag keine Falzlinien entstehen. 2.–3. Dann die linke und die rechte Seite zum Mittelpunkt falten.

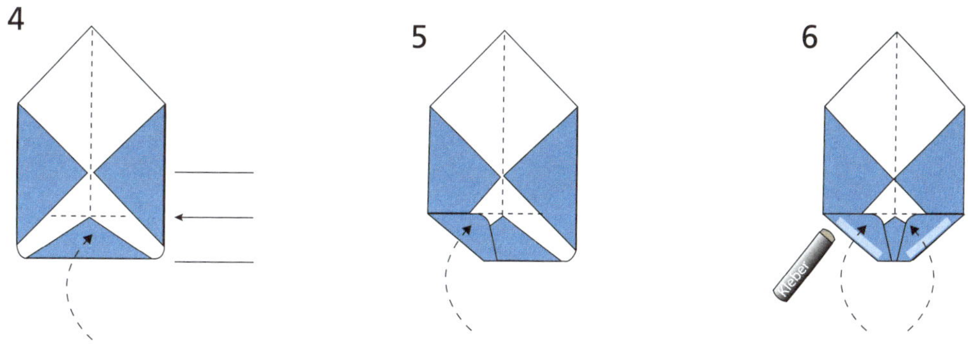

4. Anschließend die untere Spitze nach oben, bis zu der in der Abb. markierten Stelle. 5. Nun die linke und rechte untere Ecke nach oben falten, ebenfalls bis zur markierten Stelle. 6. Die Kanten dann mit Kleber versehen.

7. Dann komplett nach oben falten und ankleben. 8. Die obere Spitze nun noch nach unten falten. Dabei ein wenig über den Mittelpunkt hinausgehen, damit sich alle Kanten überlappen.

Super Schwergewichte

MATERIAL:
MAGAZIN-, COMIC-HEFT- ODER ATLASSEITEN, SCHERE, SCHÜSSEL, TAPETENKLEISTER, PINSEL, DICKE KIESELSTEINE, EVTL. KLARLACK

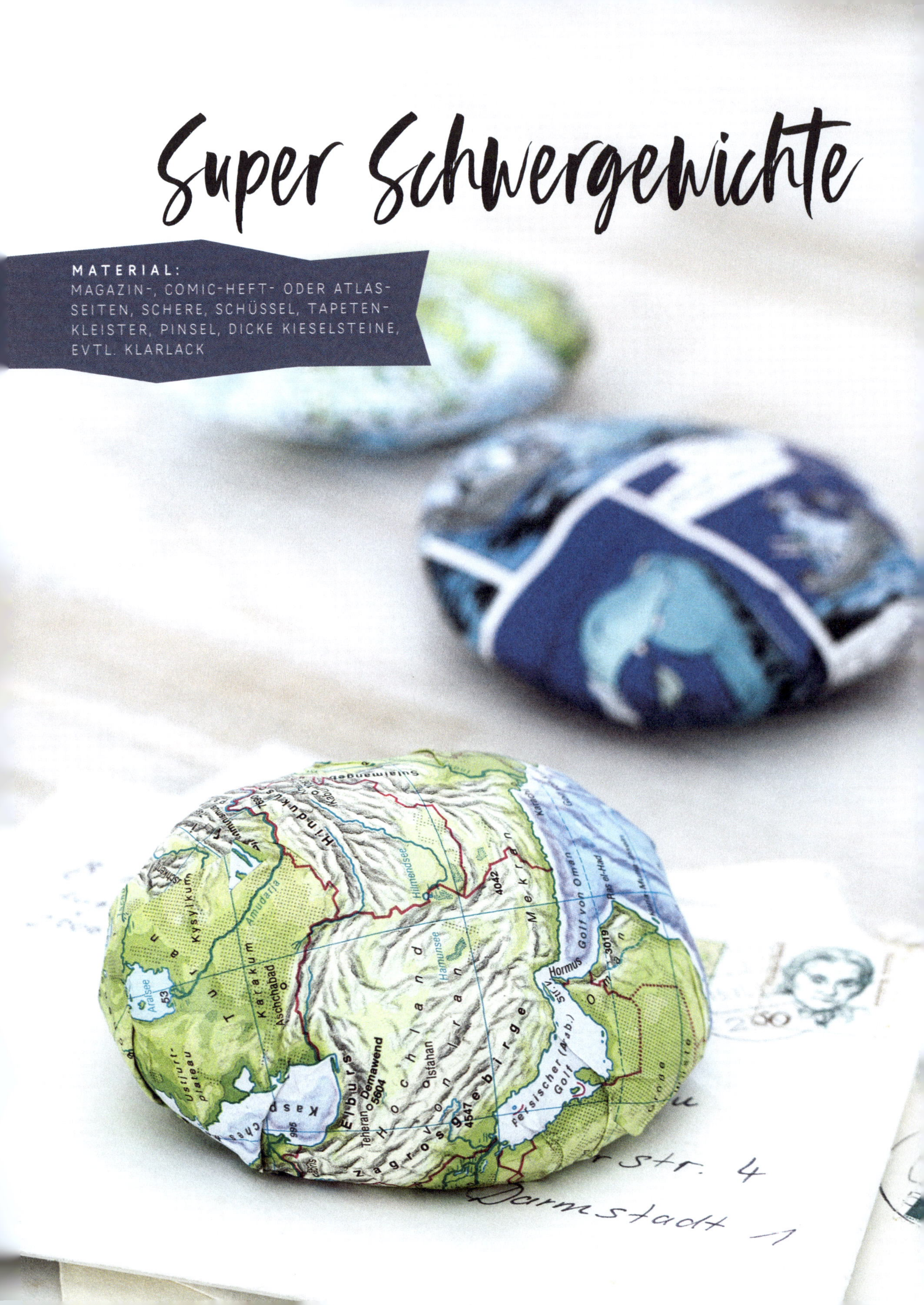

ES IST HEISS, DER VENTILATOR LÄUFT UND ALLES FLIEGT DURCH DIE LUFT. AUSSER MAN HAT SOLCHE BRIEFBESCHWERER. SCHON BLEIBT ALLES DA LIEGEN, WO ES HINGEHÖRT. NUR GROSS GENUG MÜSSEN DIE STEINE FÜR DIE SCHWERGEWICHTE SEIN. ALSO UNTERWEGS DIE AUGEN OFFEN HALTEN, VIELLEICHT FINDET SICH DA DER PASSENDE STEIN.

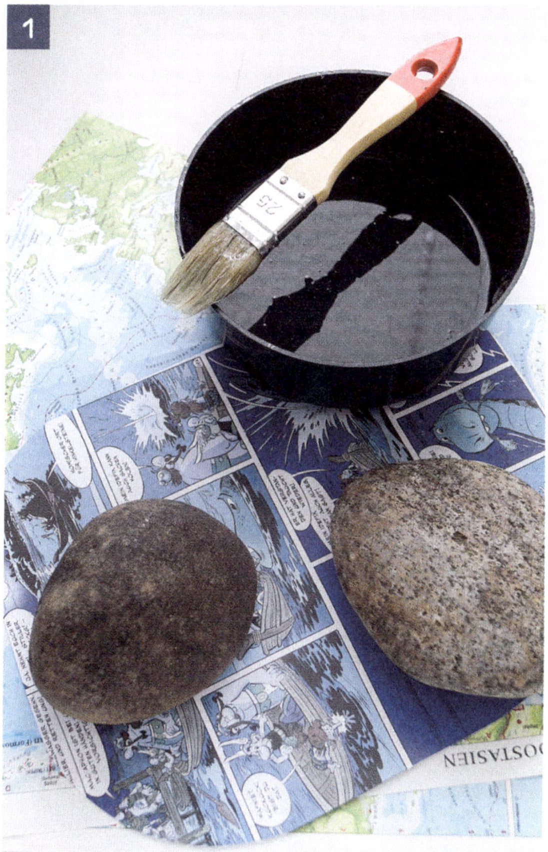

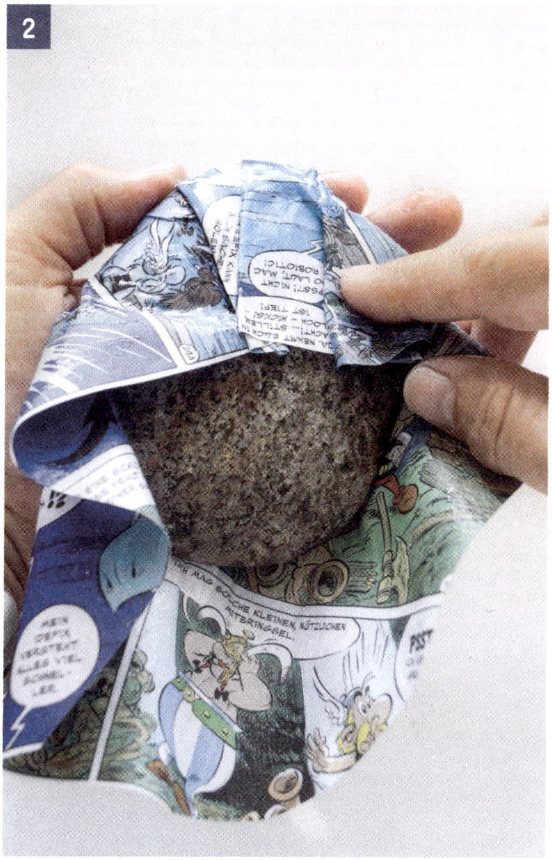

1. Zunächst rührt man sich eine kleine Menge Tapetenkleister an. Dann schneidet man die ausgewählten Papierstücke passend für die jeweiligen Steine zurecht. Am besten funktionieren möglichst runde Kieselsteine.
Das Papier an den Ecken schon mal abrunden, damit sich auf der Unterseite später nicht zu viel knäult.

2. Das Papier von beiden Seiten auf einer passenden Unterlage gut mit dem Kleister einpinseln und diesen einen Moment einwirken lassen. Dann das vorbereitete Blatt in die Hand nehmen und den Stein hineinlegen. Auf der Unterseite nach und nach einschlagen und das Papier rundherum mit beiden Händen schön glatt streichen.
Zum Trocknen die Steine am besten auf zwei kleine Holzstäbchen legen, damit sie auch von unten trocknen können und nicht auf der Unterlage festkleben.

Wer mag, kann die Briefbeschwerer später mit einem Klarlack überziehen.

Untergeschoben

MATERIAL:
BUCHSEITEN (Z. B. SEITEN AUS EINEM ATLAS), CUTTER, LINEAL, BLEISTIFT, KLEBESTIFT, AHLE, NADEL, SCHNUR, HOLZKUGELN

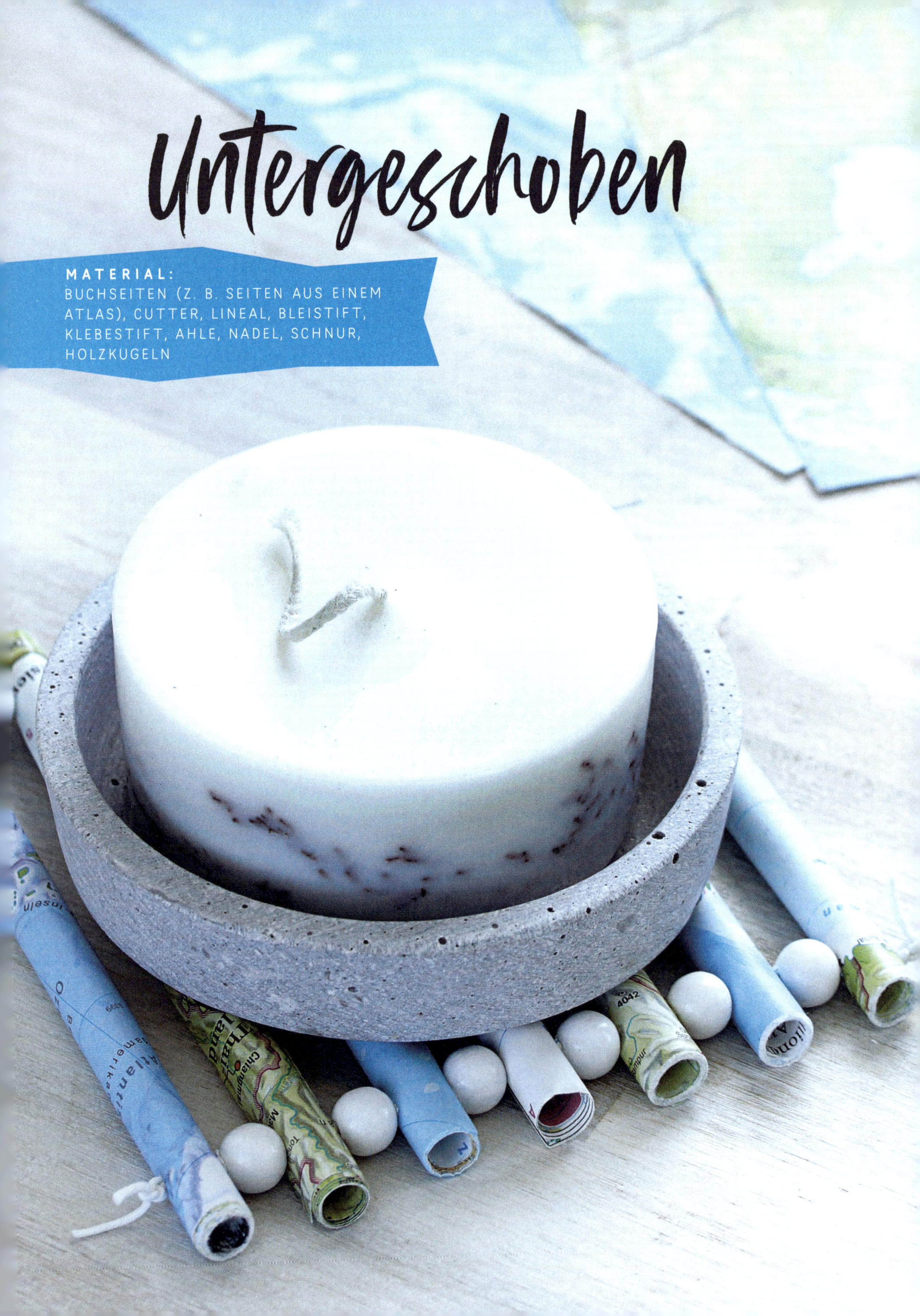

MAN GLAUBT ES JA KAUM, ABER DIESE RÖLLCHEN AUS BUCHSEITEN SIND UNGLAUBLICH STABIL UND HALTEN ORDENTLICH WAS AUS. MIT EIN PAAR HOLZKUGELN AUF ABSTAND GEHALTEN IST SO SCHNELL EIN PRAKTISCHER UNTERSETZER GEBASTELT.

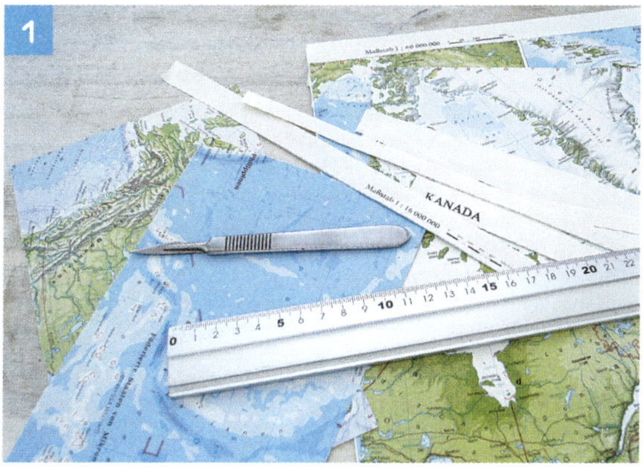

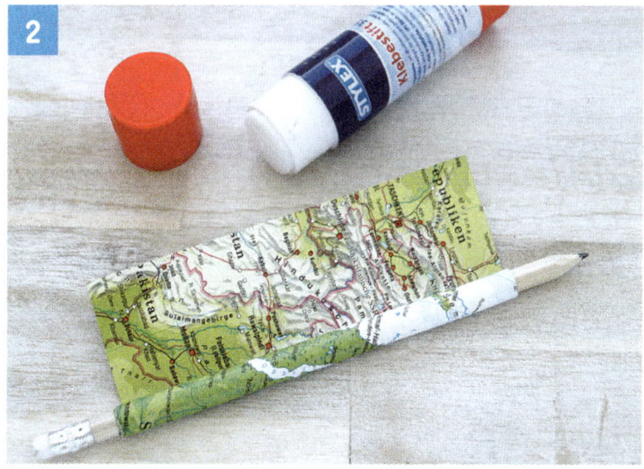

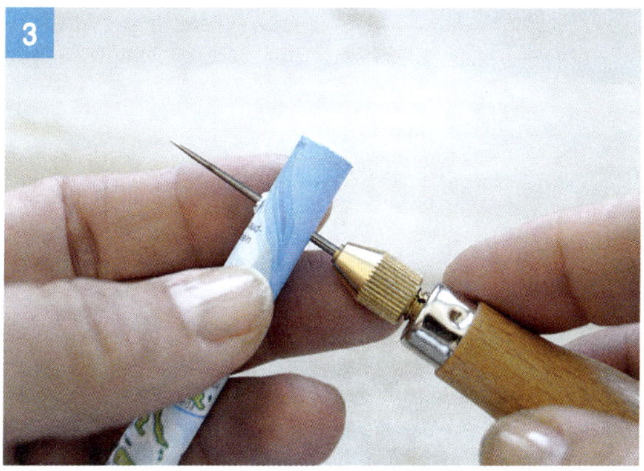

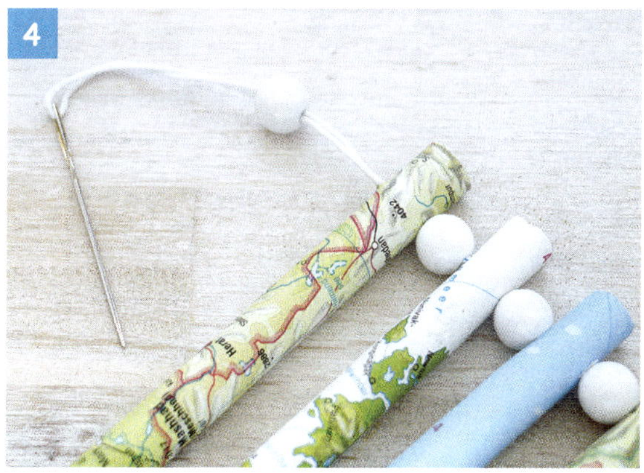

1. Aus einem alten Atlas die Seiten heraustrennen und in entsprechend große Stücke zurechtschneiden. Je nachdem, wie lang die Rollen später sein sollen.

2. Dann das Papier über einem Bleistift gleichmäßig aufrollen und das Ende gut verkleben. Anschließend vom Bleistift ziehen.

3. Mit einer Ahle oder einer Nadel die Rolle an den Enden vorsichtig durchstechen.

4. Schnur auf eine Nadel fädeln und abwechselnd eine Rolle und eine kleine Holzkugel auffädeln. Die Enden dann gut verknoten.

Zackig aufgeräumt

MATERIAL:
PAPPKARTONRESTE, LINEAL, CUTTER, SCHERE, BLEISTIFT, MASKINGTAPE, HEISSKLEBEPISTOLE

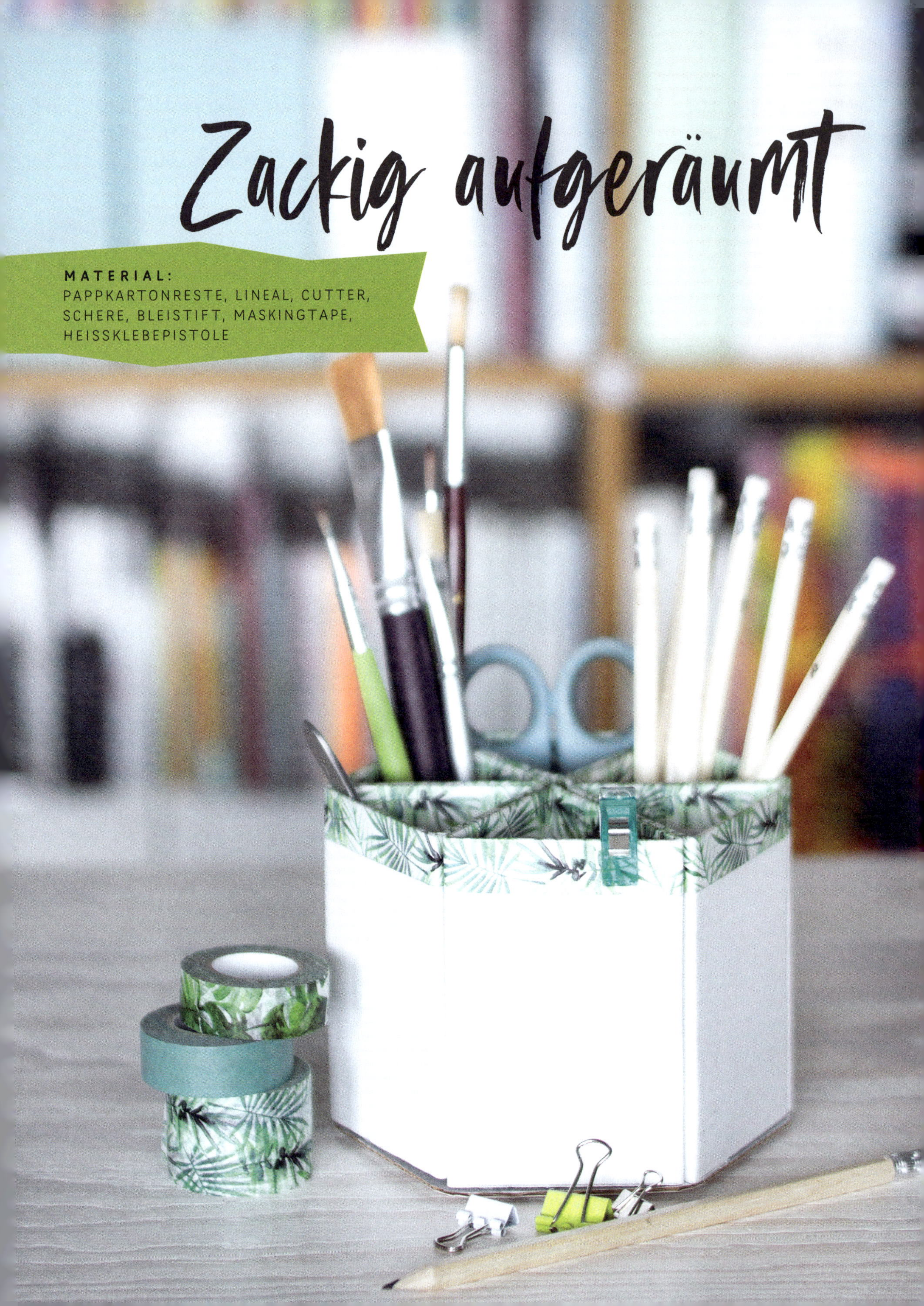

WER STÄNDIG SEINEN LIEBLINGSSTIFT ODER DIE SCHERE SUCHT, FINDET IN SO EINEM KLEINEN ORDNUNGSHELFER EINEN GUTEN FREUND, DER SCHNELL GEMACHT UND AUCH RECHT STABIL IST. HIER HAT ALLES SEINEN PLATZ UND LÄSST SICH SOFORT WIEDERFINDEN.

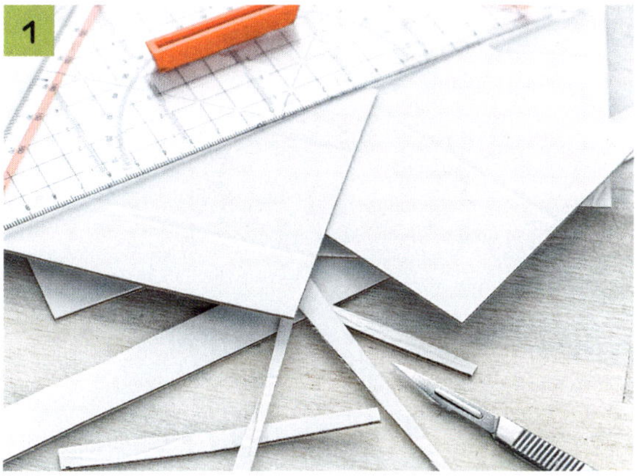

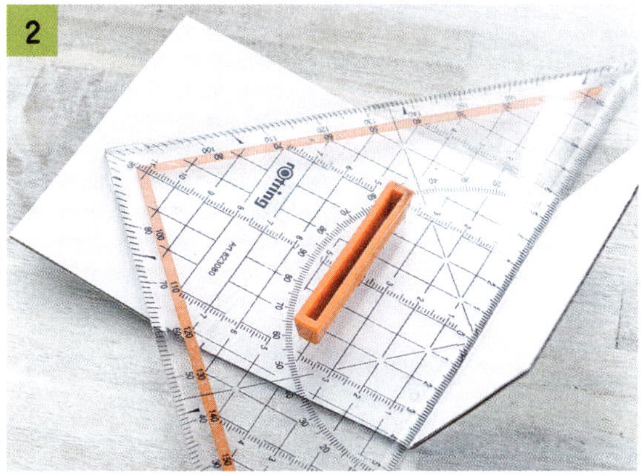

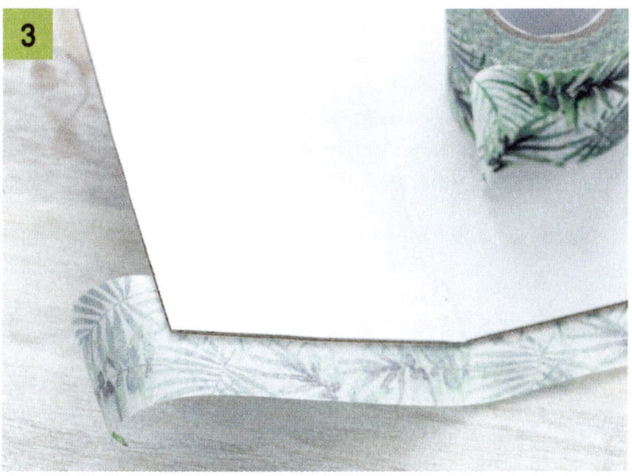

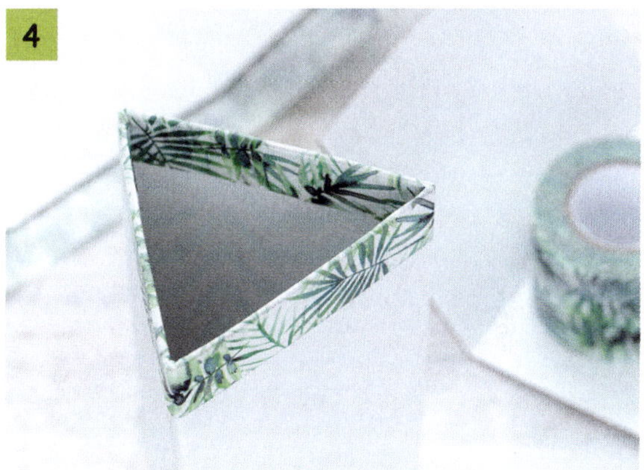

1. Aus alten Pappkartonresten schneidet man 6 gleich große Teile zurecht. In diesem Beispiel sind die Stücke 10 x 21 cm groß. Da der Karton bereits weiß ist, braucht man ihn nicht mehr farbig anlegen.

2. Die Längsseite teilt man nun in 3 gleiche Teile ein und knickt sie an einem Lineal nach innen.

3. An der Außenseite bringt man ein breites Stück Maskingtape an. Es sollte ca. 2 cm an der Seite überstehen.

4. Dann faltet man die 3 Seiten zusammen und klebt sie mit dem überstehenden kleinen Stück Tape fest. Die Längskanten des Tapes werden nach innen geschlagen und angedrückt.

An der unteren Kante kann man ein kleines Stück Tape verwenden, um diese ebenfalls zu fixieren.

So werden 6 Teile hergestellt, die man dann mit der Heißklebepistole zu einem Sechseck zusammenklebt.

Nachdem die sechseckige Form steht, stellt man sie auf ein Stück Pappe und zeichnet die Kontur nach. Dieses Stück ausschneiden und mit der Klebepistole an die untere Seite der Dreiecke kleben. So erhält der Utensilo seinen Boden.

Säckchen statt Päckchen

MATERIAL:
TETRAPACK, WASSER, KLEBER, SCHERE, NIETEN, NIETENZANGE, KORDEL, ZICKZACKSCHERE

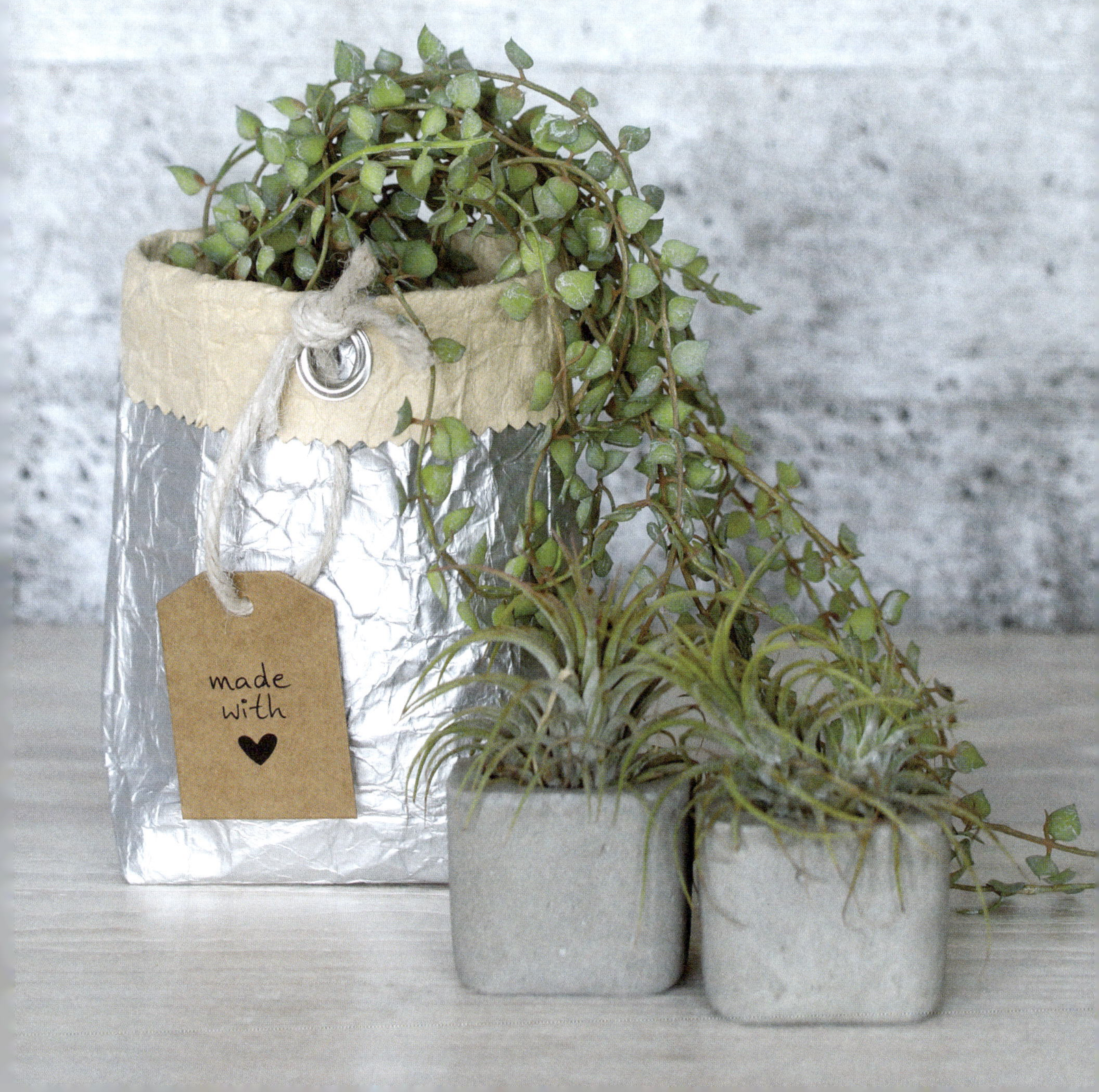

EIGENTLICH GEHÖRT DIE MILCHTÜTE JA NICHT ZUM ALTPAPIER, DA SIE EIN VERBUNDMATERIAL IST – ALSO AUS ZWEI VERSCHIEDENEN MATERIALIEN BESTEHT. ABER DRÜCKEN WIR MAL EIN AUGE ZU. SIE FÜHLT SICH EIN BISSCHEN AN WIE PAPIER UND SIEHT AUS WIE PAPIER. UND IST GENAUSO VIELSEITIG.

1

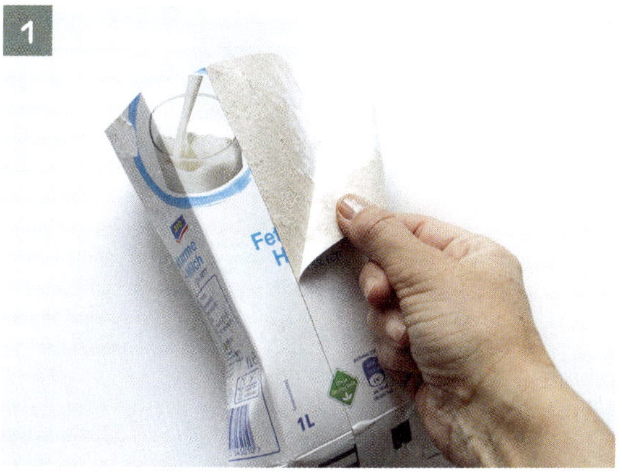

2

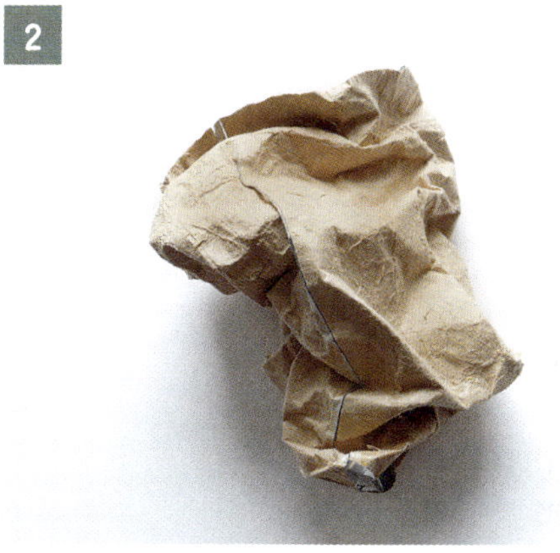

3

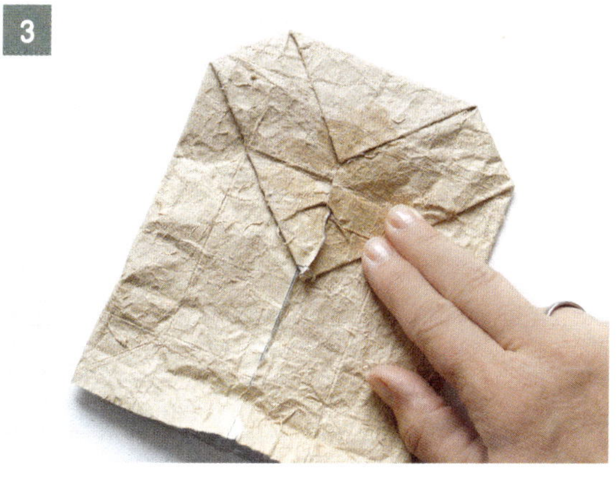

4

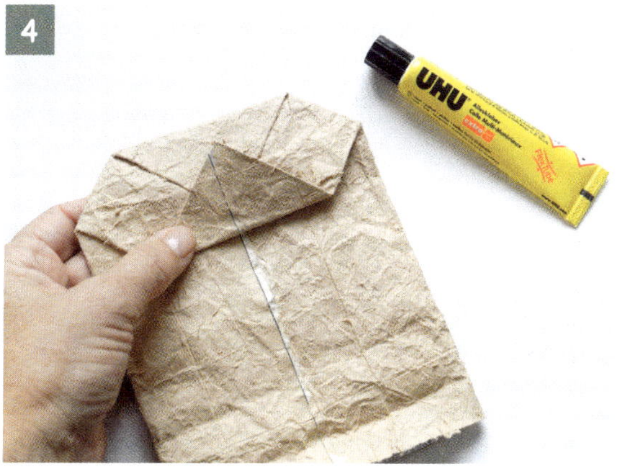

1. Zunächst schneidet man die obere und untere Seite des Tetrapacks auf. Dann zieht man die obere Schicht Papier komplett ab. Sollte sie sich nicht ablösen, muss man die Milchtüte vorher in Wasser einweichen.

2. Dann das Papier ordentlich knautschen. Auch das geht am besten, wenn die Packung ein wenig in Wasser eingeweicht wurde.

Man kann nun entscheiden, welche Seite man verwenden möchte. Lieber die silberne? Dazu einfach alles umkrempeln.

3. Anschließend lässt man die Milchtüte erst einmal wieder gut trocknen. Dann faltet man einen Tütenboden. (Die Anleitung befindet sich auf Seite 126.)

4. Diesen klebt man dann gut fest.

Fortsetzung auf der nächsten Seite

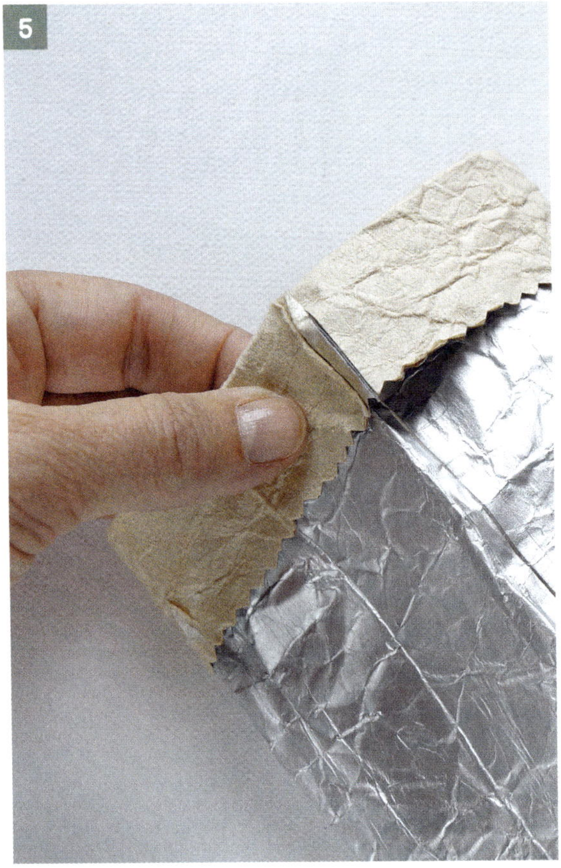

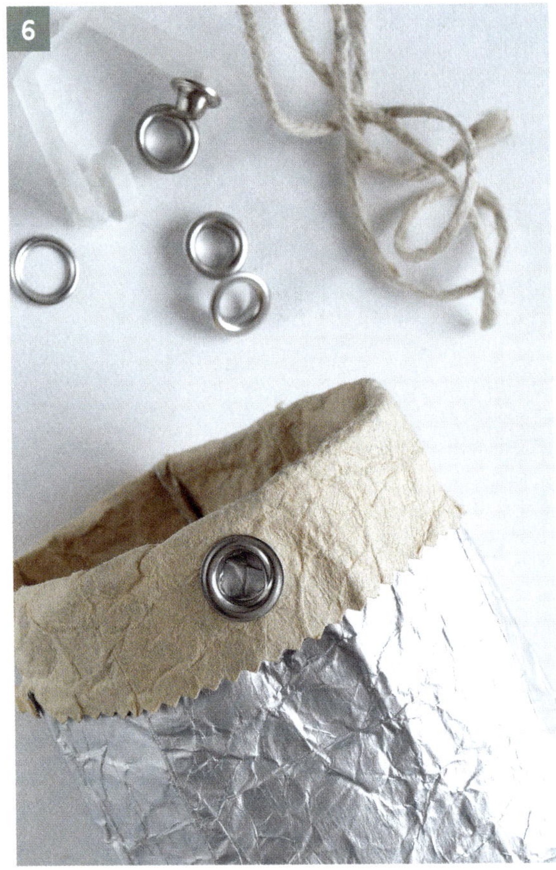

5. Hat man sich für die silberne Seite entschieden, knickt man den Rand um. Die Kante sieht schöner aus, wenn man sie mit der Zickzackschere bearbeitet.

6. Noch eine Öse in den Umschlag und anschließend eine kleine Kordel hindurchziehen – fertig ist eine neue Verpackung oder ein kleiner Blumenübertopf.

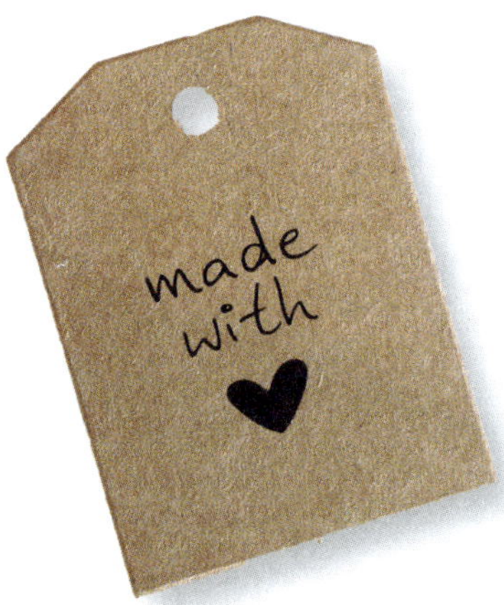

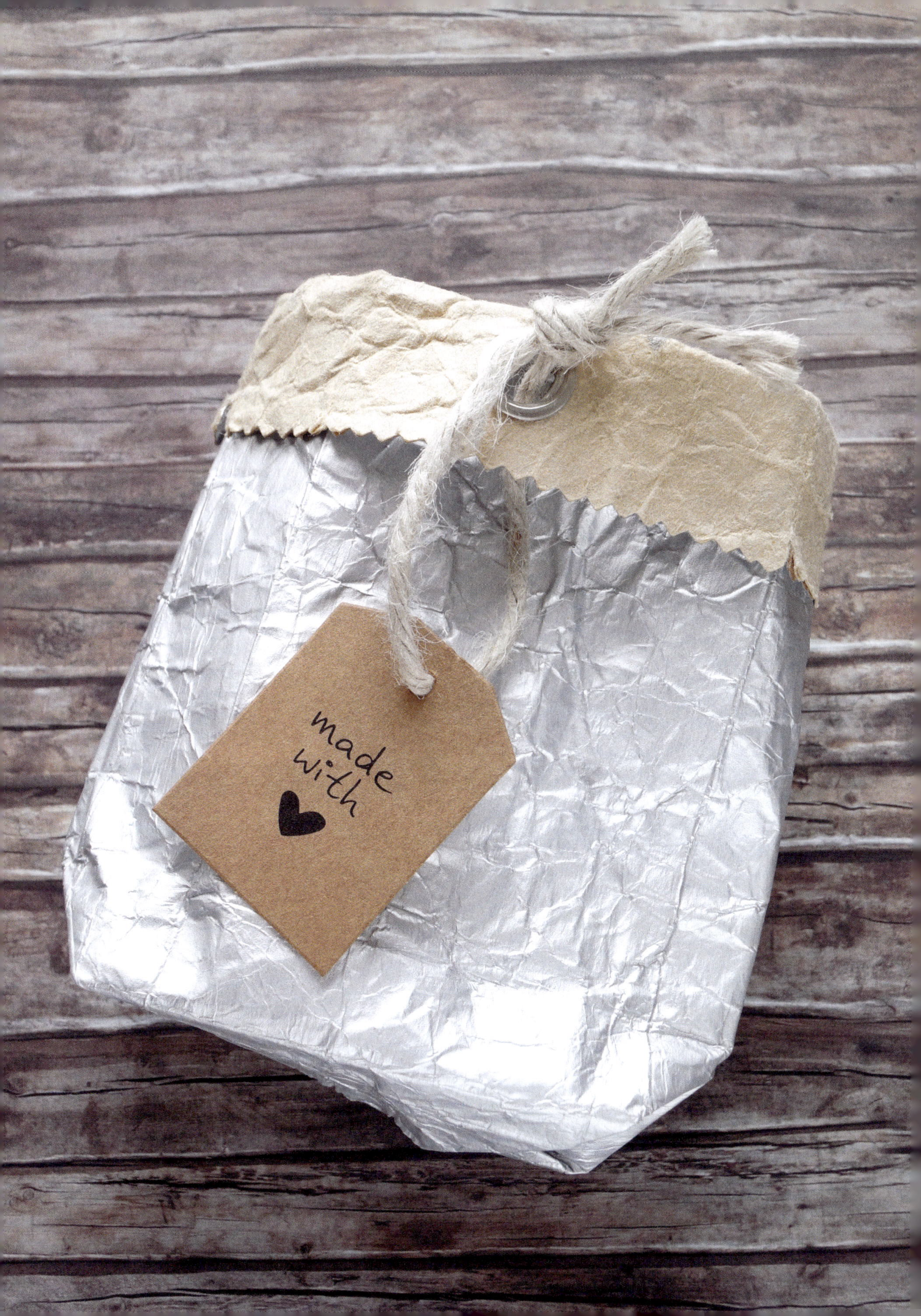
made
with

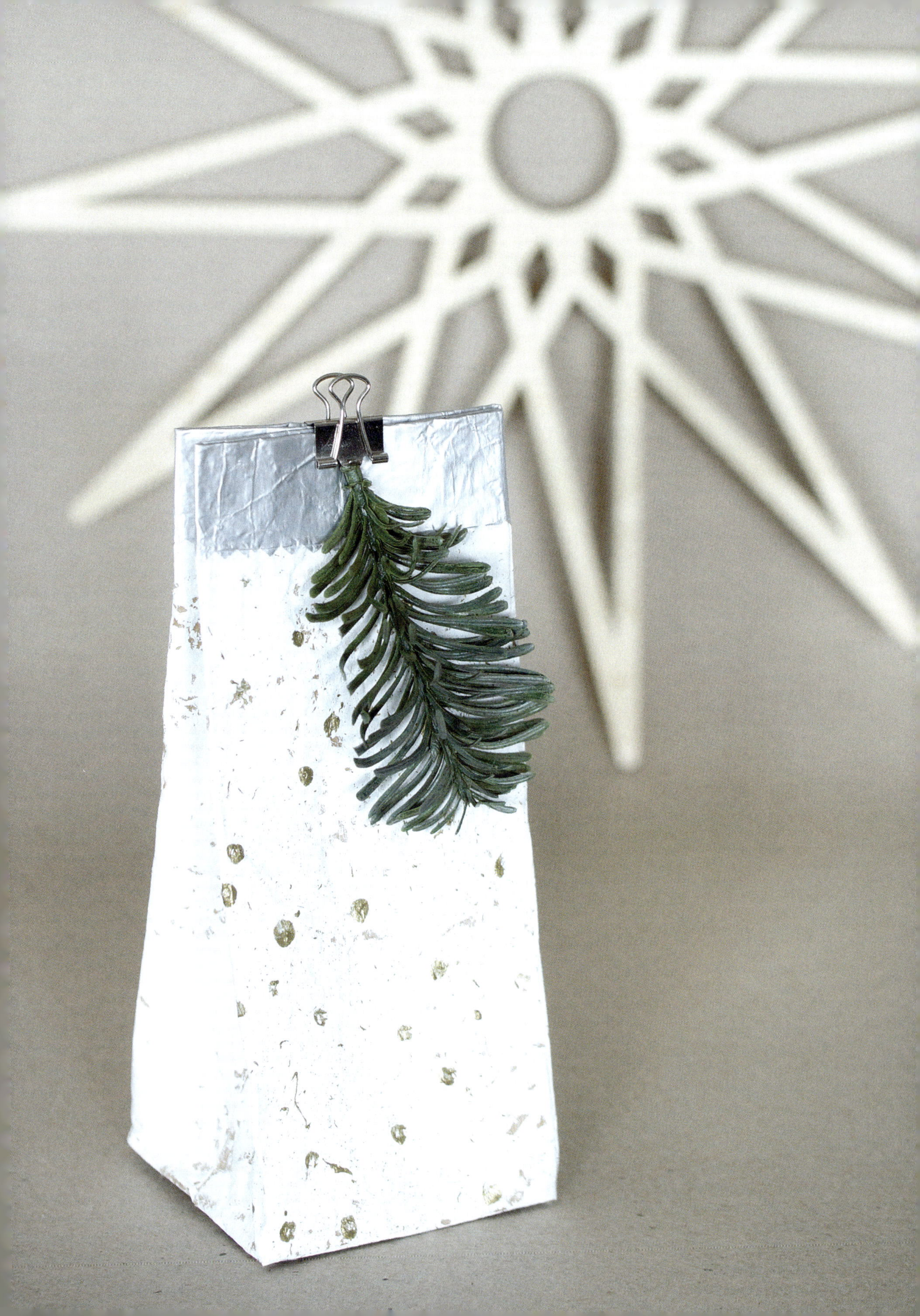

MILCHTÜTEN EIGNEN SICH PERFEKT ALS GESCHENKVERPACKUNGEN, ABER AUCH ZUM AUFBEWAHREN VON KLEINIGKEITEN – Z. B. AUF DEM SCHREIBTISCH.

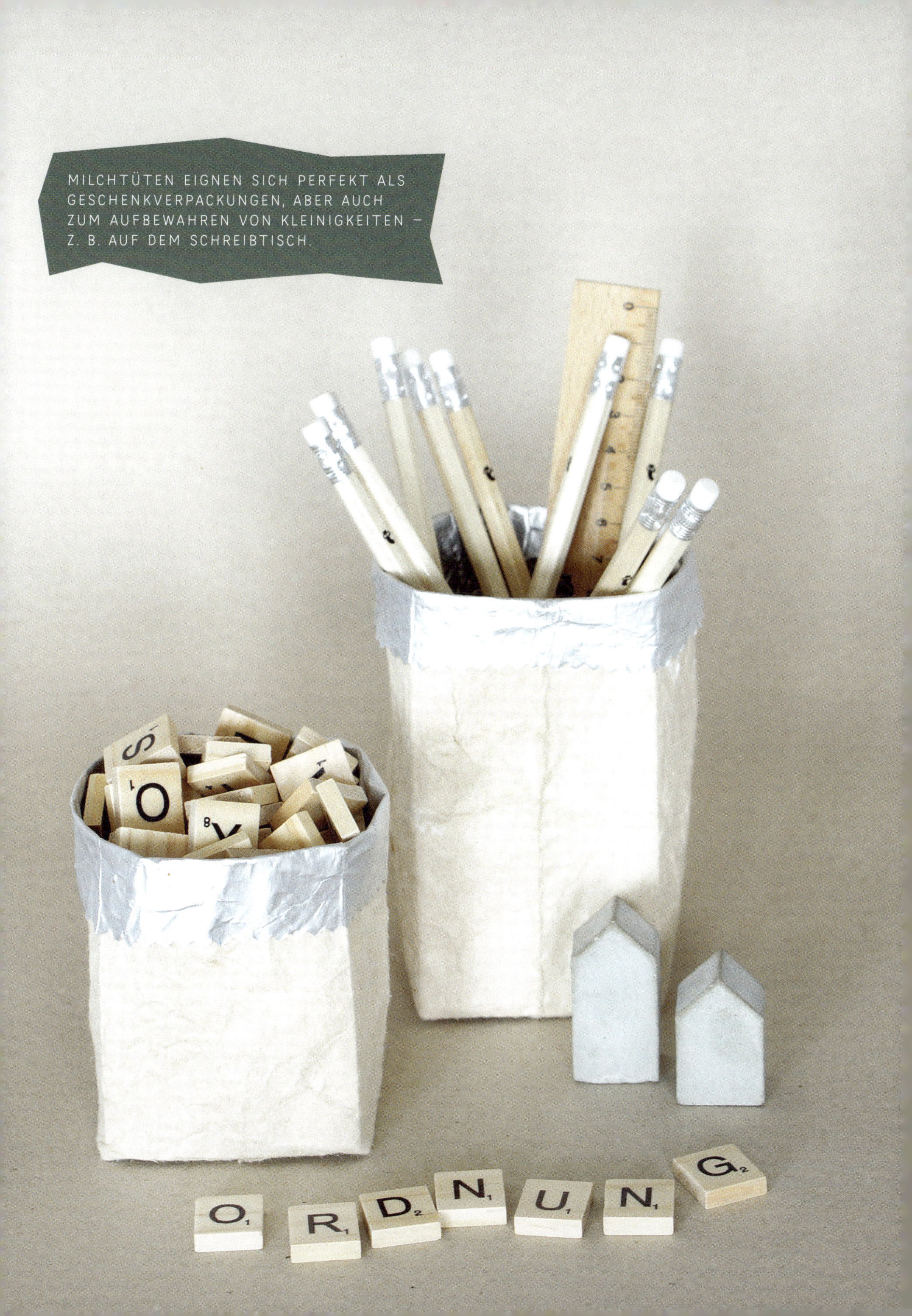

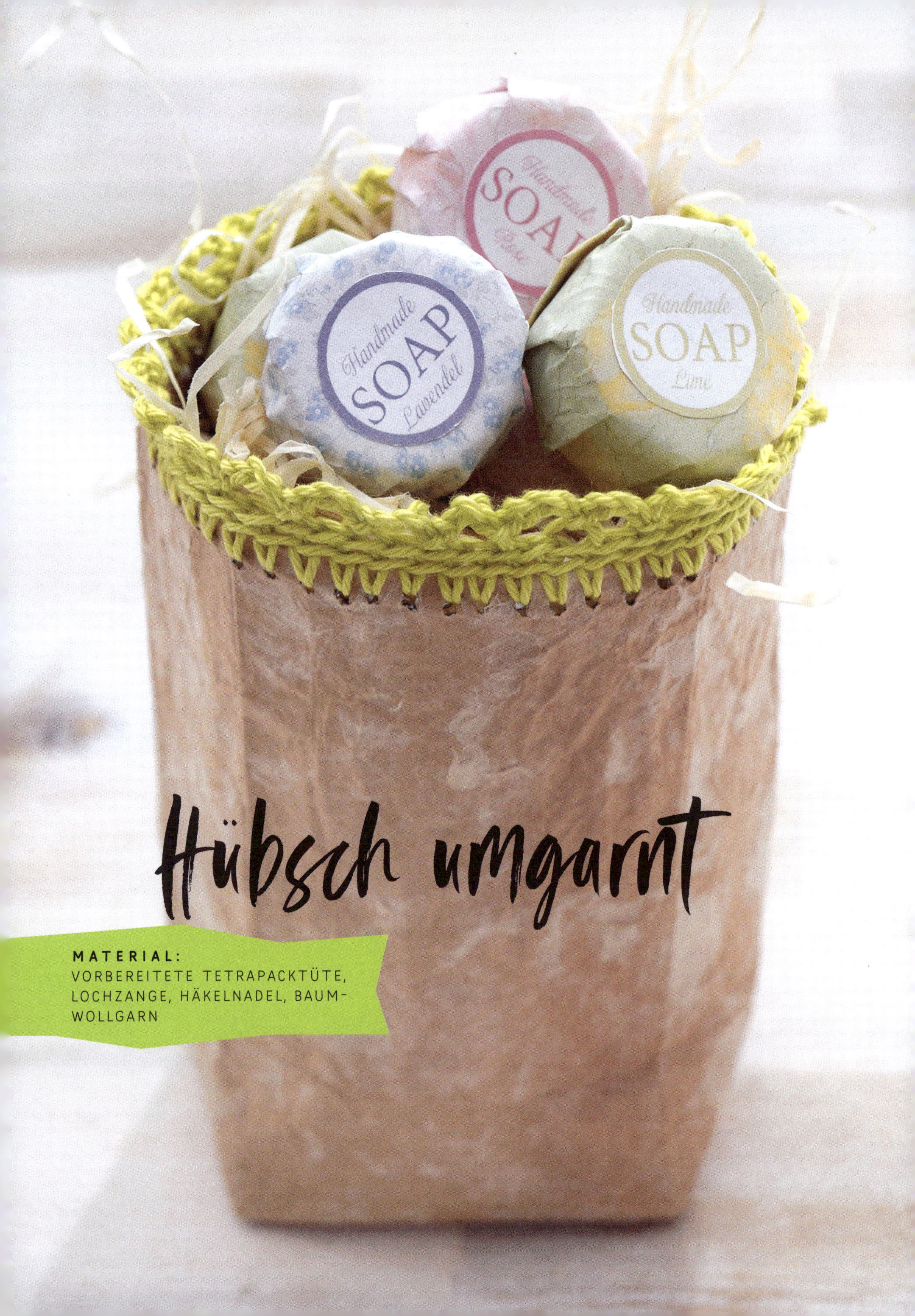

Hübsch umgarnt

MATERIAL:
VORBEREITETE TETRAPACKTÜTE, LOCHZANGE, HÄKELNADEL, BAUMWOLLGARN

WER ERKENNT HIER NOCH, DASS ES SICH UM EINE MILCHTÜTE HANDELT? SO EIN AUFBEWAHRUNGSSÄCKCHEN IST SEHR VIELSEITIG UND FAST ZU SCHADE ZUM VERSCHENKEN. ES GIBT SCHLIESSLICH IMMER ETWAS, DAS VERSTAUT WERDEN MÖCHTE. OB IM BAD, AUF DEM SCHREIBTISCH ODER IN DER VORRATSKAMMER.

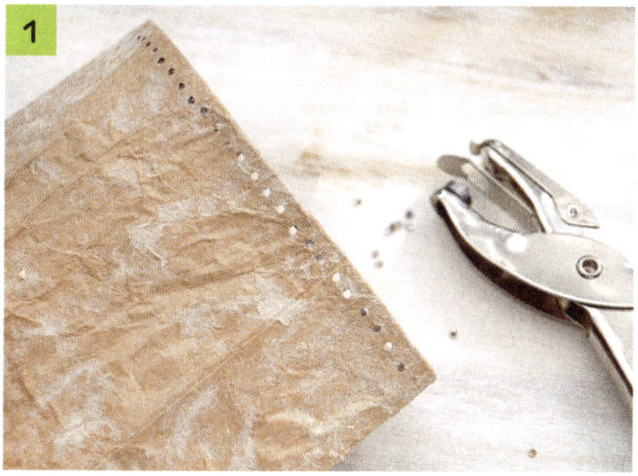

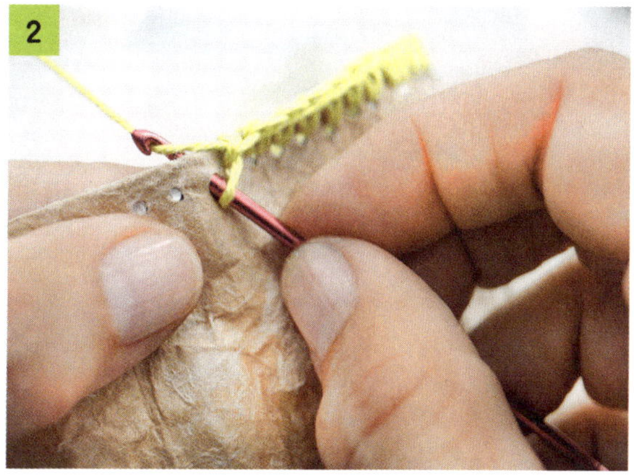

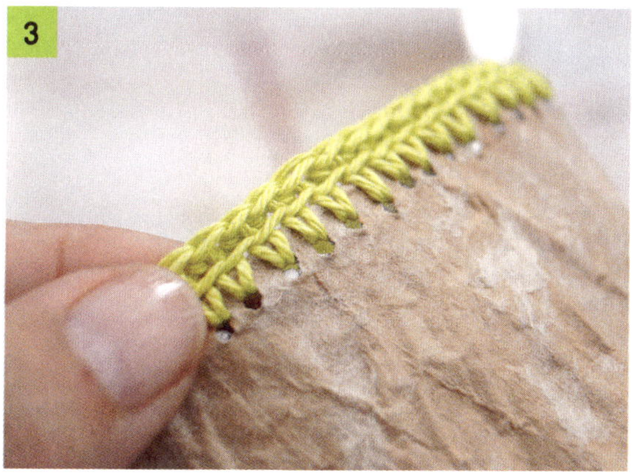

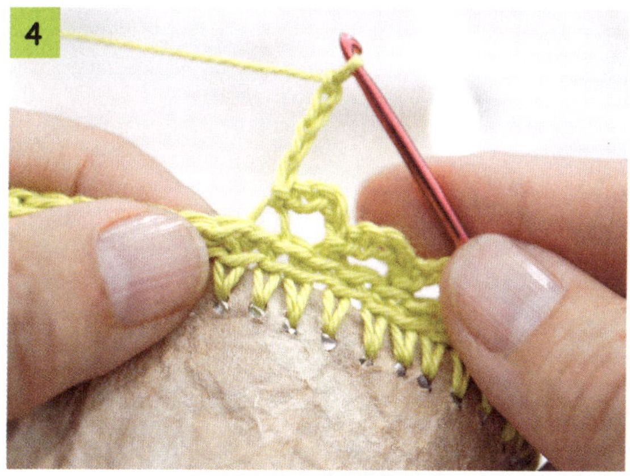

1. Die Milchtüte wird zunächst vorbereitet, wie auf Seite 57 beschrieben.
Die Häkellöcher markiert man sich am besten vorher. Dafür einfach ein Lineal an die umgeschlagene Kante der Milchtüte legen und alle 5 mm einen kleinen Punkt zeichnen. Für mehr Stabilität sollte die obere Kante der Tüte zuvor nach innen geschlagen werden. Dann mit einer Lochzange (möglichst kleine Stanze) die Löcher stanzen. Der Boden ist wieder geklebt, wie die Originaltüte.

2. Nun häkelt man in jedes gestanzte Loch eine feste Masche.

3. Danach noch eine Reihe feste Maschen häkeln. (Man kann natürlich auch Stäbchen häkeln. Und auch mehrere Reihen. Ganz wie man mag.)

4. Danach einen Rand mit kleinen Schlaufen häkeln. Dazu immer 4 Luftmaschen häkeln, eine Masche überspringen und mit einer festen Masche festhäkeln, bis man wieder am Anfang ist. Alles mit einer Kettmasche abschließen. Fertig!

Klare Rollenverteilung

MATERIAL:
PAPPROLLEN, EINDRÜCKDECKEL, SÄGE, GEHRUNGSLADE, SCHMIRGELPAPIER, ACRYLFARBE, PINSEL, SERVIETTENKLEBER, SERVIETTEN, REAGENZGLÄSER

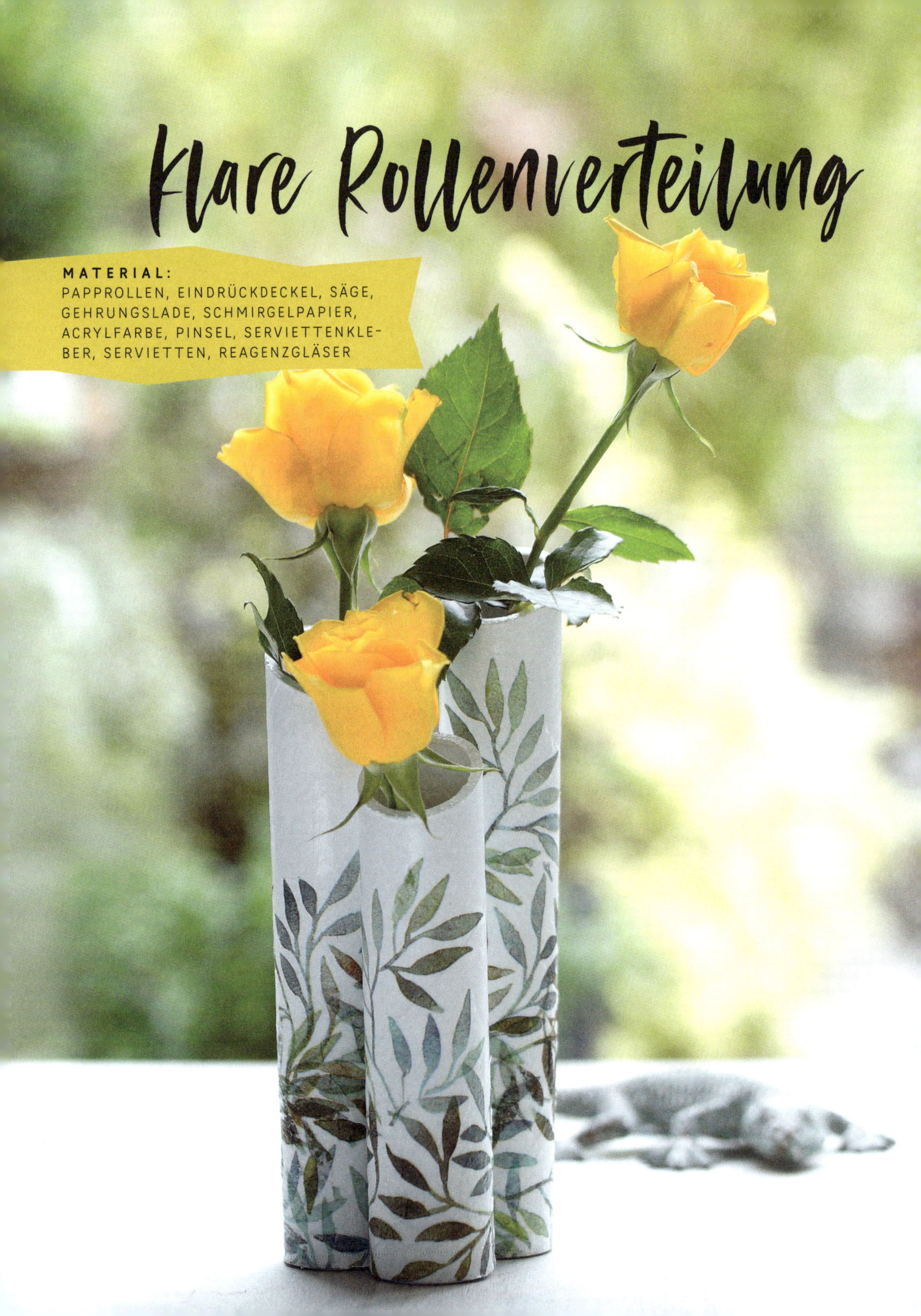

JA SIND DIE DENN AUCH DICHT? NATÜRLICH NICHT. DIE PAPPROLLEN DIENEN NUR ALS VERSTECK FÜR KLEINE REAGENZGLÄSCHEN. DIE STEHEN FREI IN DEN UNTEN VERSCHLOSSENEN PAPPRÖHREN UND BIETEN PLATZ FÜR EIN PAAR KLEINE ZWEIGE ODER EINZELNE BLUMEN.

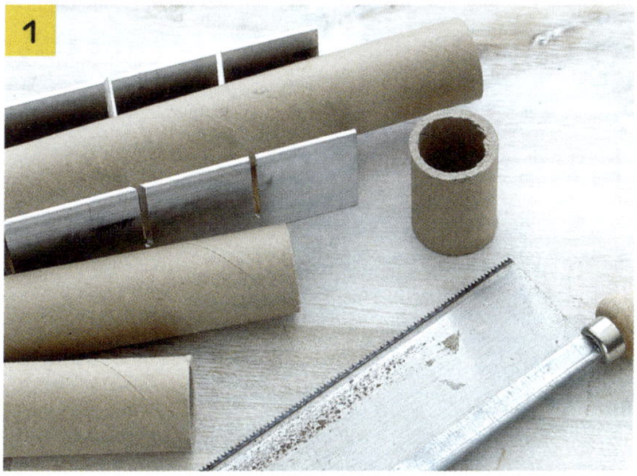

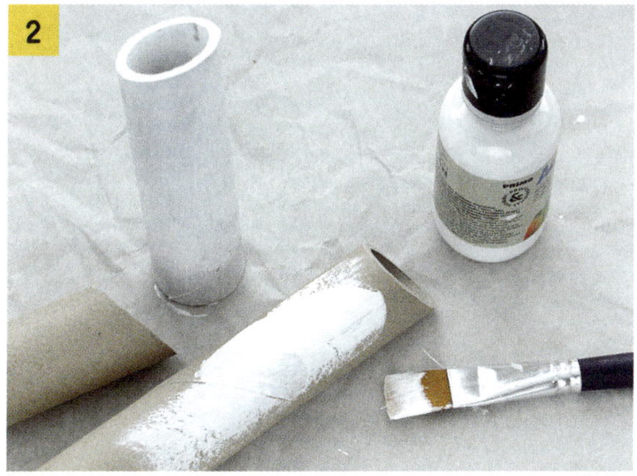

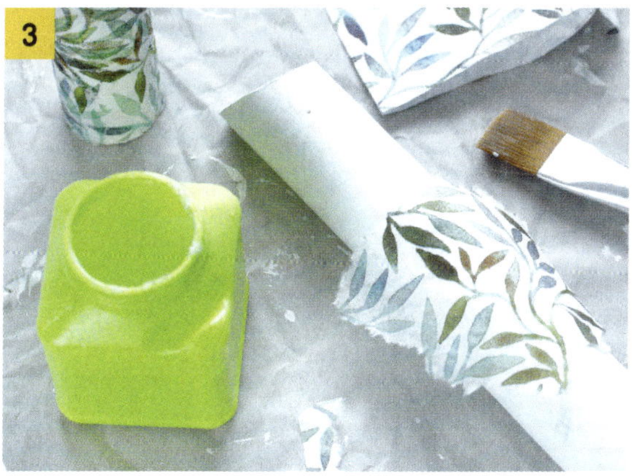

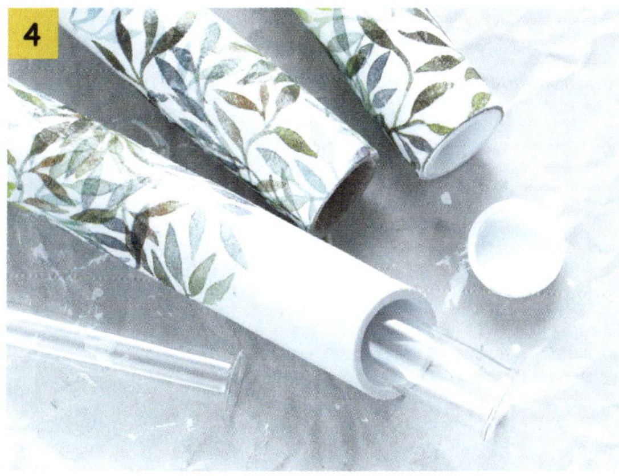

1. Die Papprollen in der gewünschten Länge absägen. Gerade oder schräg – ganz wie man mag. Die Kanten anschließend mit Schmirgelpapier etwas glätten.

2. Mit weißer Acrylfarbe die Papprollen anstreichen. (Alternativ kann man die Rollen auch mit weißer Lackfarbe einsprühen.) Der weiße Untergrund ist notwendig, damit die Muster der Servietten gut zur Geltung kommen.

3. Aus den Servietten nun das gewünschte Muster herausreißen oder schneiden. Dann die oberste Schicht der Serviette lösen (es sind meistens 3 Schichten).

Diese auf die Rolle legen und mit dem Pinsel den Serviettenkleber vorsichtig von innen nach außen auftragen. So Schritt für Schritt das gewünschte Muster anlegen.

4. Zum Schluss den Boden der Papprolle mit einem passenden Deckel (Eindrückdeckel für Papphülsen) verschließen und ein Reagenzglas hineinstellen. Alternativ den Boden mit einer kleinen Pappscheibe zukleben.

Die Vasen kann man einzeln verwenden oder mit der Heißklebepistole zu einer Gruppe zusammenkleben.

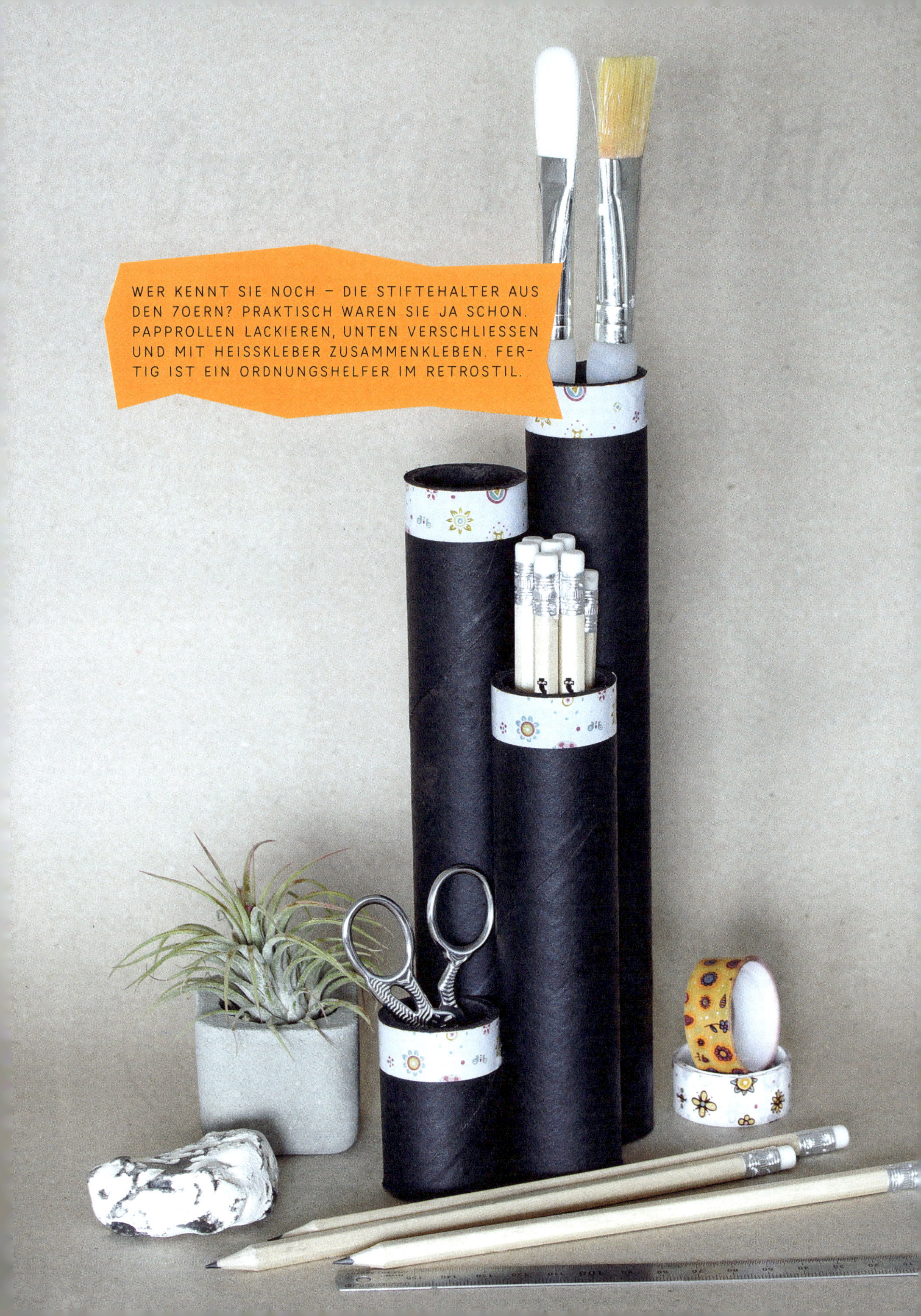

WER KENNT SIE NOCH – DIE STIFTEHALTER AUS DEN 70ERN? PRAKTISCH WAREN SIE JA SCHON. PAPPROLLEN LACKIEREN, UNTEN VERSCHLIESSEN UND MIT HEISSKLEBER ZUSAMMENKLEBEN. FERTIG IST EIN ORDNUNGSHELFER IM RETROSTIL.

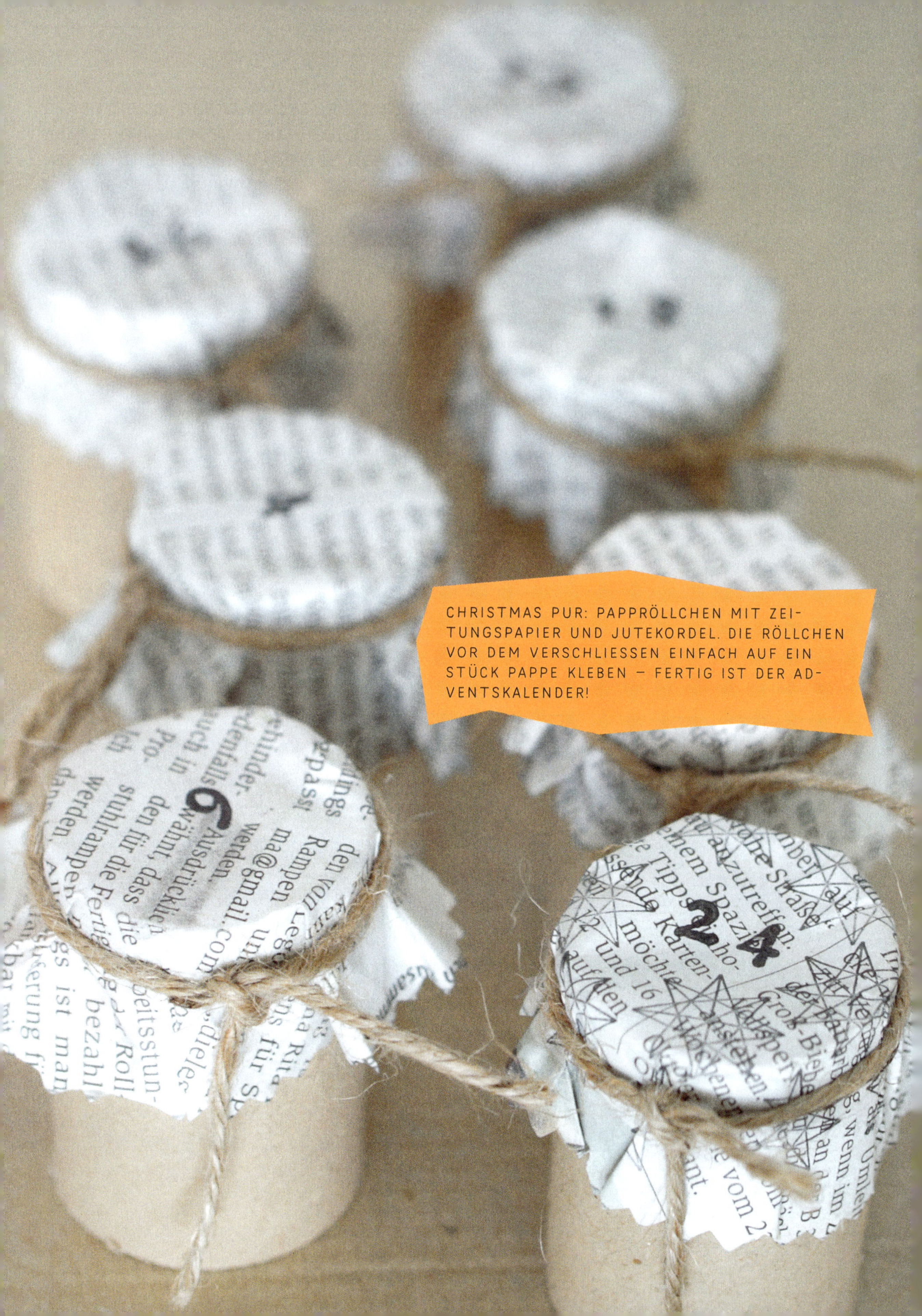

CHRISTMAS PUR: PAPPRÖLLCHEN MIT ZEITUNGSPAPIER UND JUTEKORDEL. DIE RÖLLCHEN VOR DEM VERSCHLIESSEN EINFACH AUF EIN STÜCK PAPPE KLEBEN – FERTIG IST DER ADVENTSKALENDER!

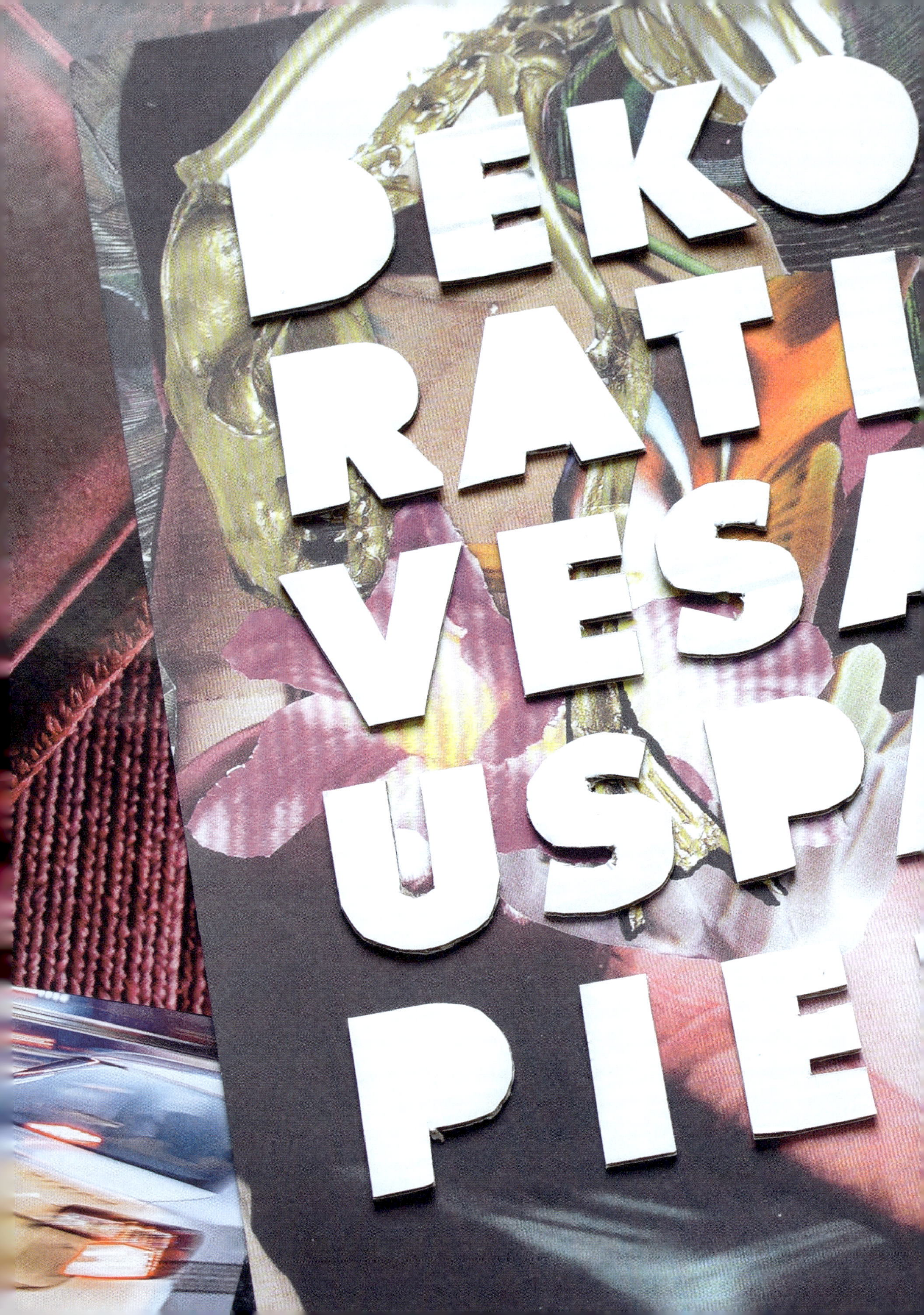
DEKO
RATI
VESA
USP
PIE

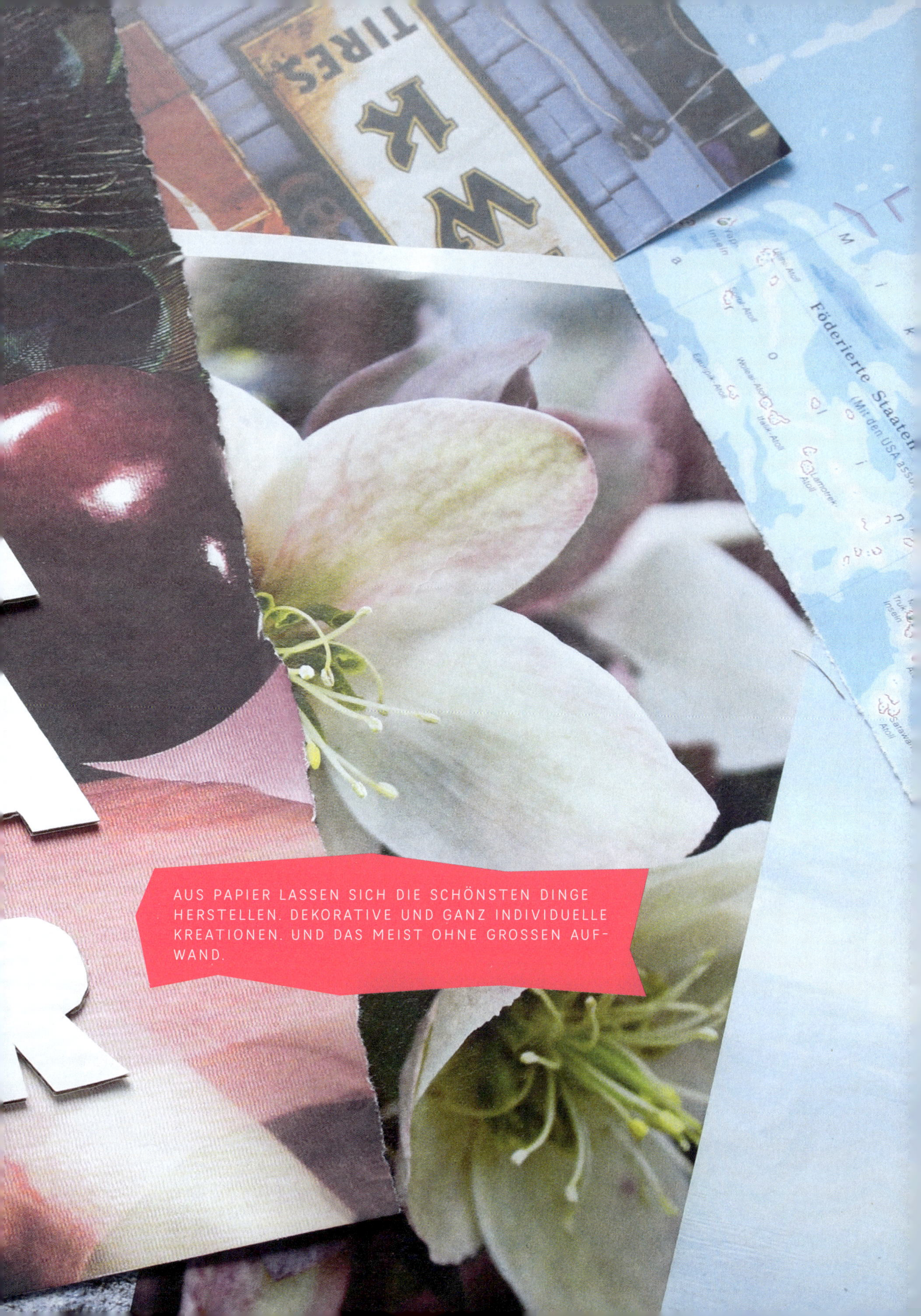

AUS PAPIER LASSEN SICH DIE SCHÖNSTEN DINGE HERSTELLEN. DEKORATIVE UND GANZ INDIVIDUELLE KREATIONEN. UND DAS MEIST OHNE GROSSEN AUFWAND.

Bild trifft Wand

MATERIAL:
BASTELPAPIERRESTE ODER KARTON, LINEAL, SCHERE, CUTTER, BLEISTIFT, FOTOS ODER AUSDRUCKE, KLEBER

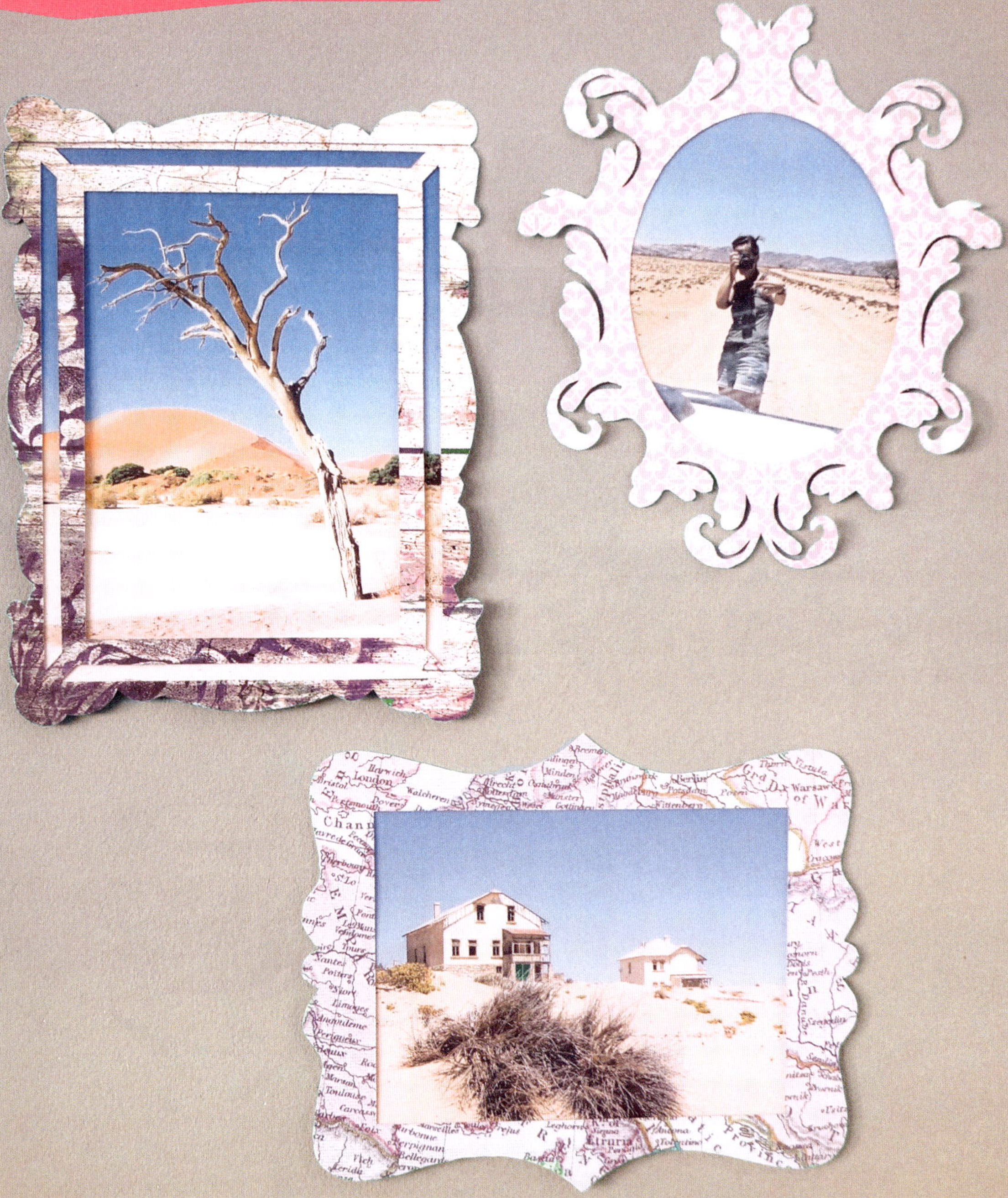

EIN BISSCHEN FLEISSARBEIT IST ES SCHON, SOLCHE PAPIERRAHMEN AUSZUSCHNEIDEN. ABER ES LOHNT SICH. PAPIERRESTE, KARTON, SEITEN AUS EINEM ATLAS – ALLES EIGNET SICH FÜR EINEN GANZ INDIVIDUELLEN BILDERRAHMEN. DA SCHAUT MAN DOCH ZWEIMAL HIN.

1

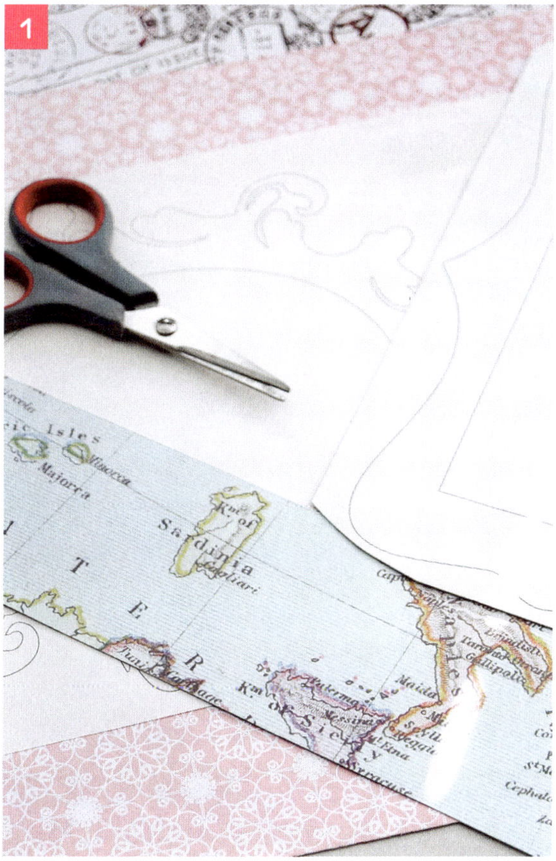

2

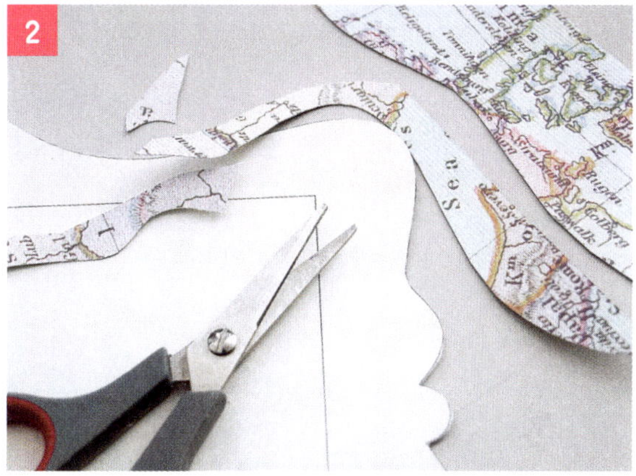

3

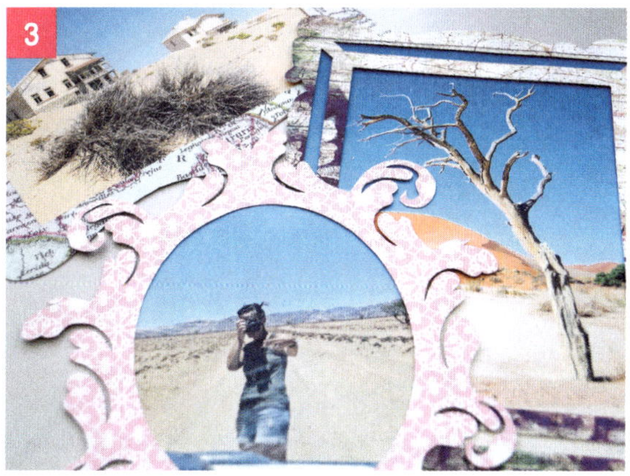

1. Wer kann, zeichnet sich eine passende Vorlage direkt auf die Rückseite des Papierbogens. Einfacher ist es, die Vorlagen auf den Seiten 122–123 zu verwenden.

Man kann diese Vorlagen einscannen, auf einem dünnen Blatt Papier ausdrucken und dieses auf die Rückseite des Dekopapiers aufkleben.

2. Mit Schere und Cutter nun die Papierbilderrahmen sauber ausschneiden.

3. Ein Foto oder eine Kopiervorlage passend zuschneiden und von hinten auf den Rahmen kleben. Fertig ist die ungewöhnliche Wanddeko.

Da der heimische Drucker meist nur auf A4 Papier druckt, kann man sich seine Vorlage auch im Copyshop auf eine andere Größe kopieren lassen.

Privat-Galerie

MATERIAL:
ALTE PAPPTELLER, ACRYLFARBE ODER SPRÜHLACK, FOTOS ODER AUSDRUCKE, ZIRKEL, SCHERE, KLEBER

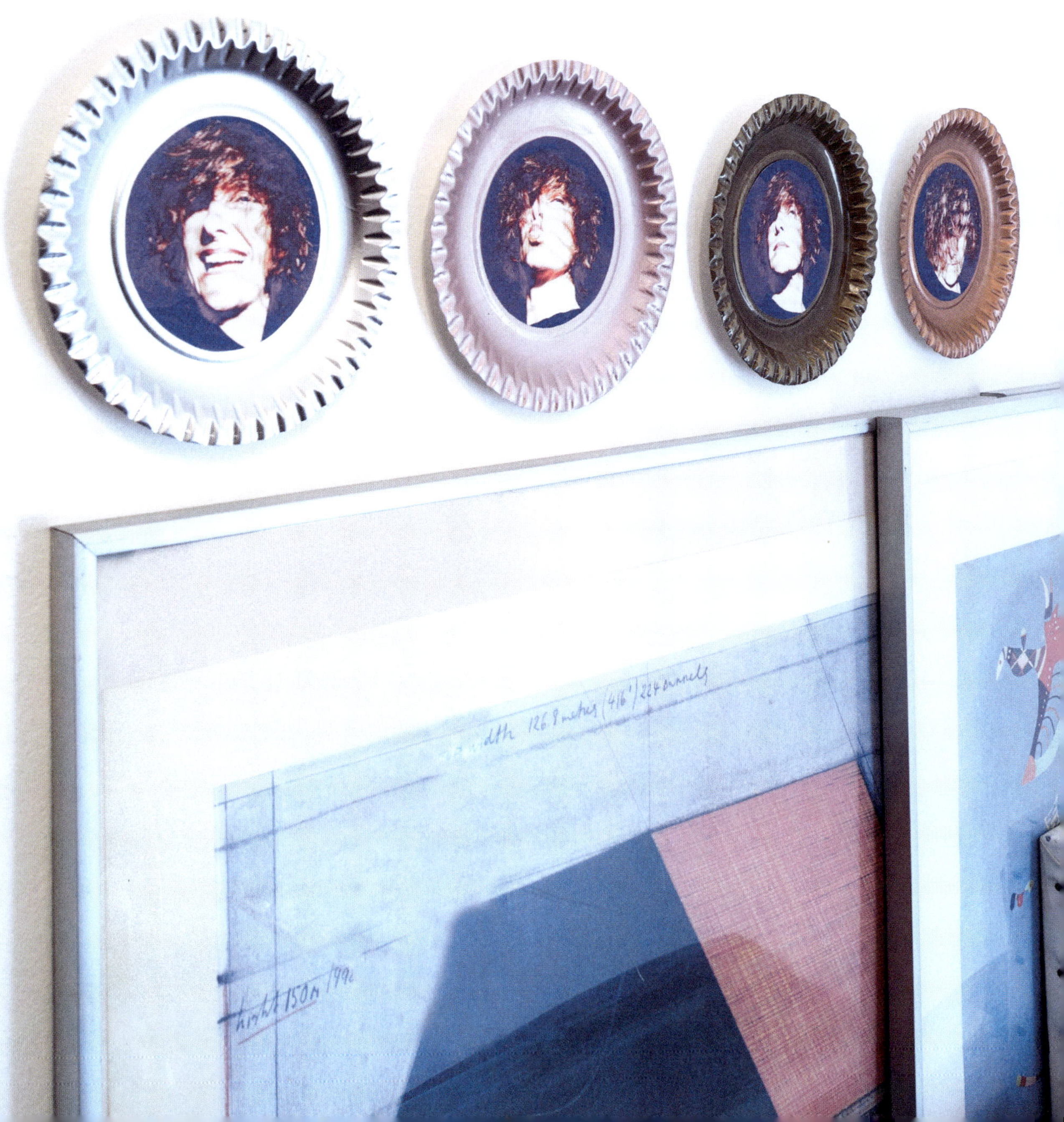

NOCH PAPPTELLER VOM BÄCKER? ODER DER LETZTEN PARTY? BLOSS NICHT WEGWERFEN. EGAL, WENN SIE EIN WENIG VERSCHMUTZT SIND. EIN BISSCHEN FARBE, UND SCHON SEHEN SIE AUS WIE NEU. DANN LASSEN SIE SICH SOGAR ALS BILDERRAHMEN VERWENDEN.

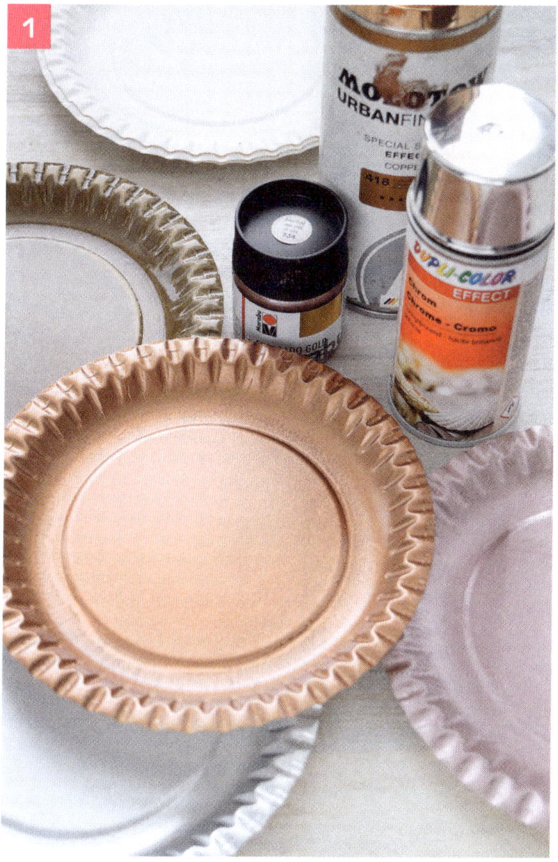

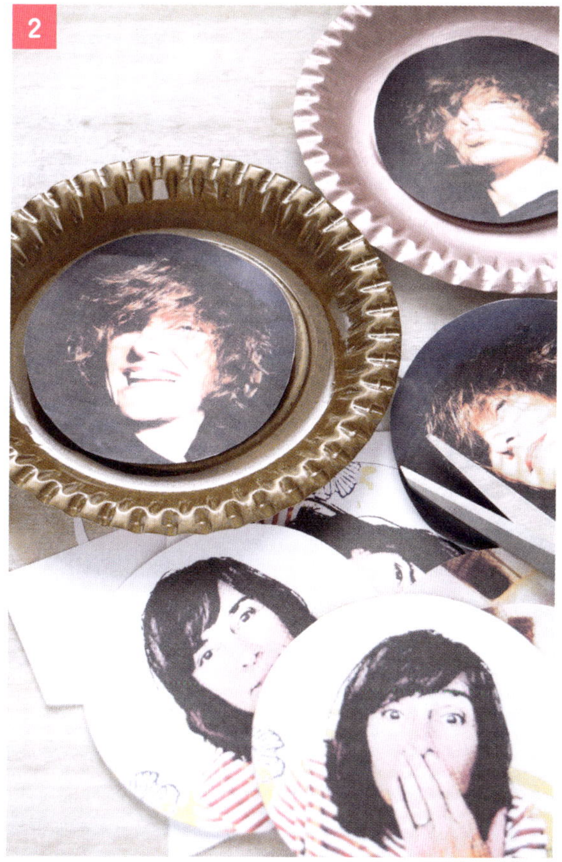

1. Die Pappteller von Essensresten befreien und anschließend mit Acrylfarbe einpinseln oder mit Sprühlack einsprühen. Toll sind hier Metallicfarben.

Am besten draußen auf einer ausreichend großen Unterlage einsprühen. Anschließend gut trocknen lassen.

2. Bilder suchen oder Selfies machen. Je verrückter, desto besser. Dann ausdrucken, mit dem Zirkel die passende Größe ermitteln und aufzeichnen, ausschneiden und auf die Pappteller kleben.
So eine Galerie lässt sich mit ablösbaren Klebestripes leicht an die Wand kleben.

Herausstechend

MATERIAL:
PAPPTELLER, VORLAGE, KLEBESTREIFEN, MOOSGUMMI, AHLE

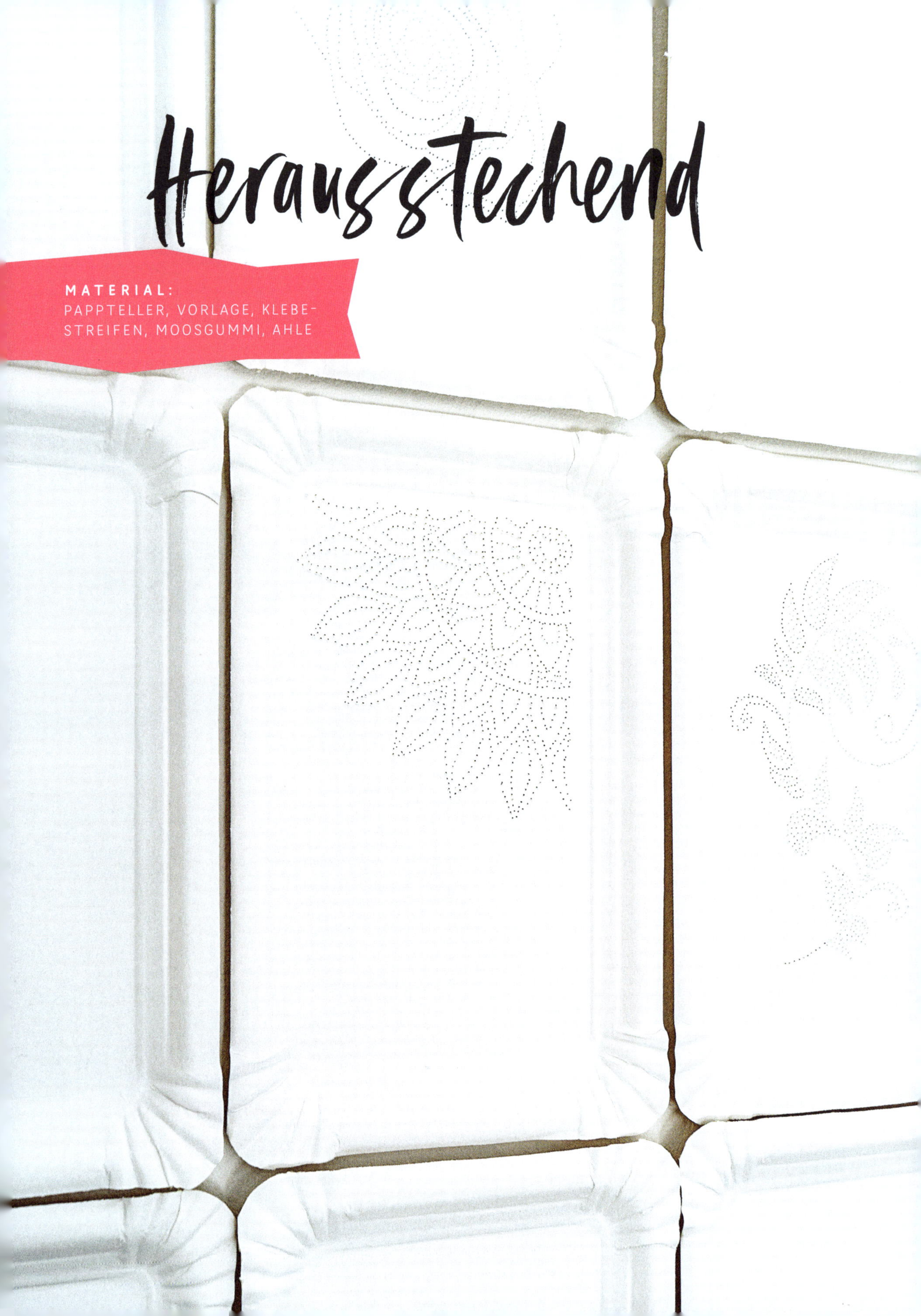

EINS VORNEWEG – ES IST EIN BISSCHEN ANSTRENGEND, DIESE BILDER ZU STECHEN. MAN BRAUCHT ZWISCHENDURCH IMMER MAL WIEDER EINE PAUSE. WER EINE KLEINE GALERIE MÖCHTE, SOLLTE DIE ARBEIT DARAN ALSO LIEBER AUF EIN PAAR TAGE VERTEILEN.

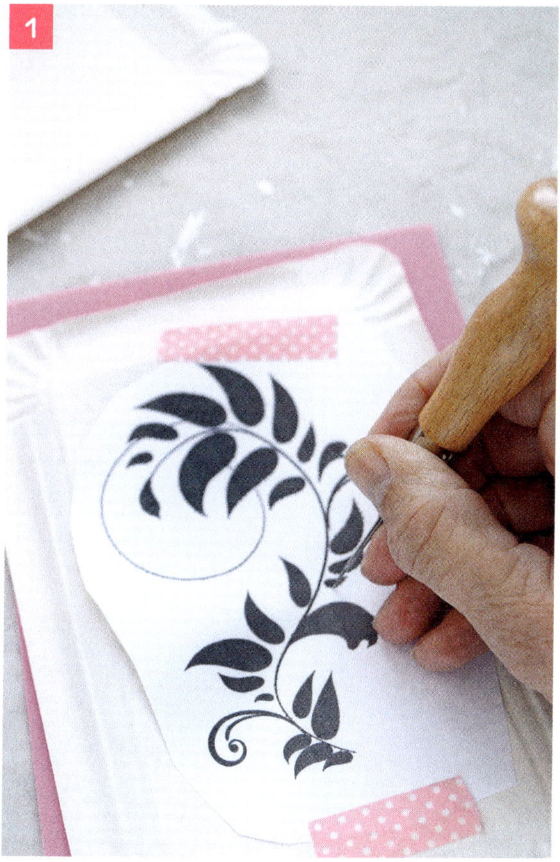

1. Eine passende Vorlage mit zwei Tapestreifen auf die Rückseite des Papptellers kleben. (Eine Beispielvorlage befindet sich auf Seite 127.) Den Pappteller auf eine weiche Unterlage legen, z. B. Moosgummi oder Filz.

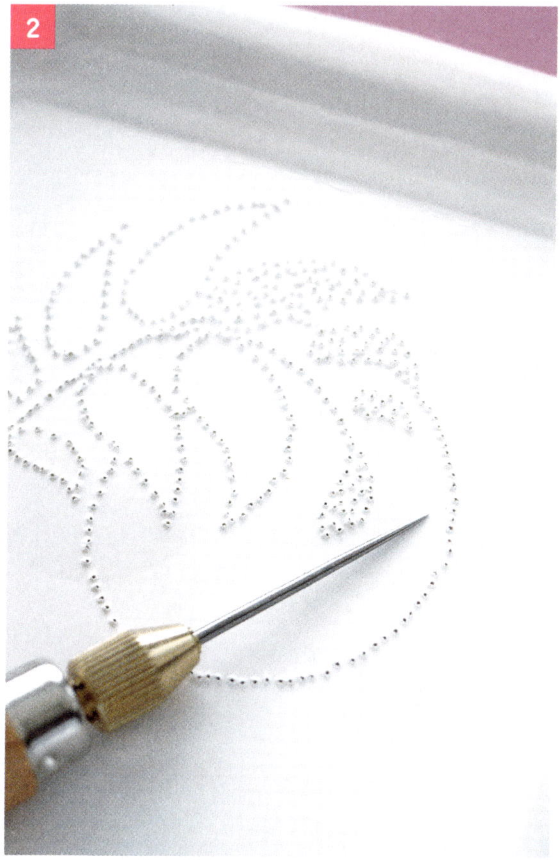

2. Mit einer Ahle (alternativ: Nadel) nun die Konturen und Flächen der Vorlage nachstechen. Möchte man später lieber die glatte Seite der Löcher sehen, muss man die Vorlage auf die Vorderseite kleben.

SOLLTEN DIE PAPPTELLER NICHT MEHR GANZ SAUBER SEIN, KANN MAN SIE ZUVOR NATÜRLICH AUCH MIT EINER ENTSPRECHENDEN FARBE ANMALEN.

Surreales Selfie

MATERIAL:
PAPPKARTON, STIFT, SCHERE, ACRYLFARBEN, PINSEL, KLEBER

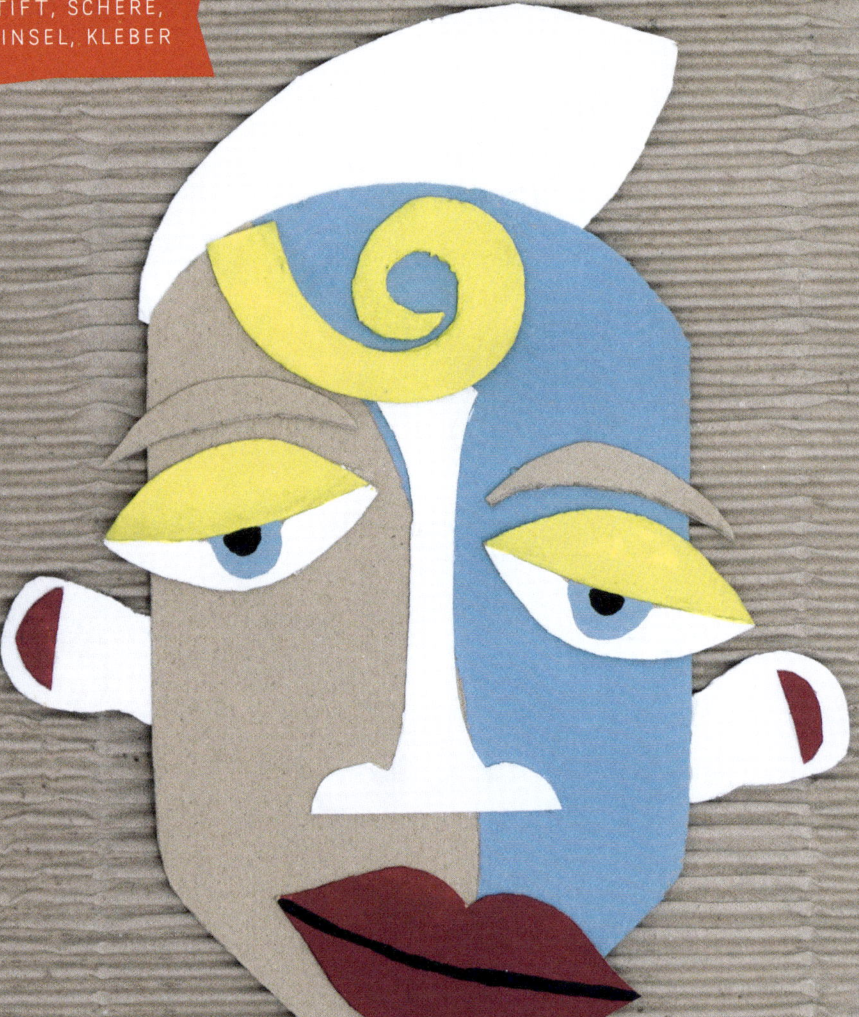

EINE EIGENE AHNENGALERIE DER BESONDEREN ART. ODER EIN SELFIE GANZ OHNE HANDY ODER KAMERA. EINFACH MAL IN DEN SPIEGEL SCHAUEN UND MUNTER DRAUFLOSSCHNIPPELN. ALTE SCHUHKARTONS, PAPPUMSCHLÄGE ODER VERPACKUNGSMATERIAL SIND HIER DIE ERSTE WAHL.

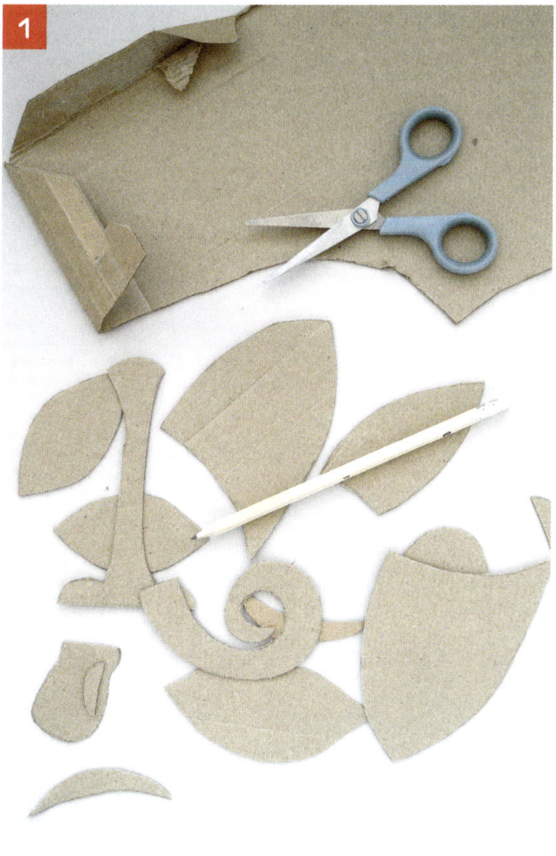

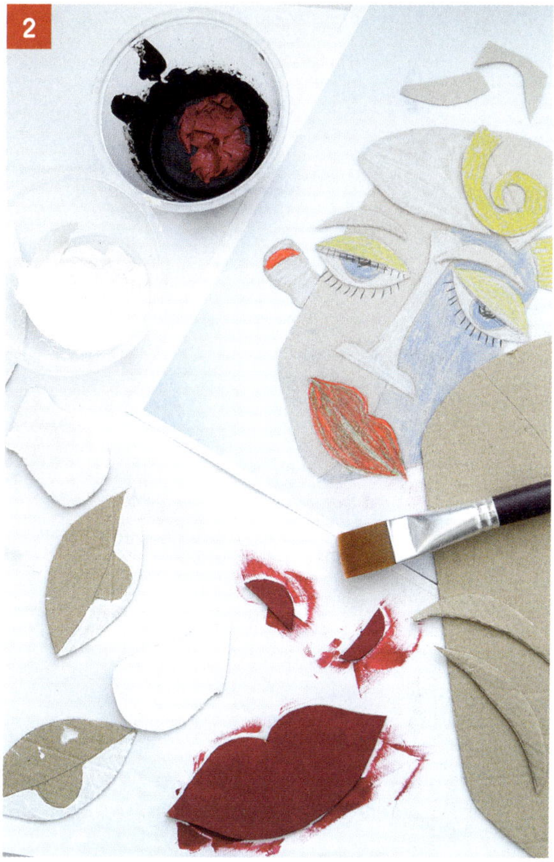

1. Wer kann, schnippelt einfach drauflos. Ansonsten kann man sich zunächst eine Skizze machen, damit man weiß, wie viele Teile man benötigt bzw. wie groß diese sein müssen. Dann mit einem Bleistift auf den Karton malen und ausschneiden.

2. In einer Skizze kann man auch die Farben festlegen. Hier im Beispiel sind die Farbflächen einfach mit Buntstiften angelegt.
Dann die einzelnen Teile auf einer Unterlage mit Acrylfarben anmalen und gut trocknen lassen. Später mit etwas Kleber die farbigen Kartonstücke zusammenkleben.

Piktogramme

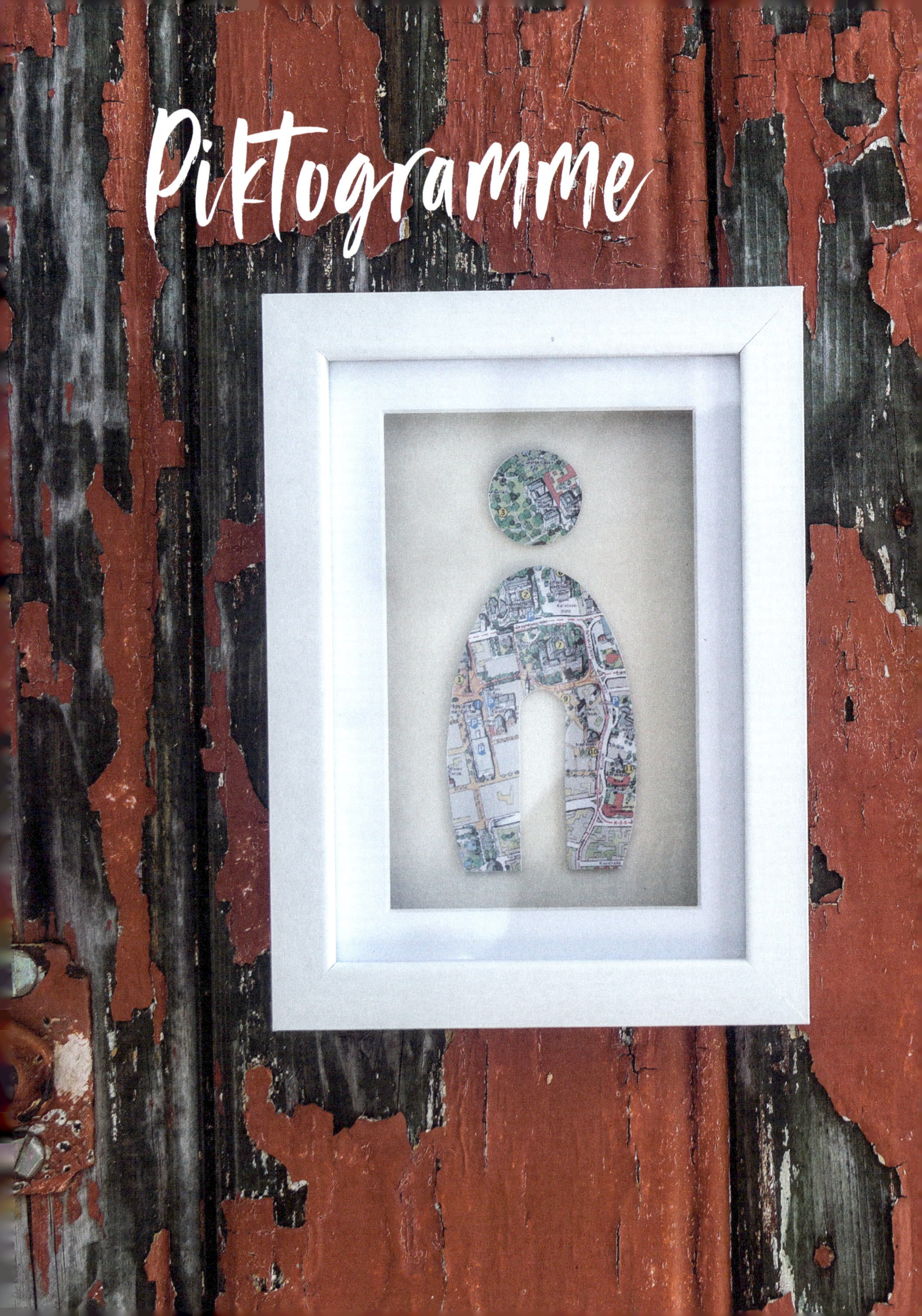

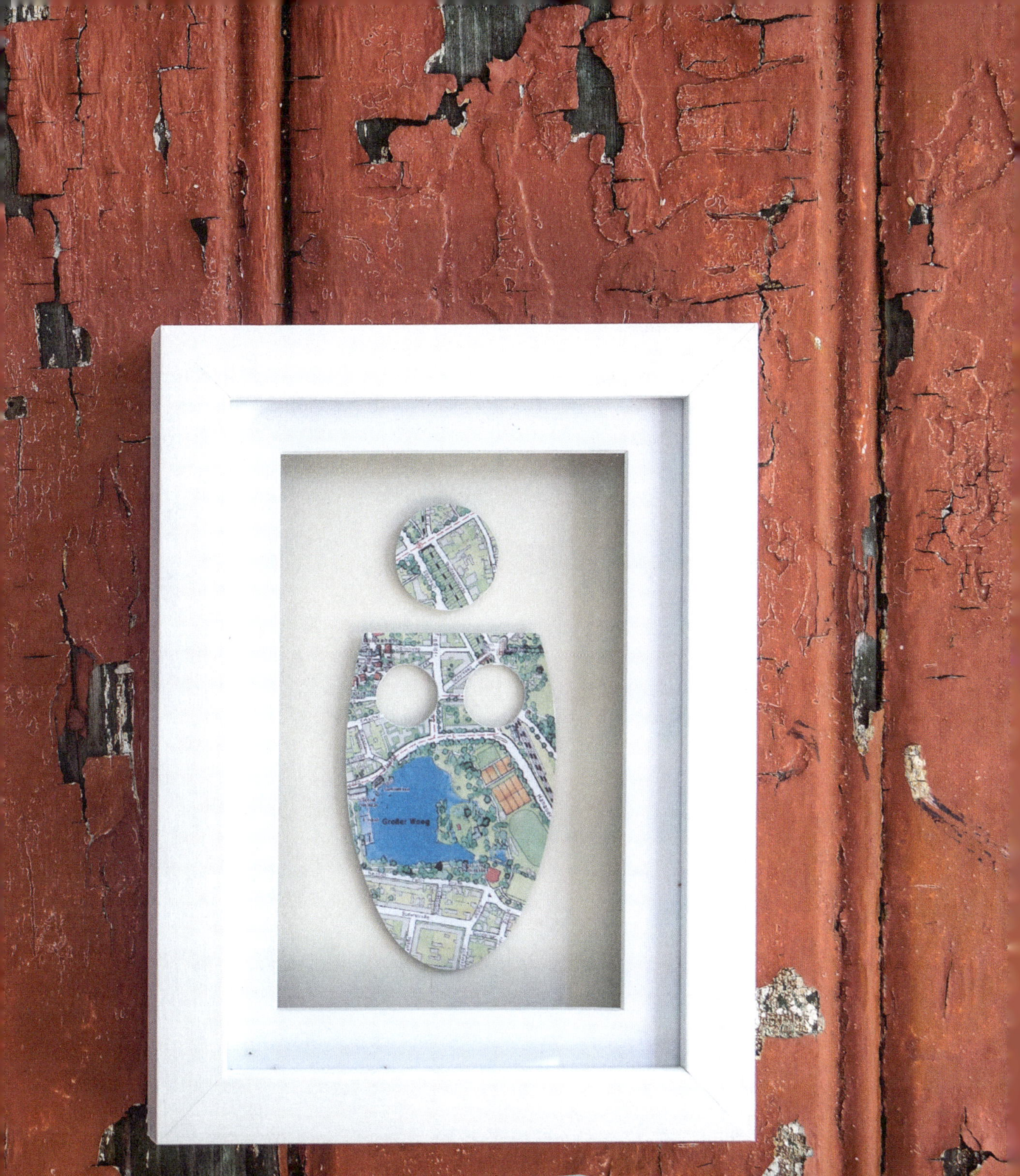

DEKORATIV UND VOR ALLEM PRAKTISCH. NICHT NUR AN DER WC-TÜR IM RESTAURANT UND IN DER KNEIPE. AUCH BEI FESTEN ZU HAUSE. DAMIT DIE GÄSTE NICHT AUS VERSEHEN IM FALSCHEN ZIMMER LANDEN. DIE PIKTOGRAMMVORLAGE BEFINDET SICH AUF SEITE 121.

Happy-Safari-Style

MATERIAL:
FARBIGE MAGAZINSEITEN, STEMPEL, ACRYLFARBE, GUMMIROLLE, BILDERRAHMEN, EVTL. KLEBER

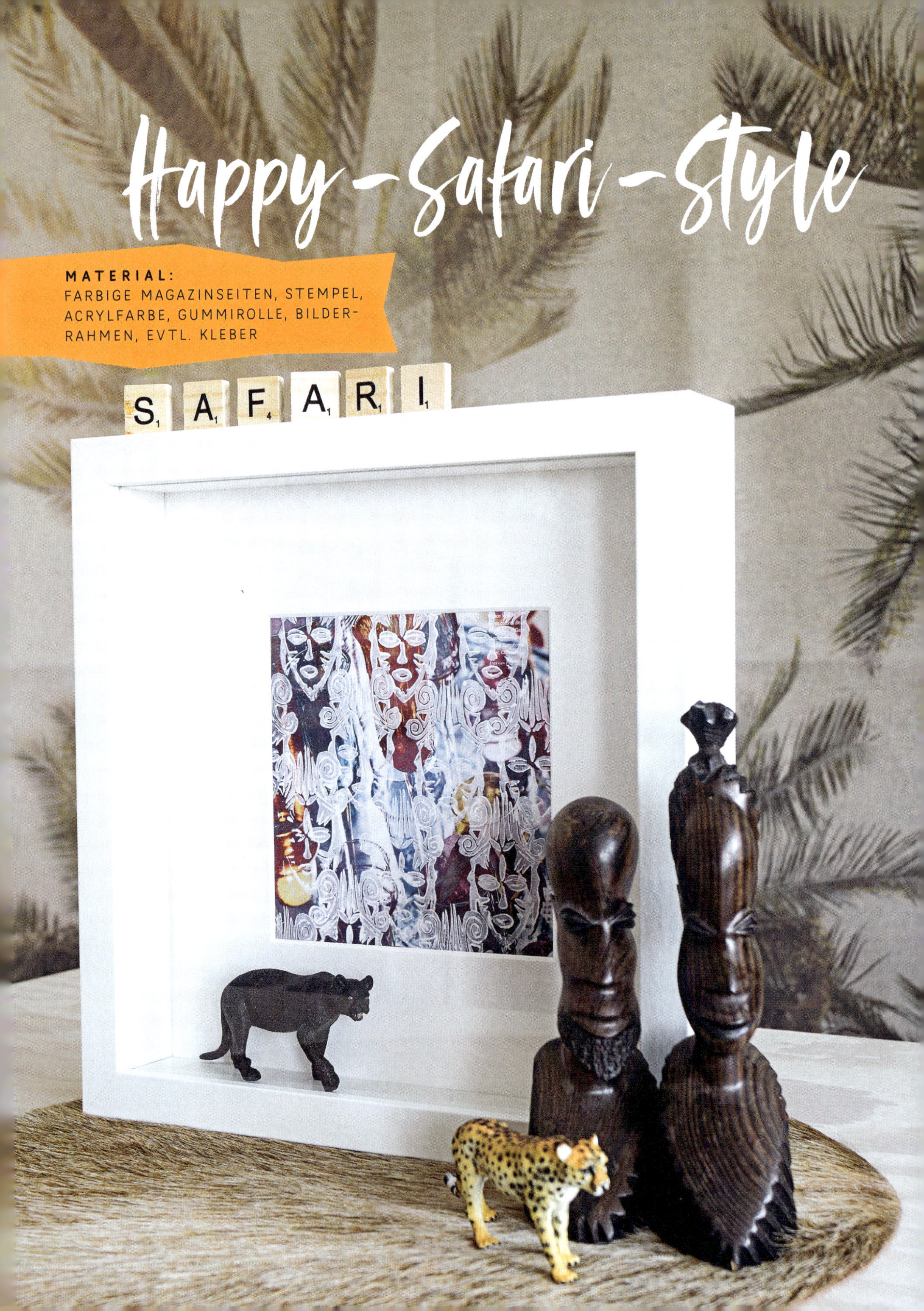

URLAUBSERINNERUNGEN – MAL ANDERS. WIE WÄRE ES MIT EIGENEN KUNSTDRUCKEN, AUS MAGAZINSEITEN UND SELBST GESCHNITZTEN STEMPELN, HOCHGLANZSEITEN MIT GROSSFLÄCHIGEN MOTIVEN SUCHEN, LOSSTEMPELN UND IN ERINNERUNGEN SCHWELGEN.

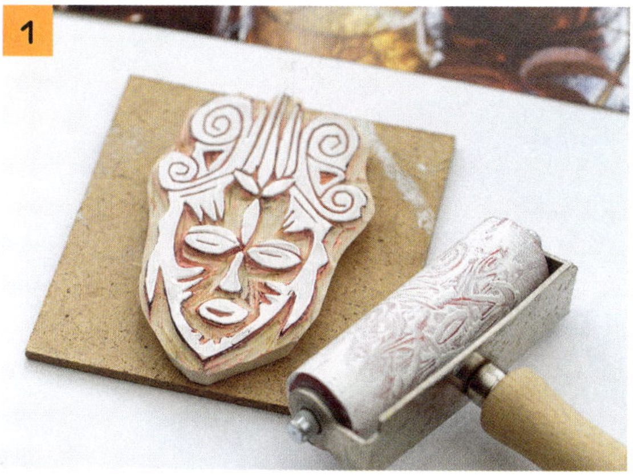

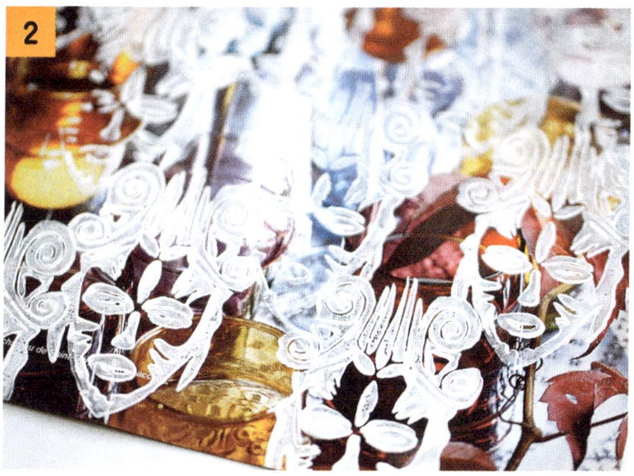

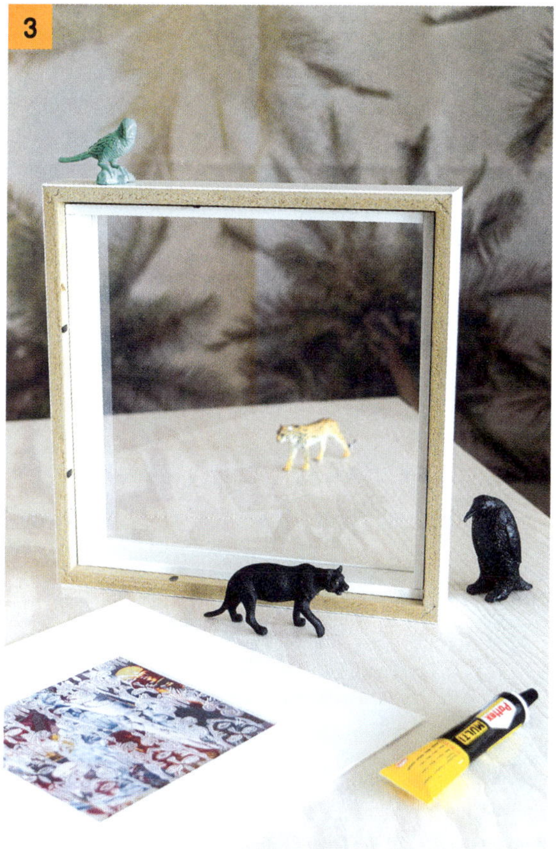

1. Wer kann, schnitzt sich viele verschiedene Stempel selber. Aber es gehen natürlich auch gekaufte Stempel. Silikonstempel sind mittlerweile recht günstig zu haben und auch in großen Formaten erhältlich.

2. Zum Bestempeln der Magazinseiten eignet sich am besten Acrylfarbe, da sie besser deckt als normale Stempelfarbe. Außerdem kann man sich so seine eigenen Farben individuell zusammenmischen.

Die Farbe trägt man am besten mit einer Gummirolle auf. Dann einfach drauflosstempeln. Man kann auch verschiedene Stempel für eine Seite verwenden und diese übereinanderdrucken. Oder auch verschiedene Farben miteinander mischen.

3. Für die fertigen Motive nimmt man dann einen extra tiefen Bilderrahmen. Wer mag, klebt sein Bild in ein Passepartout. Hier kann man dann zusätzlich zum Motiv noch ein paar Fundstücke hinzustellen.

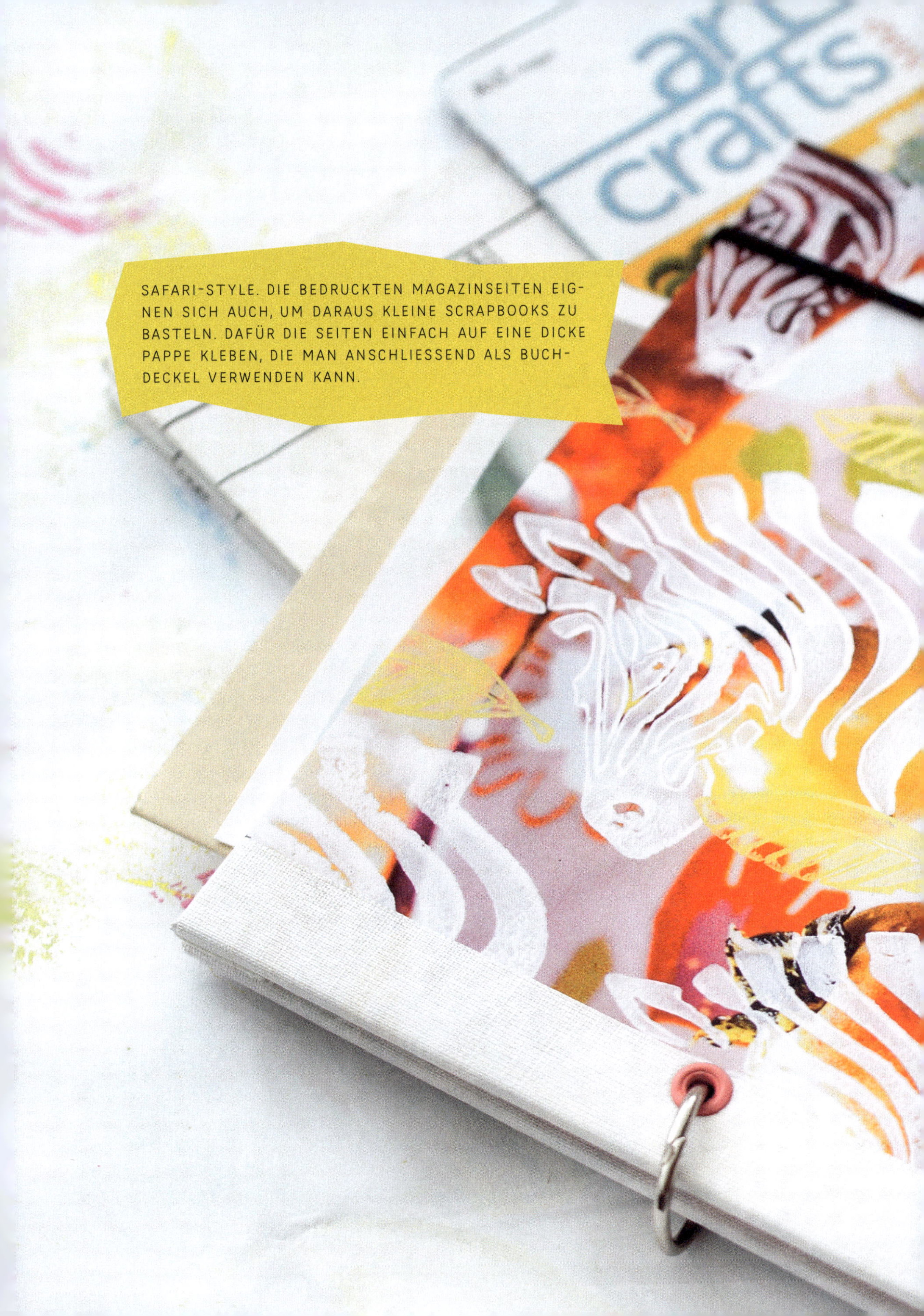

SAFARI-STYLE. DIE BEDRUCKTEN MAGAZINSEITEN EIGNEN SICH AUCH, UM DARAUS KLEINE SCRAPBOOKS ZU BASTELN. DAFÜR DIE SEITEN EINFACH AUF EINE DICKE PAPPE KLEBEN, DIE MAN ANSCHLIESSEND ALS BUCHDECKEL VERWENDEN KANN.

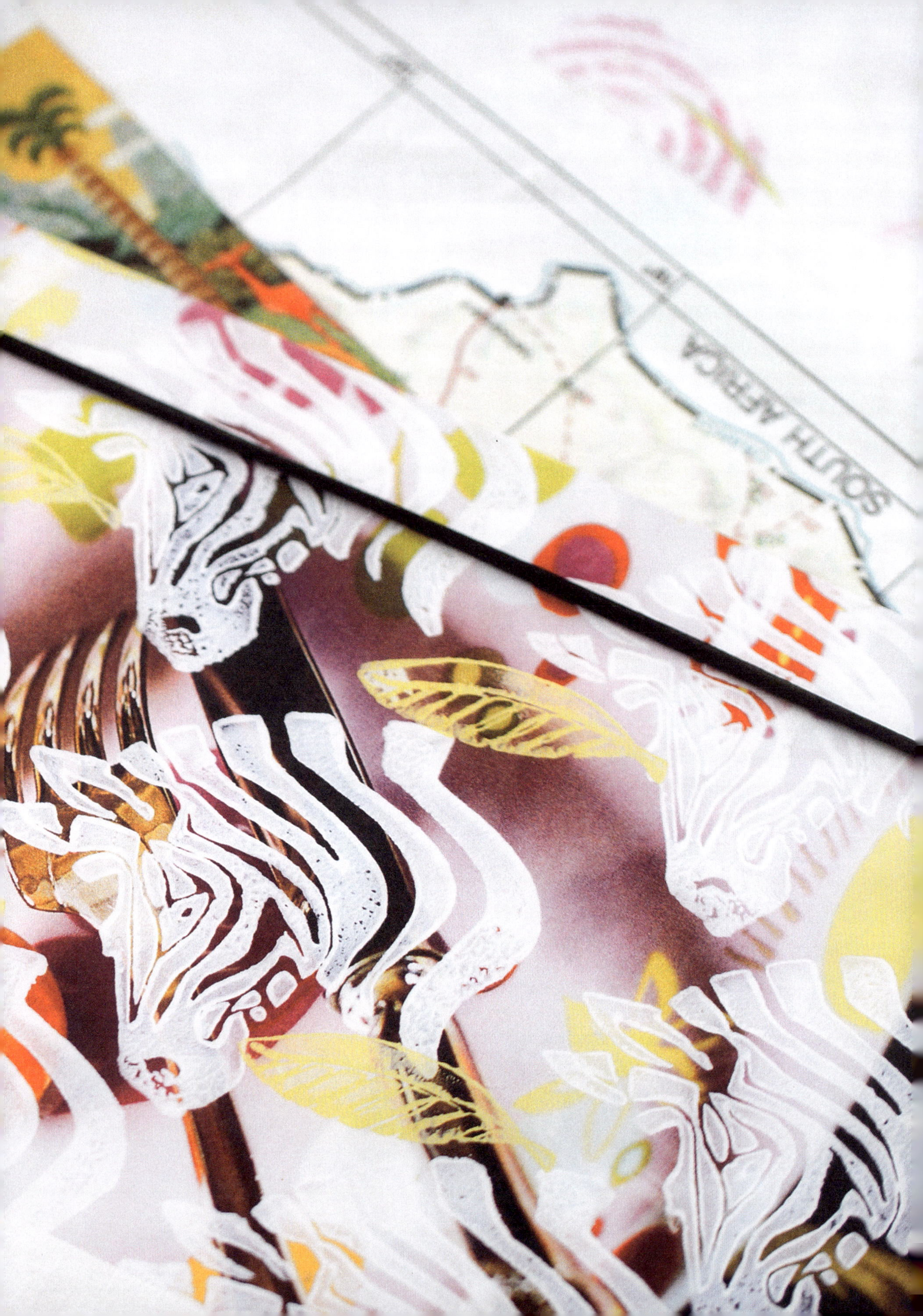
SOUTH AFRICA

Hübsch aufgefädelt

MATERIAL:
ALTE BÖGEN PAPIER, LINEAL, CUTTER, FILZSTIFT, HOLZSTÄBCHEN, KLEBER, SCHNUR, HOLZPERLEN

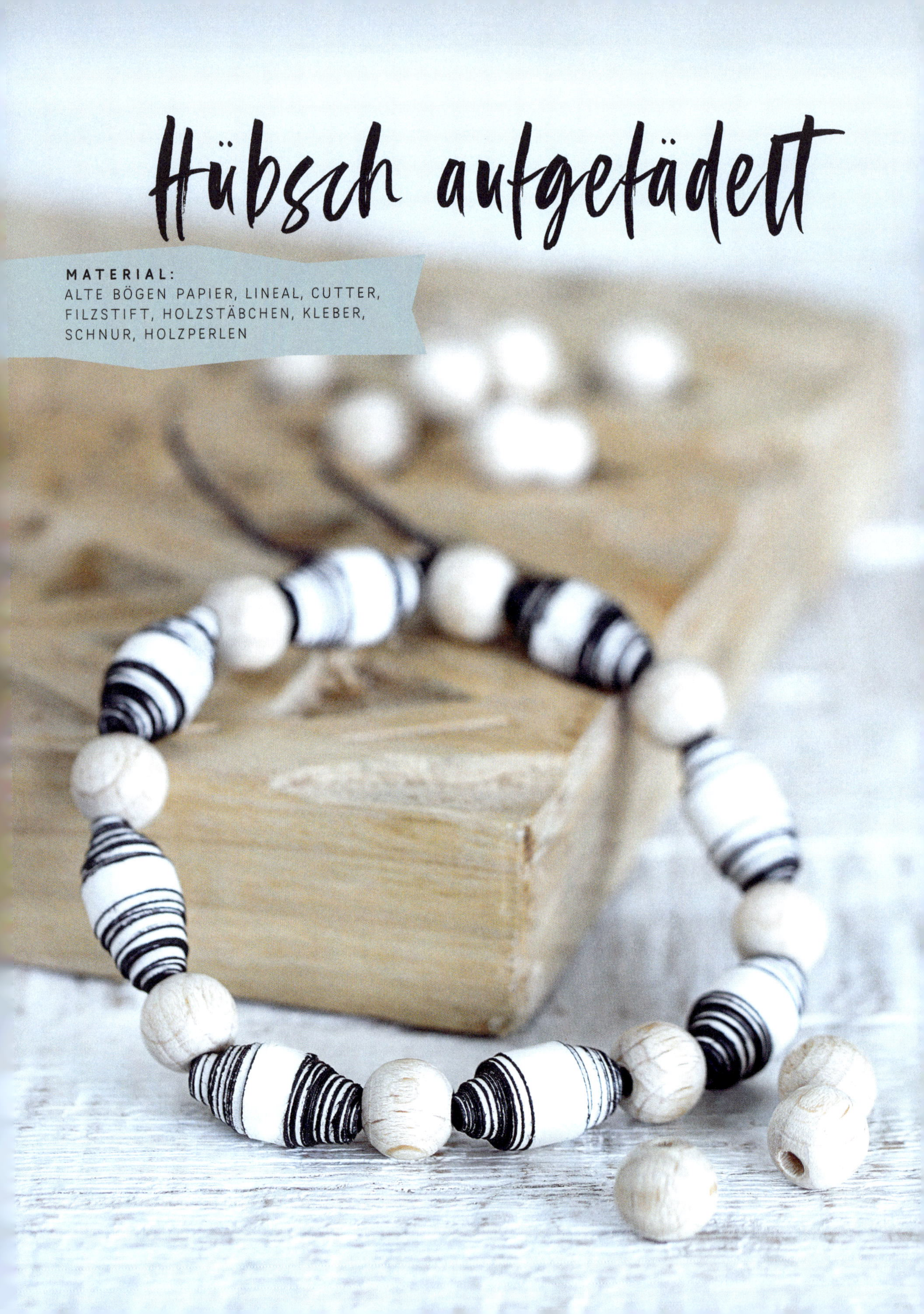

PERLEN AUS PAPIER, GANZ EINFACH HERGESTELLT AUS ALTPAPIER. EGAL, OB EIN ALTER BRIEFBOGEN, EINE KOPIE, ZEITUNGSPAPIER ODER MAGAZINSEITEN. SOGAR DÜNNE WELLPAPPE LÄSST SICH ZU PERLEN ROLLEN.

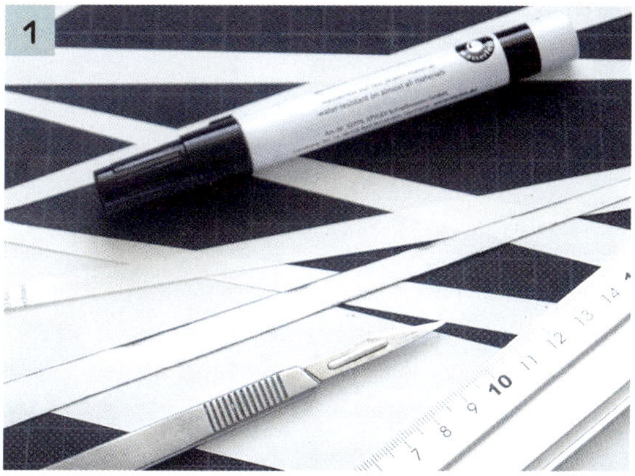

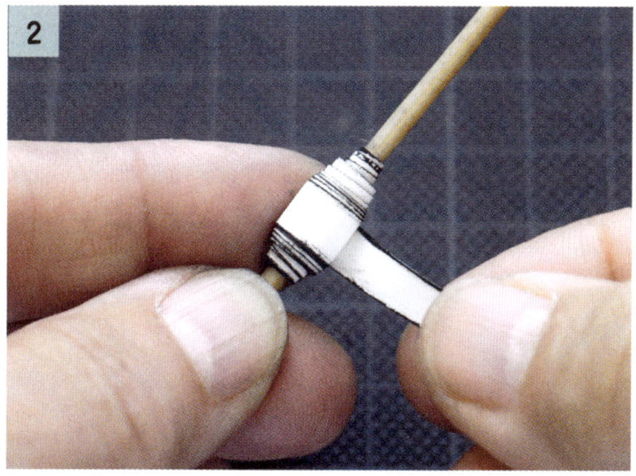

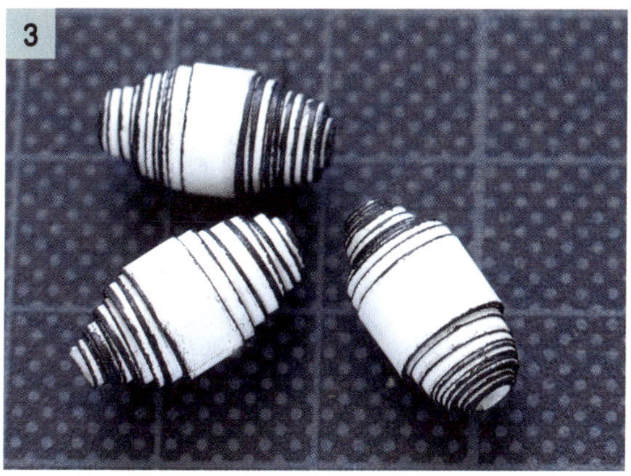

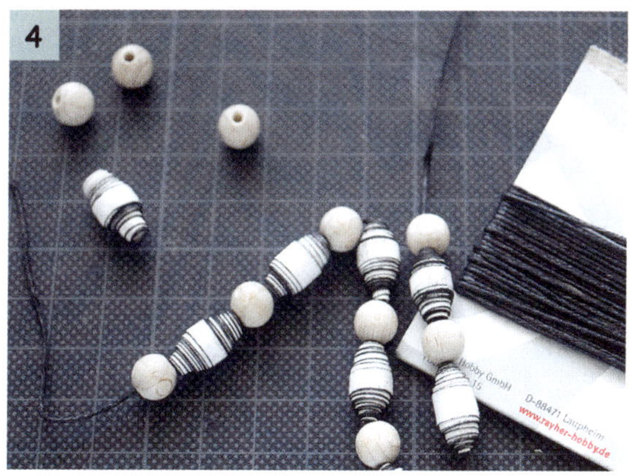

1. Zunächst Papierstreifen zuschneiden. Es gibt verschiedene Vorlagen, die man verwenden kann (siehe rechts), um die Perlen aufzuwickeln. Bei weißem Papier kann man die Kanten mit einem dicken Filzstift anmalen, das gibt einen tollen Effekt.

2. Dann die Papierstreifen stramm um ein dünnes Hölzchen wickeln (z. B. Zahnstocher).

3. Das Ende des Papierstreifens gut verkleben und anschließend vom Hölzchen herunterschieben.

4. Zum Schluss die Perlen im Wechsel mit Holzperlen auffädeln. Für ein Armband kann man eine Gummischnur verwenden, so lässt es sich leichter überstreifen.

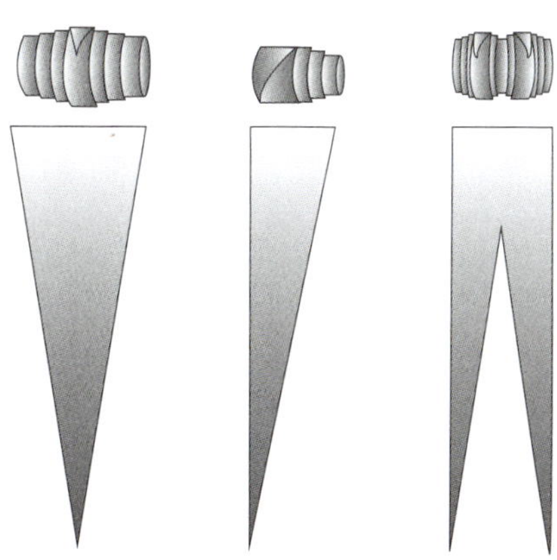

Jetzt geht es rund

MATERIAL:
ALTE ZEITUNGEN, SCHERE, KLEBESTIFT, ESSSTÄBCHEN, DOSE ODER ALTER ÜBERTOPF, HEISSKLEBEPISTOLE

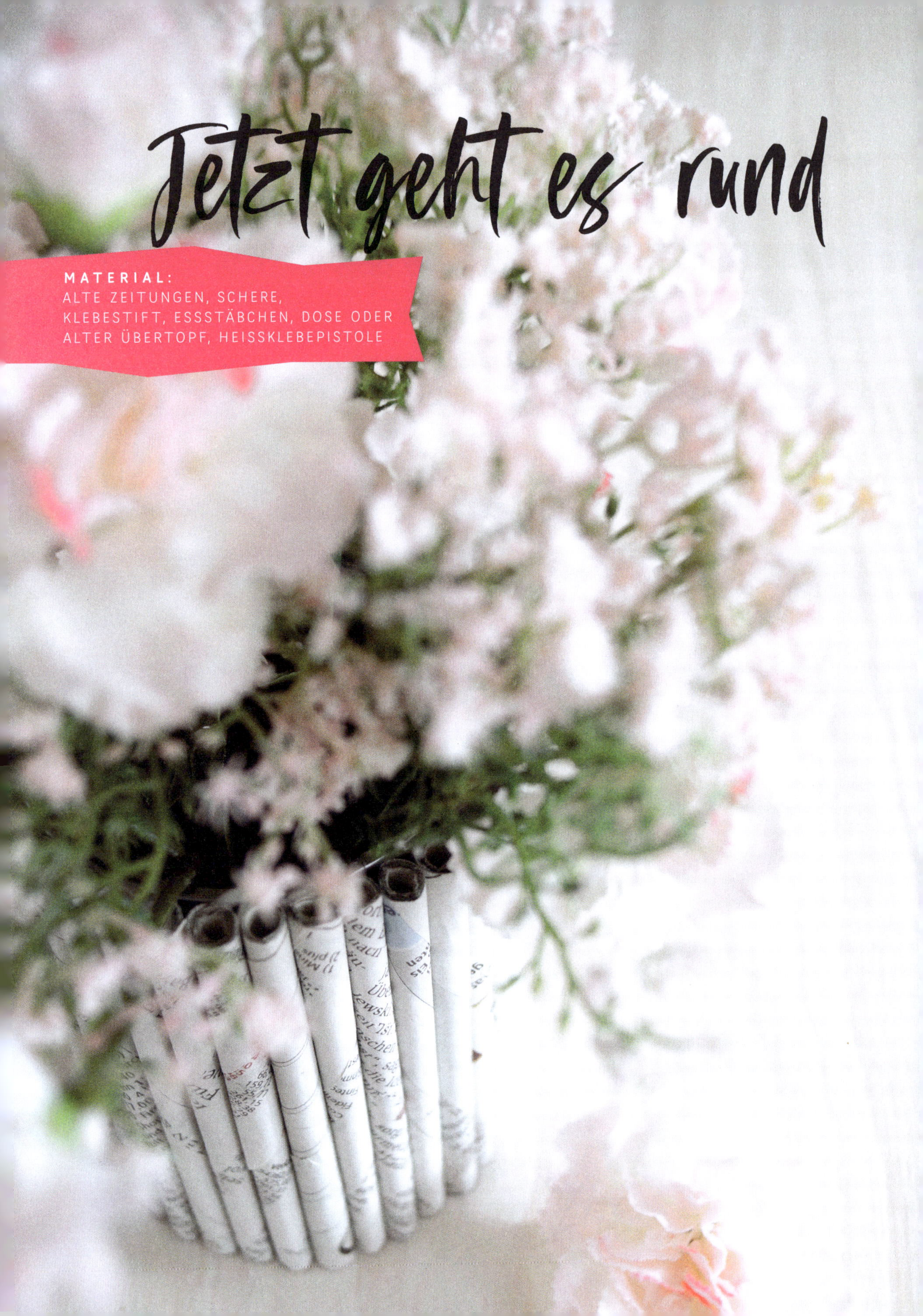

EINEN UNSCHÖNEN ÜBERTOPF ODER EINE ALTE VASE KANN MAN GANZ EINFACH MIT ETWAS ZEITUNGSPAPIER PIMPEN. PAPIER AUFROLLEN, SCHNEIDEN, KLEBEN – SCHNELLER GEHT'S NICHT. AUCH SCHÖN, WENN MAL FÜR EIN GESCHENK DAS PASSENDE TÖPFCHEN FEHLT.

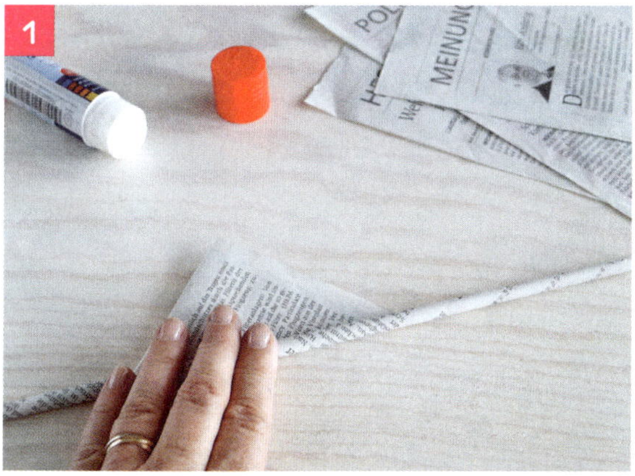

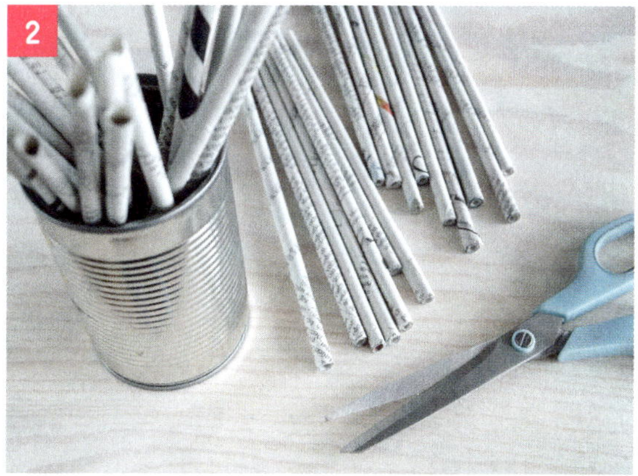

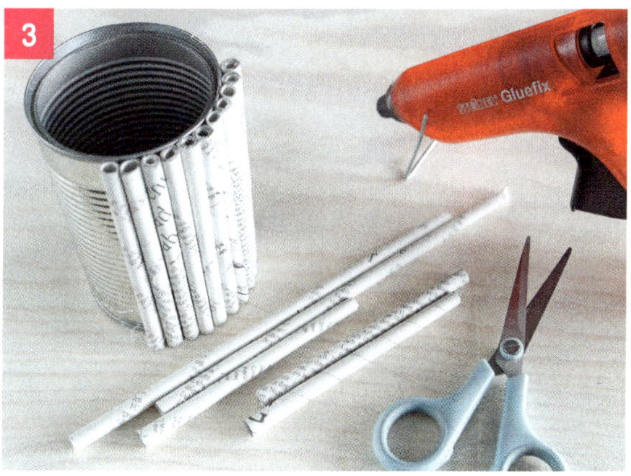

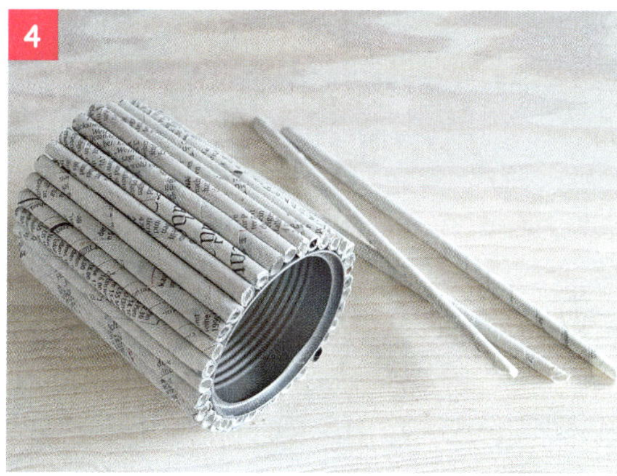

1. Die Zeitungsdoppelseiten jeweils in 4 Teile schneiden. Es kommt hier nicht so auf Genauigkeit an. Mit einem Essstäbchen oder einem geeigneten dünnen Rundstab nun über die Ecke das Papier aufrollen. Dabei das Stäbchen einfach immer ein Stückchen herausziehen. Das Ende der Zeitung mit etwas Kleber fixieren.

2. Die Menge der Röllchen ergibt sich aus dem Umfang der Dose oder des Topfes.

3. Dann die Länge der Röllchen abmessen und zurechtschneiden. Nun mit dem Heißkleber die einzelnen Röllchen um die Dose oder den Topf kleben.

4. Beim Kleben mit der Heißklebepistole auf ausreichend Belüftung achten und bedenken, dass der Kleber wirklich sehr heiß ist. So wird auch die Dose beim Auftragen des Klebers unter Umständen für einen Moment sehr warm.

Schatzkästchen

MATERIAL:
ALTE BUCHSEITEN, VIELE SCHÖNE SCHÄTZE

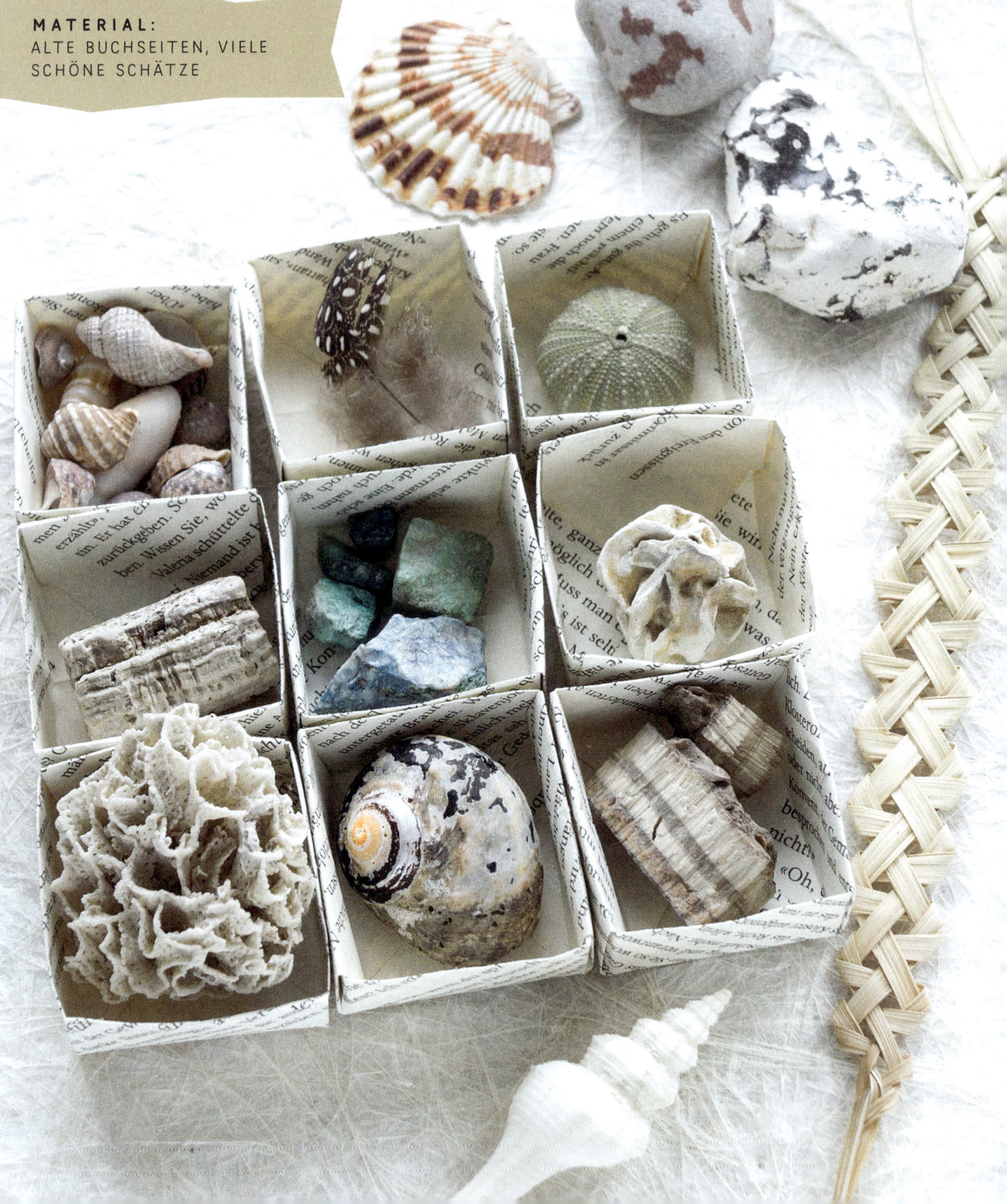

WOHIN MIT ALL DEN SCHÄTZEN, DIE MAN UNTERWEGS UND AUF REISEN SAMMELT? VIEL ZU SCHADE, UM IN EINER DUNKLEN KISTE ZU VERSCHWINDEN, DENN JEDES TEIL ERZÄHLT EINE GESCHICHTE. DARUM LIEBER EINE KLEINE PRIVATE AUSSTELLUNG ARRANGIEREN, DIE IMMER WIEDER AN SCHÖNE MOMENTE ERINNERT.

1

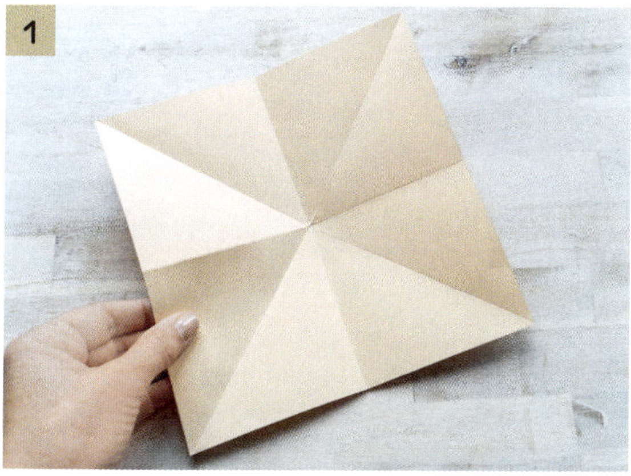

2

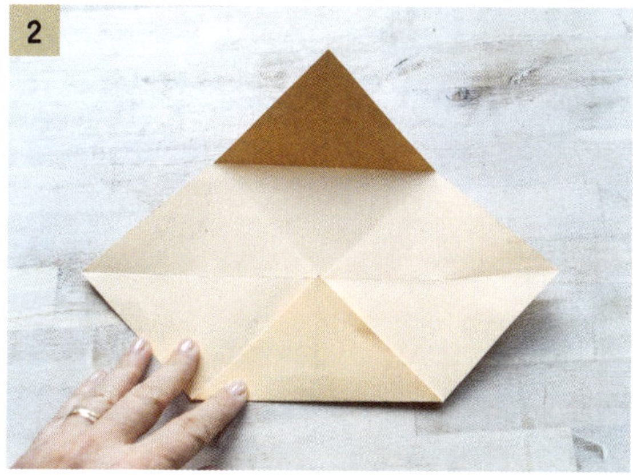

3

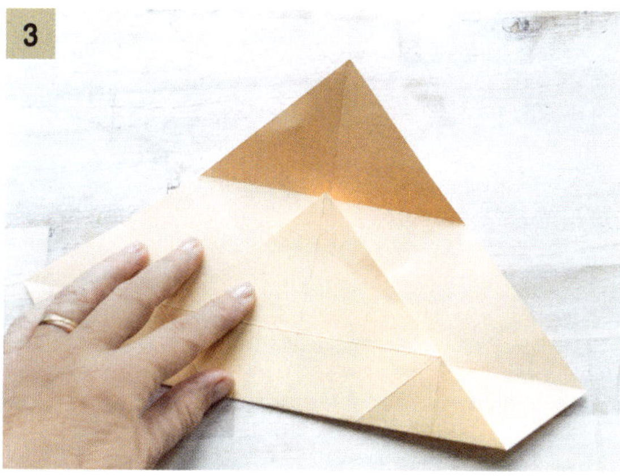

4

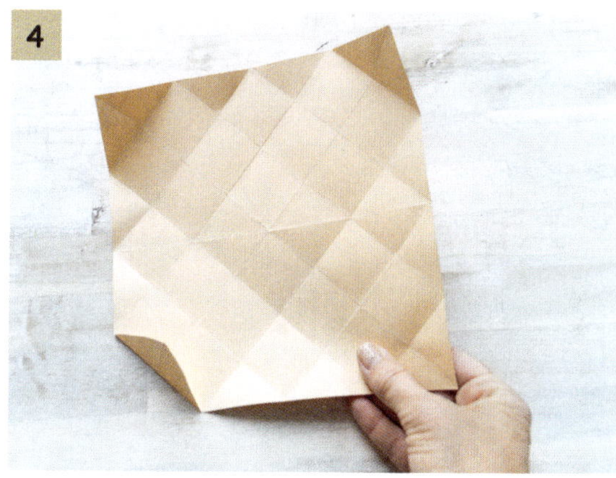

1. Einen quadratischen Bogen zunächst jeweils zu den Spitzen falten, wieder öffnen. Anschließend nach rechts über die Mitte falten, zusammenlegen, wieder öffnen. Dann nach unten falten und wieder öffnen.

2. Nun alle Spitzen zur Mitte falten. Wieder öffnen.

3. Dann alle Spitzen bis zu den neu entstandenen Falzlinien falten. Und wieder zurück.

4. Und am Ende nochmals alle Spitzen zur unteren Falzlinie falten, sodass ein Bogen mit vielen kleinen Quadraten entsteht.

Fortsetzung auf der nächsten Seite

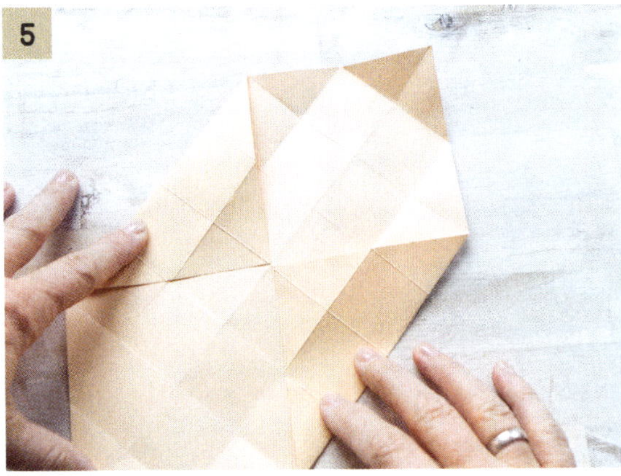

5. Die rechte und linke Spitze nun bis zur Mitte einschlagen.

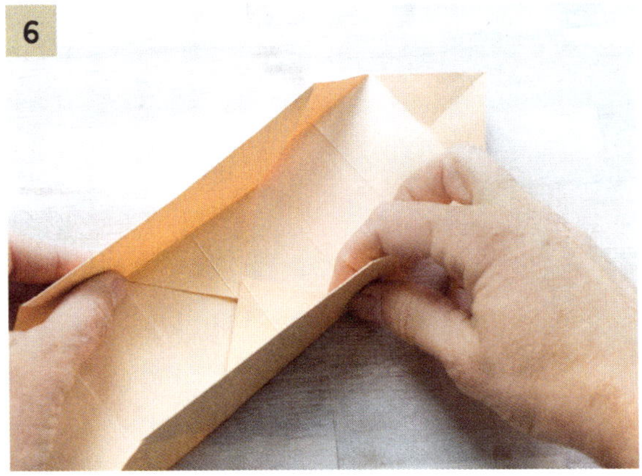

6. Die äußere Quadratreihe nach oben stellen.

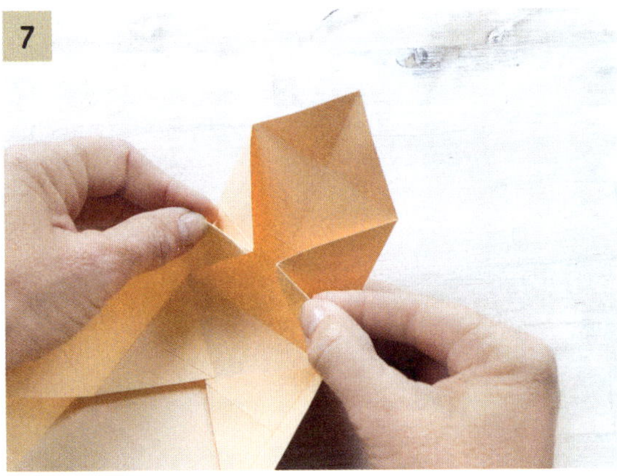

7. Nun den oberen Teil an den Falzkanten wie in Abb. 7 einschlagen.

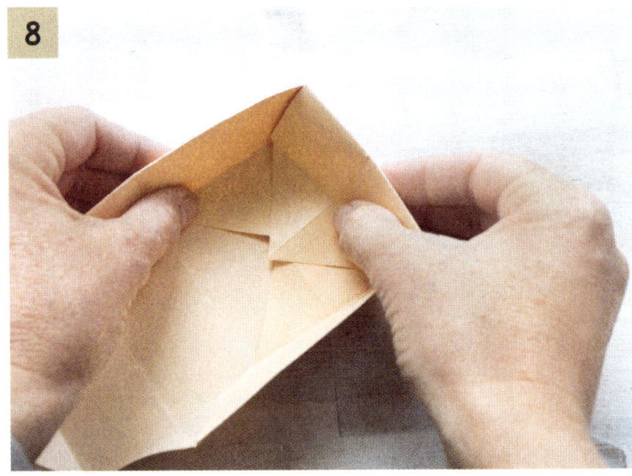

8. Umknicken und die kleine Spitze auf den Boden drücken.

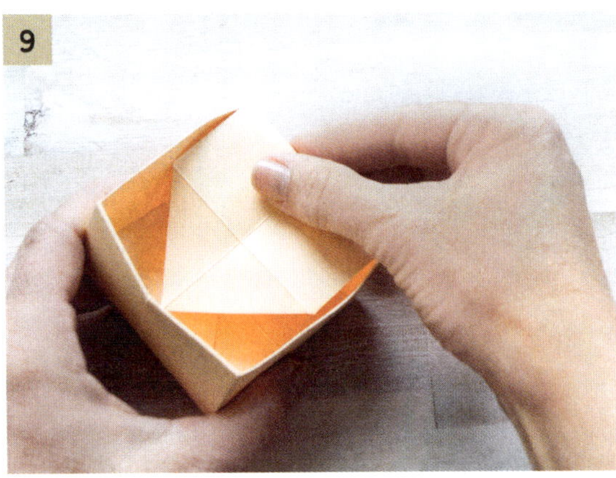

9. Auf der gegenüberliegenden Seite ebenso verfahren.

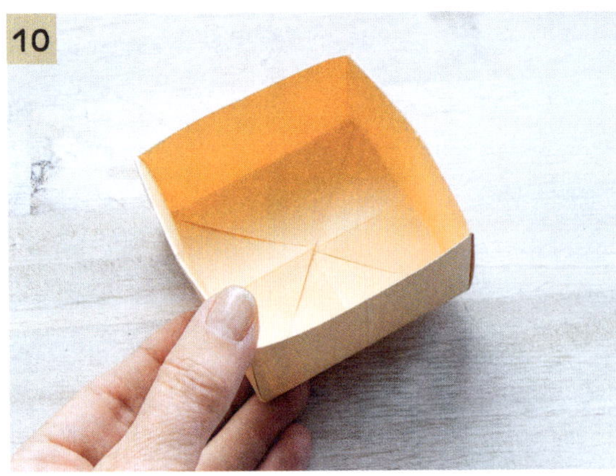

10. Alle Kanten noch einmal fest andrücken. Evtl. die kleinen Dreiecke auf dem Boden festkleben.

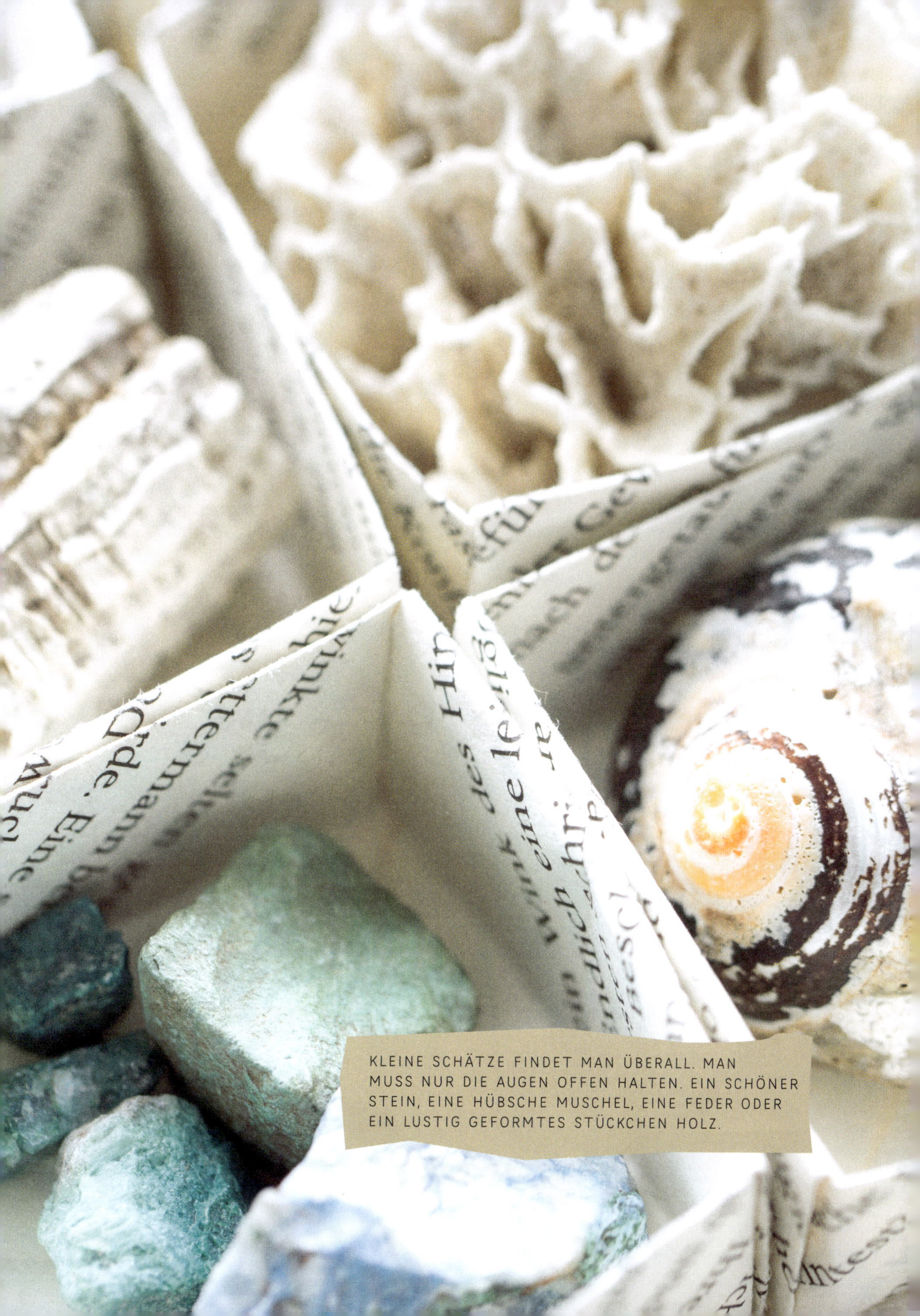

KLEINE SCHÄTZE FINDET MAN ÜBERALL. MAN MUSS NUR DIE AUGEN OFFEN HALTEN. EIN SCHÖNER STEIN, EINE HÜBSCHE MUSCHEL, EINE FEDER ODER EIN LUSTIG GEFORMTES STÜCKCHEN HOLZ.

Schick in Schale

MATERIAL:
LUFTBALLON, SCHÜSSELN, TAPETENKLEISTER UND PINSEL, FILZSTIFT, ZEITUNGSPAPIER, SPRÜHLACK, LOCHZANGE, BAST, SCHNUR

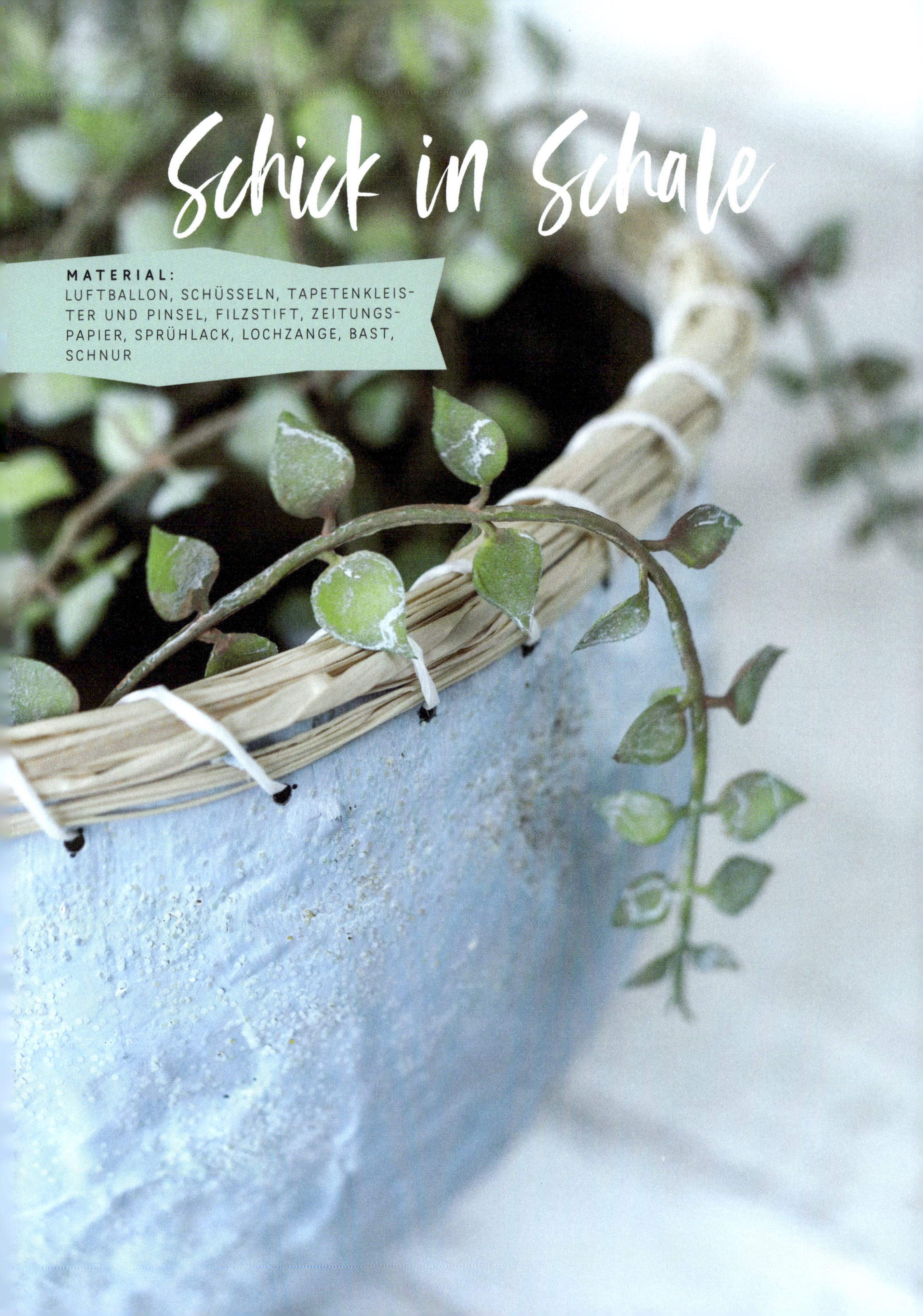

PAPIERSCHALEN SIND SUPER EINFACH HERZUSTELLEN UND SO VIELFÄLTIG ZU GESTALTEN. MAN KANN SIE BEMALEN ODER MIT MUSTERN BEKLEBEN, DAS MACHT AUCH KINDERN SPASS. ODER MIT EINEM GANZ SPEZIELLEN RAND VERSEHEN, ZUM BEISPIEL MIT BASTELBAST.

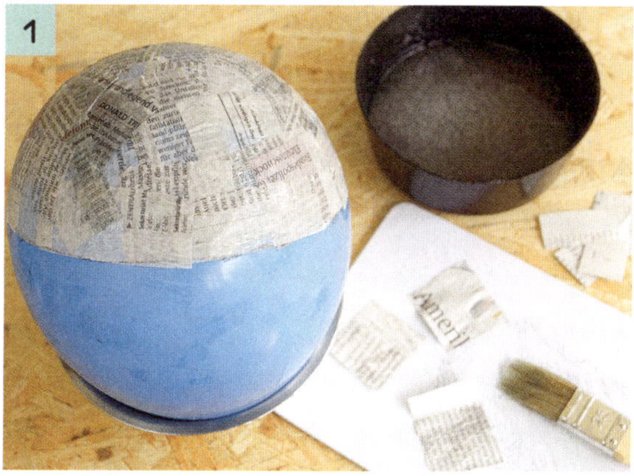

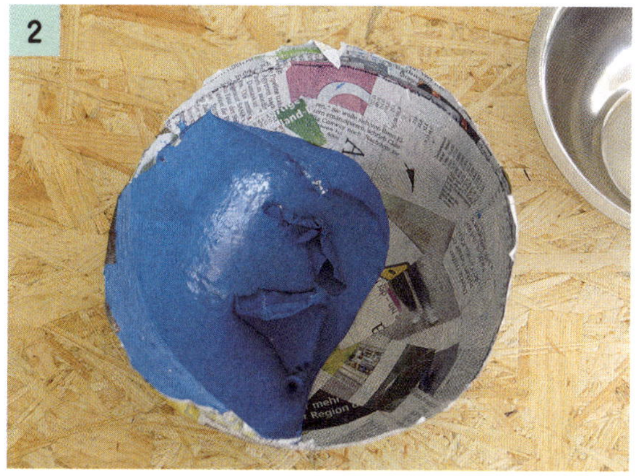

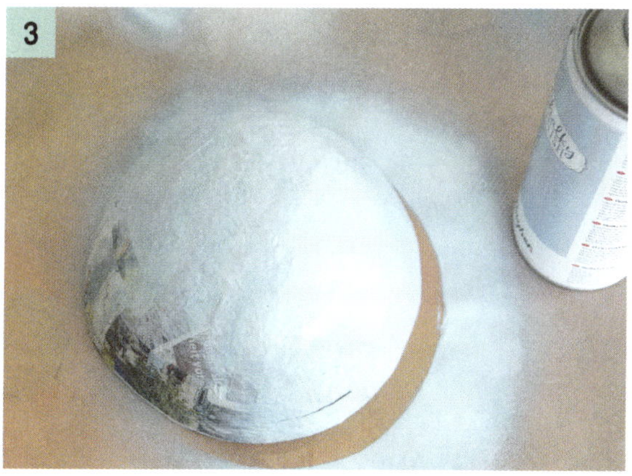

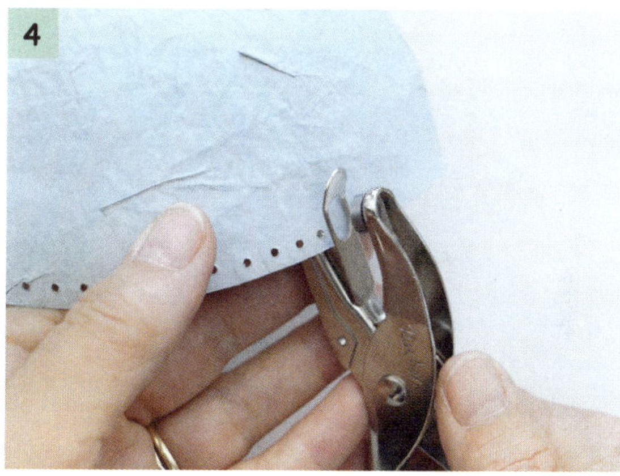

1. Für die Herstellung der Schale bläst man einen Luftballon in der gewünschten Größe auf und stellt ihn in eine Schüssel. So lässt sich die Schale besser verarbeiten. Für die Form der Schale ist es sinnvoll, mit einem wasserfesten Filzstift den Rand der Schale auf den Ballon zu zeichnen. Dann rührt man eine kleine Menge Kleister an, bepinselt die zu beklebenden Stellen des Ballons damit und legt die erste Schicht Zeitungspapierschnipsel auf. Für jede Schicht wiederholen. Nach 3 Schichten die Form erst einmal antrocknen lassen. 5–6 Schichten sollten es schon sein, damit die Schale später stabil ist.

2. Ist die Form vollständig ausgetrocknet, bringt man den Luftballon zum Platzen und entfernt die Gummireste aus der Schale.

3. Innen- und Außenseiten der Schale nach Lust und Laune lackieren. Es muss nicht unbedingt Sprühlack sein. Einfache Acrylfarbe ist ebenfalls geeignet.

4. Mit einer Lochzange nun am Rand die Löcher stanzen. Nicht zu dicht an der Kante, damit sie dort später beim Einfädeln nicht einreißen können.

Fortsetzung auf
der nächsten Seite

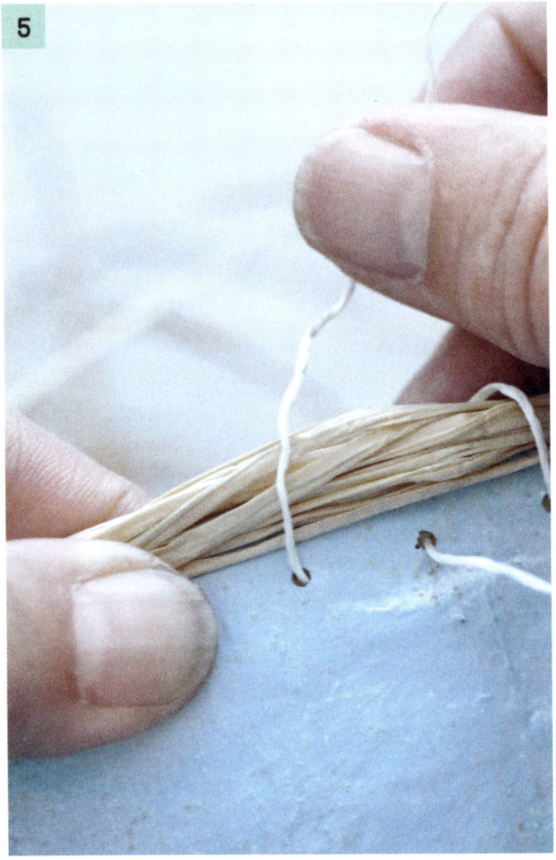

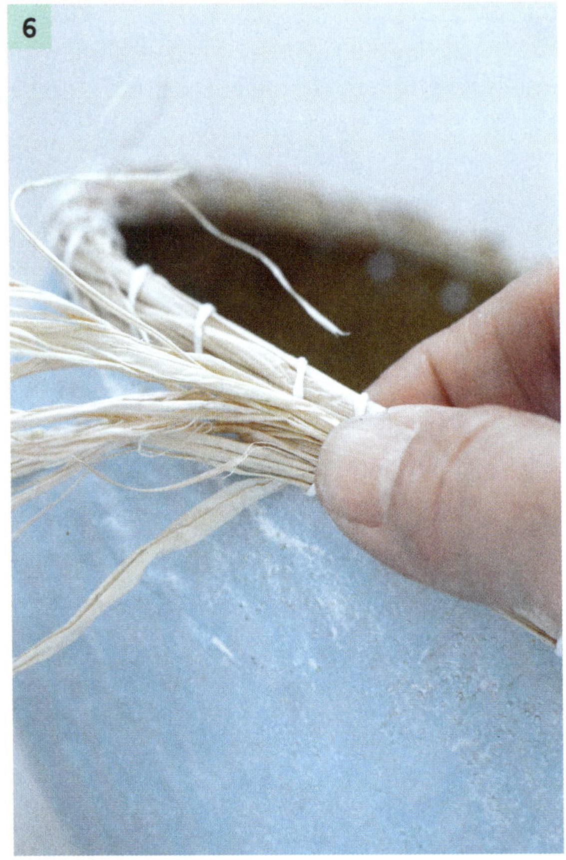

5. Aus dem Baststrang löst man eine kleine Menge, die man an die Schale anpasst. Dann fädelt man eine Schnur durch die Löcher, um den Bast anzubinden. Darauf achten, dass die Schnur lang genug ist. Innen ein Stück zum Verbinden überstehen lassen.

6. Am Ende sollte der Baststrang ein wenig überlappen. Er wird noch einmal durch die ersten 2 Löcher festgebunden. Dann die Schnurenden miteinander verknoten.

NATÜRLICH KANN MAN DIESE SCHALE AUCH UMHÄKELN WIE DIE MILCHTÜTEN AUF SEITE 62. ZUM BEISPEL MIT EINEM FEINEN WEISSEN BAUMWOLLGARN.

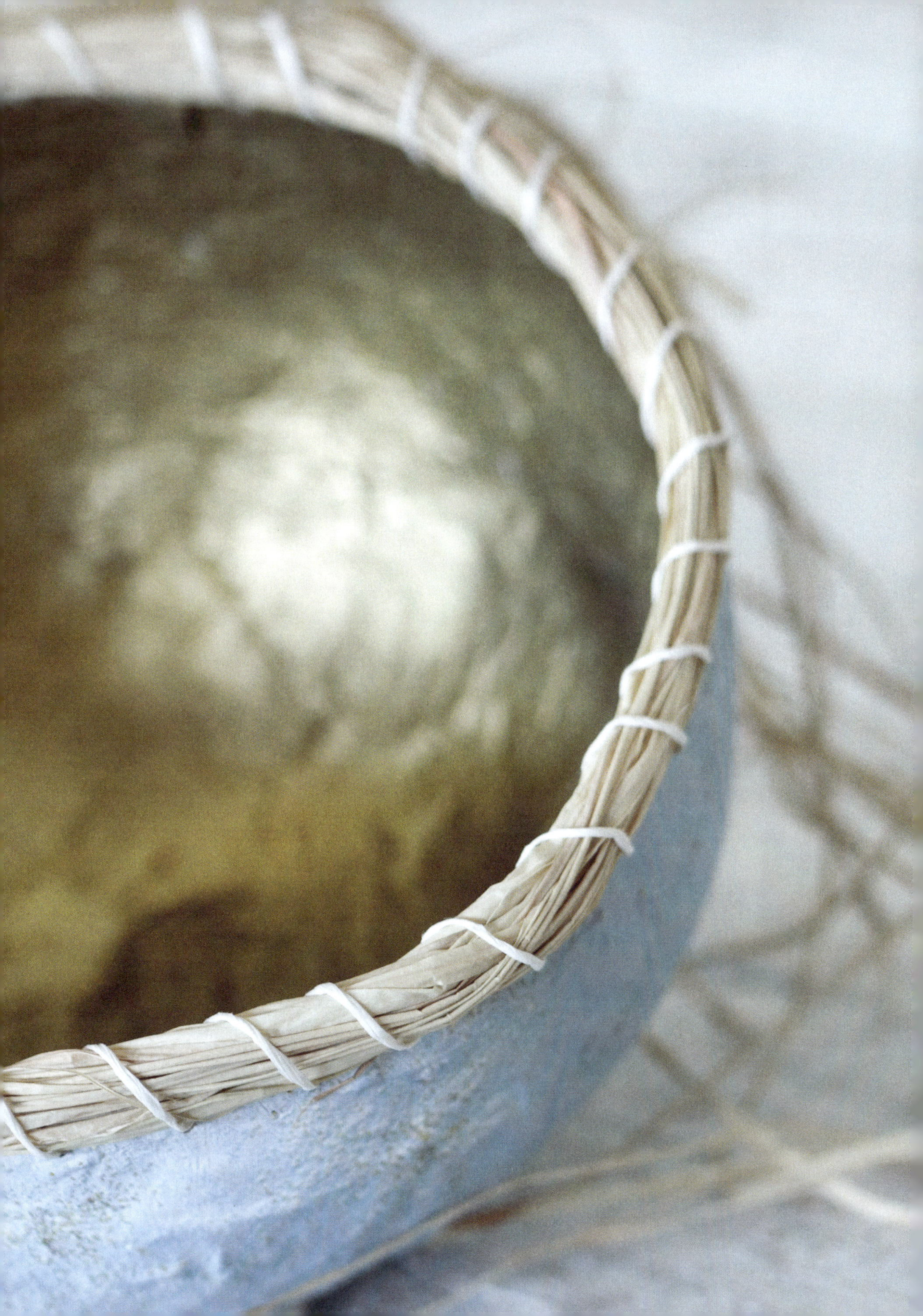

Lustige Untiere

MATERIAL:
PAPPKARTON, BLEISTIFT, SCHERE, CUTTER, ACRYLFARBEN, PINSEL

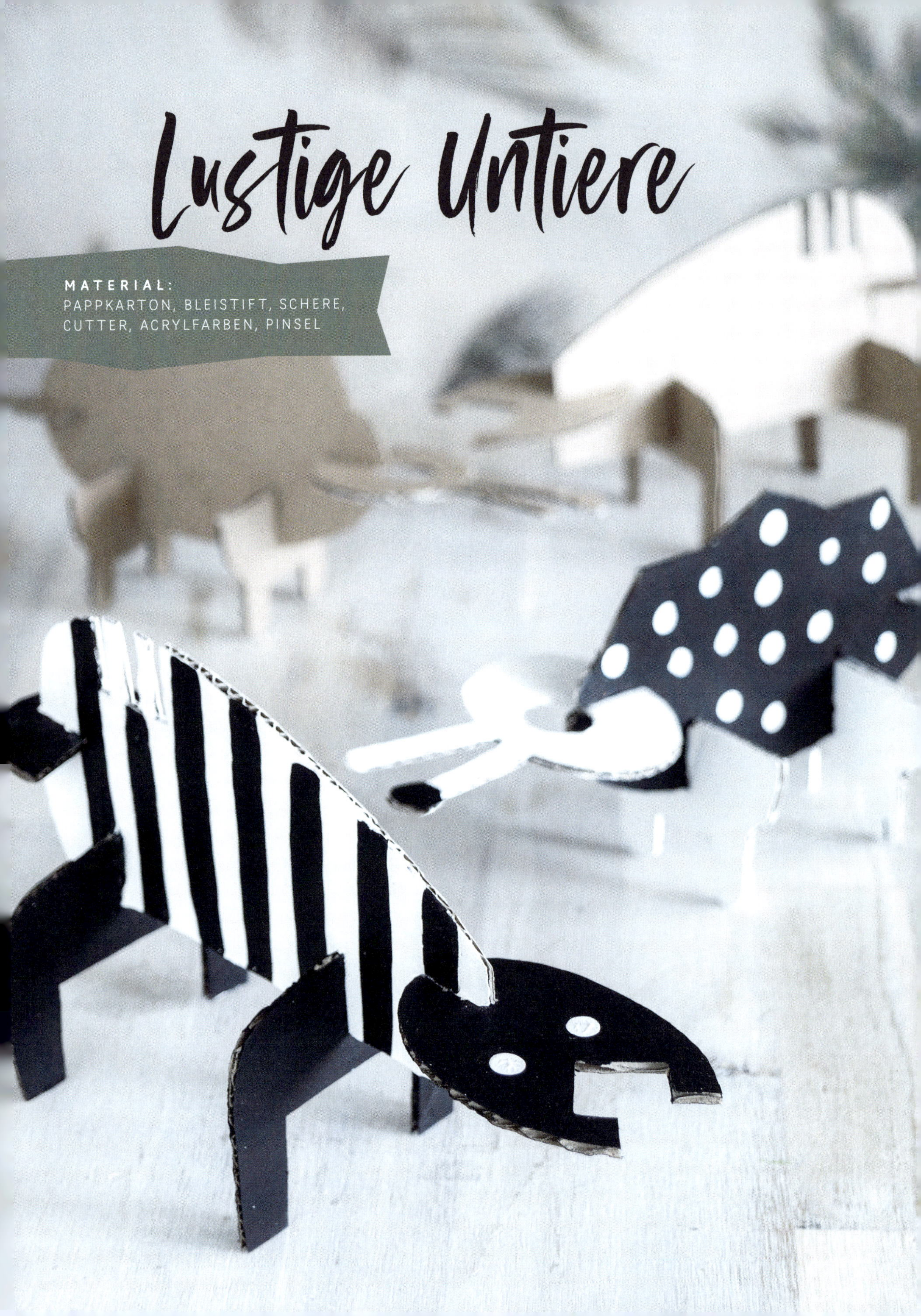

ALTE KARTONS KANN MAN NATÜRLICH NOCH EINMAL ALS VERPACKUNG NUTZEN, ABER MAN KANN AUCH EINEN KLEINEN ZOO DARAUS BASTELN. MIT TIEREN AUS DER VERGANGENHEIT ODER DER ZUKUNFT... HIER STEHT DER FANTASIE NICHTS IM WEG UND JEDE FORM IST ERLAUBT.

1

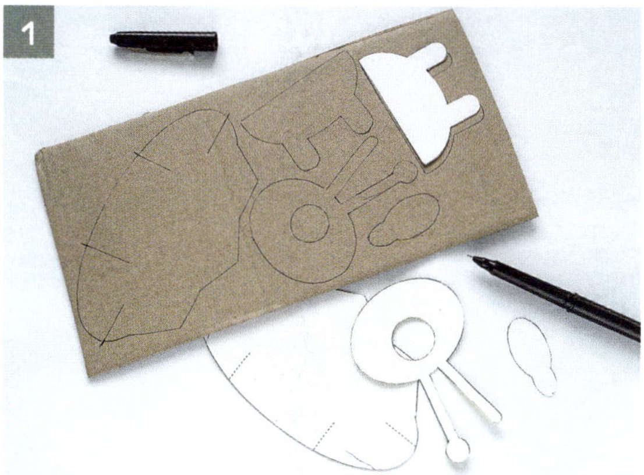

2

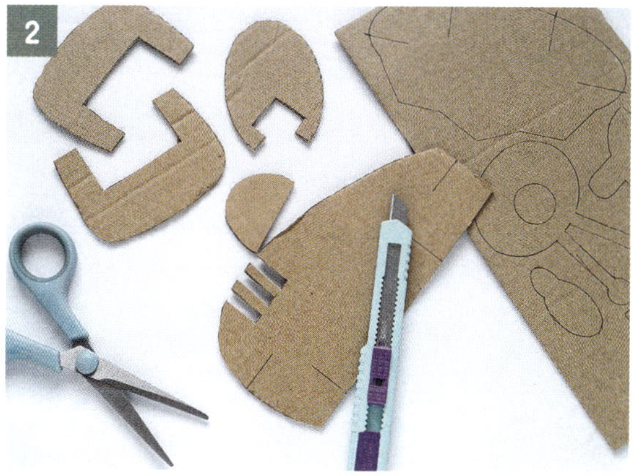

3

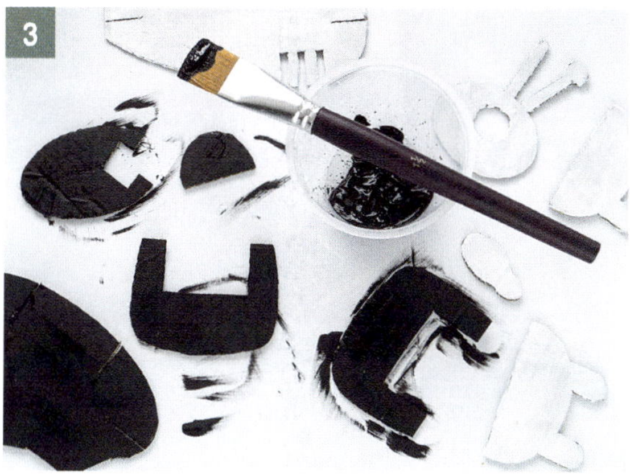

4

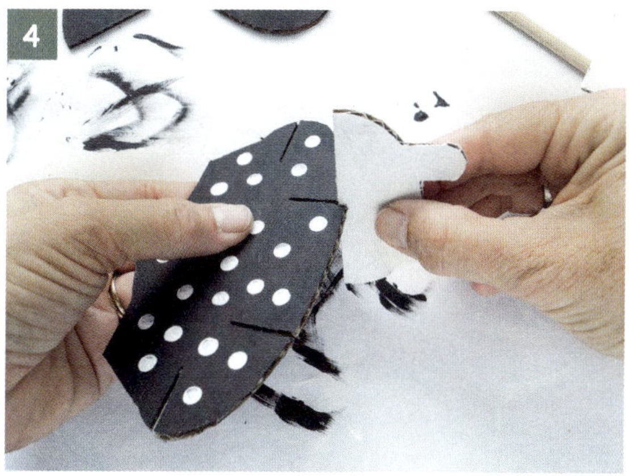

1. Zunächst überlegt man sich Formen, die man für seine „Untiere" verwenden möchte. Das können geometrische Formen sein, aber natürlich kann man auch versuchen, ganz realistische Tiere zu gestalten. Wenn man kleine Schablonen aus festem Papier herstellt, kann man diese immer wieder zum Übertragen verwenden.

Hier sollte man schon festlegen, an welcher Stelle die einzelnen Tiere später zusammengesteckt werden können.

Die Form mit einem Stift möglichst platzsparend auf den Karton zeichnen, so verschenkt man kein Material.

2. Dann die Formen mit Schere und Cutter ausschneiden. Und auch die Steckschlitze schon einschneiden.

3. Die einzelnen Teile nach Lust und Laune anmalen. Erst die eine Seite, dann nach dem Trocknen die andere Seite.

4. Ist alles genügend angetrocknet, beginnt man die Teile zusammenzustecken. Wenn man viele verschiedene Formen hat, kann man so immer wieder neue Kreationen entstehen lassen.

Die hier gezeigten Formen zum Nachzeichnen befinden sich auf den Seiten 124–125.

Walparade

MATERIAL:
QUADRATISCHER BOGEN HELLES PACKPAPIER, WASSERMALFARBEN, PINSEL, NYLONSCHNUR, NADEL

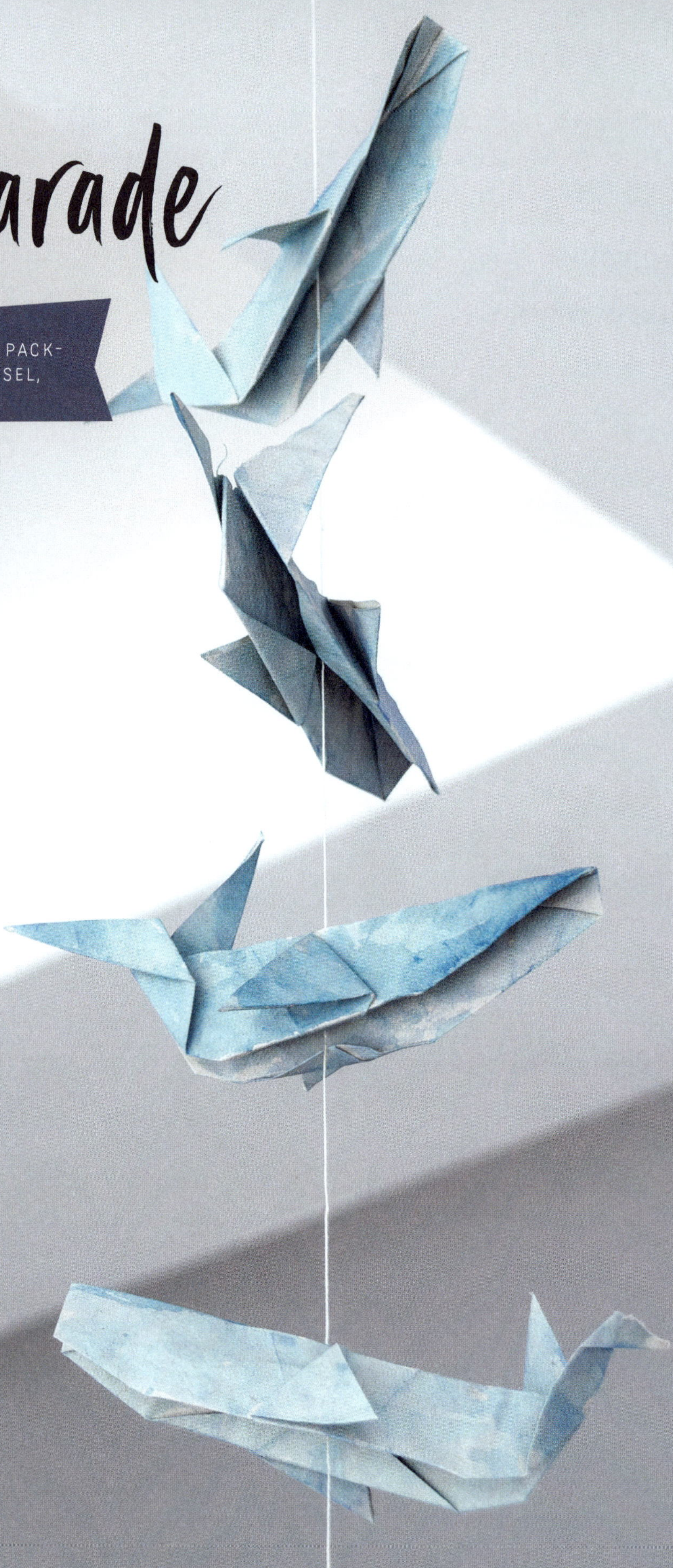

EIGENTLICH IST DER WAL JA EIN MEERESSÄUGETIER. ABER IN DIESEM FALL DARF ER AUCH MAL FLIEGEN ODER BESSER: SCHWEBEN. AN EINEM MOBILE WIRD DER WAL ZUM LEICHTGEWICHT.

1

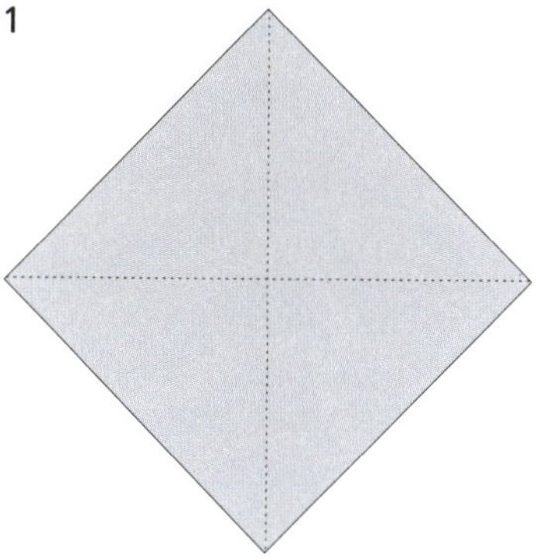

2

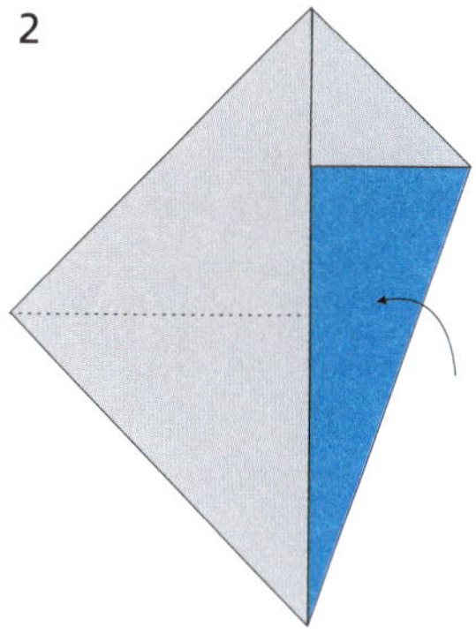

3

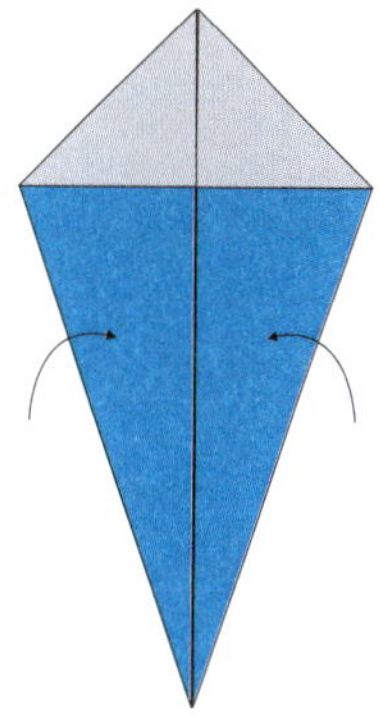

1. Den quadratischen Bogen erst einmal zu jeder Ecke falten, wieder öffnen und mit einer Spitze nach oben hinlegen. (Hat das Papier bereits ein Muster, das man verwenden möchte, liegt diese Seite auf der Tischplatte auf, hier immer gekennzeichnet durch Blau.) 2.–3. Die rechte und linke Seite jeweils zur Mitte hin falten wie in den Abb. 2 und 3 gezeigt.

4

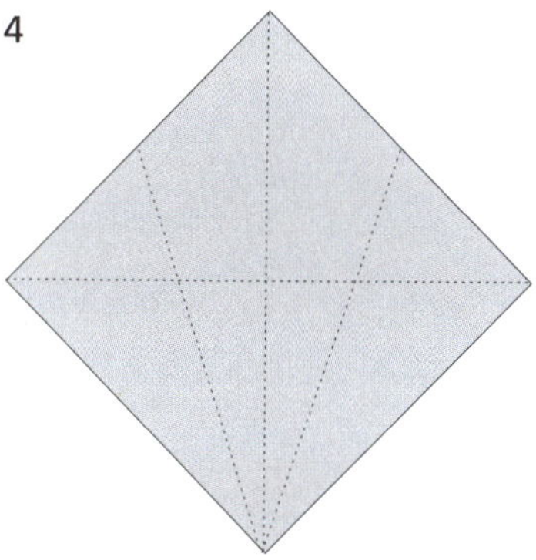

5

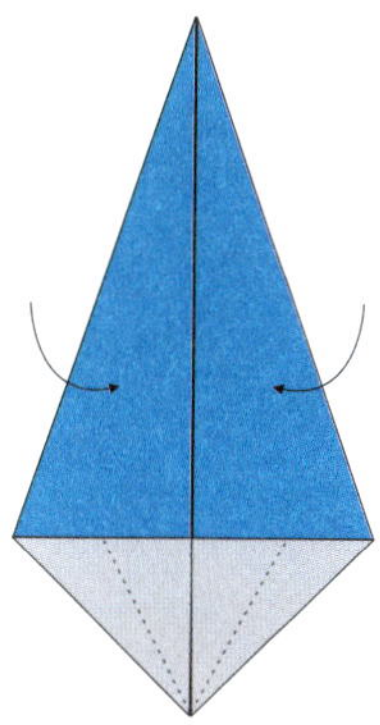

6

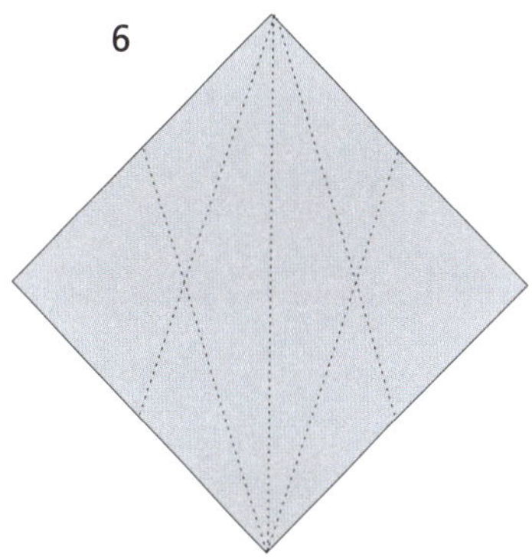

4. Wieder auseinanderfalten. 5. Anschließend Schritt 2 und 3 an der oberen Seite des Quadrats wiederholen. 6. Wieder auseinanderfalten.

Fortsetzung auf der nächsten Seite

7
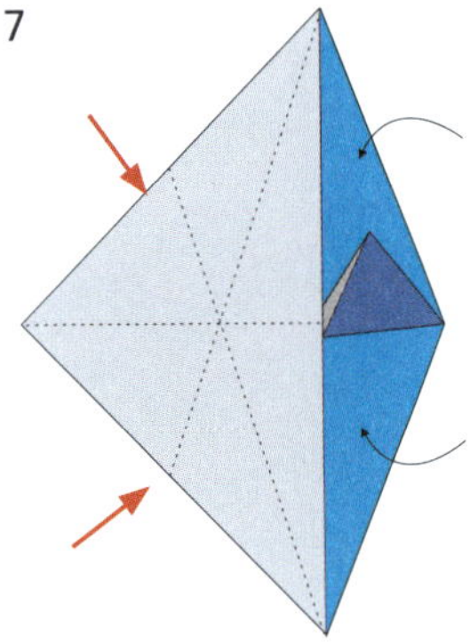

8
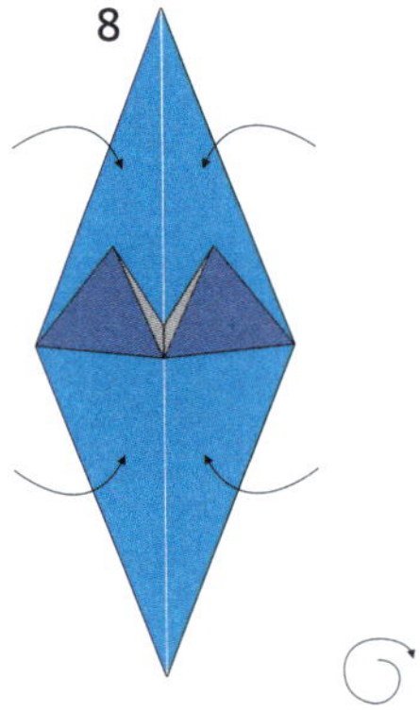

9
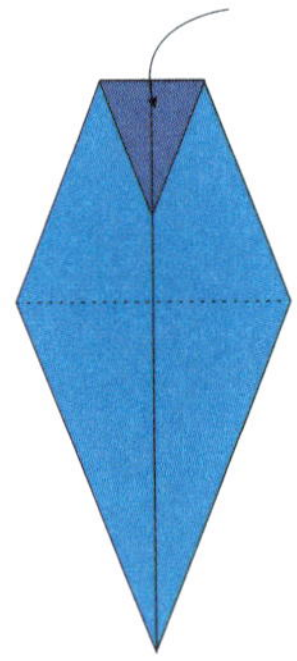

10
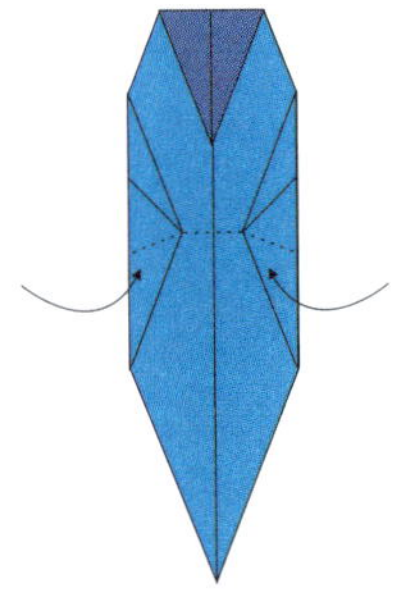

7. Nun wird die rechte Kante, wie an den roten Pfeilen links angezeigt, zur Mittellinie geknickt und die kleine Spitze nach oben gezogen. 8. Das Gleiche wiederholt man mit der linken Seite und knickt die kleinen Dreiecke nach oben weg. 9. Anschließend das ganze Objekt wenden. Die obere Spitze ein Stück nach unten falten. 10. Die linke und rechte Seite dann ein kleines Stück zur Mittellinie falten.

11
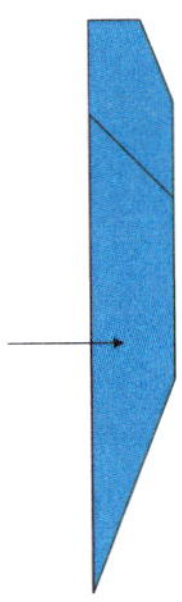

12
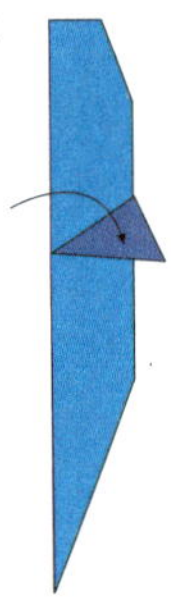

13
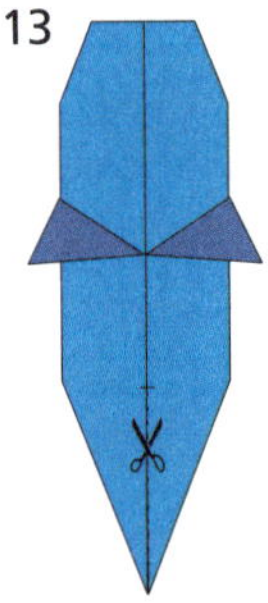

14
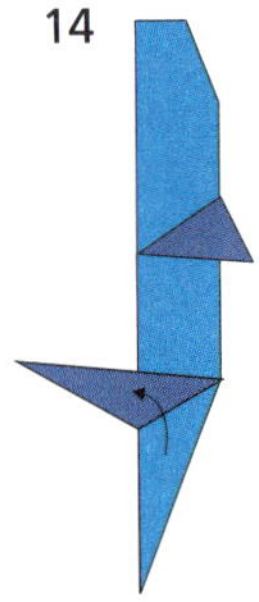

15
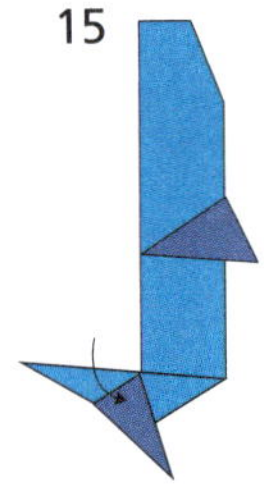

11. Dann alles komplett nach rechts zusammenfalten. 12. Die kleine Spitze (Flosse) nach unten wegknicken. 13. Das Objekt wieder auseinanderfalten und mit der Schere am unteren Teil wie in der Abb. einschneiden. 14. Wieder so zusammenlegen, dass die kleinen Flossen nach rechts zeigen und beide hinteren Flossen nach links wegknicken. 15. Abschließend eine der Flossen wieder ein Stück zurückfalten.

Zum Schluss kann man seine kleine Walparade noch mit etwas blauer Wasserfarbe anmalen. Anschließend mit einer Nadel auf eine Nylonschnur auffädeln.

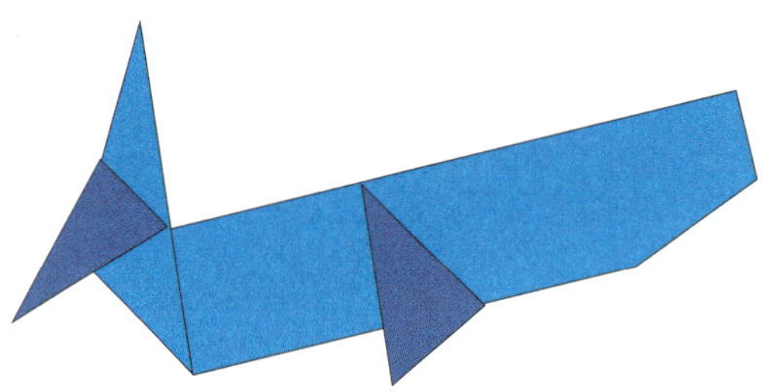

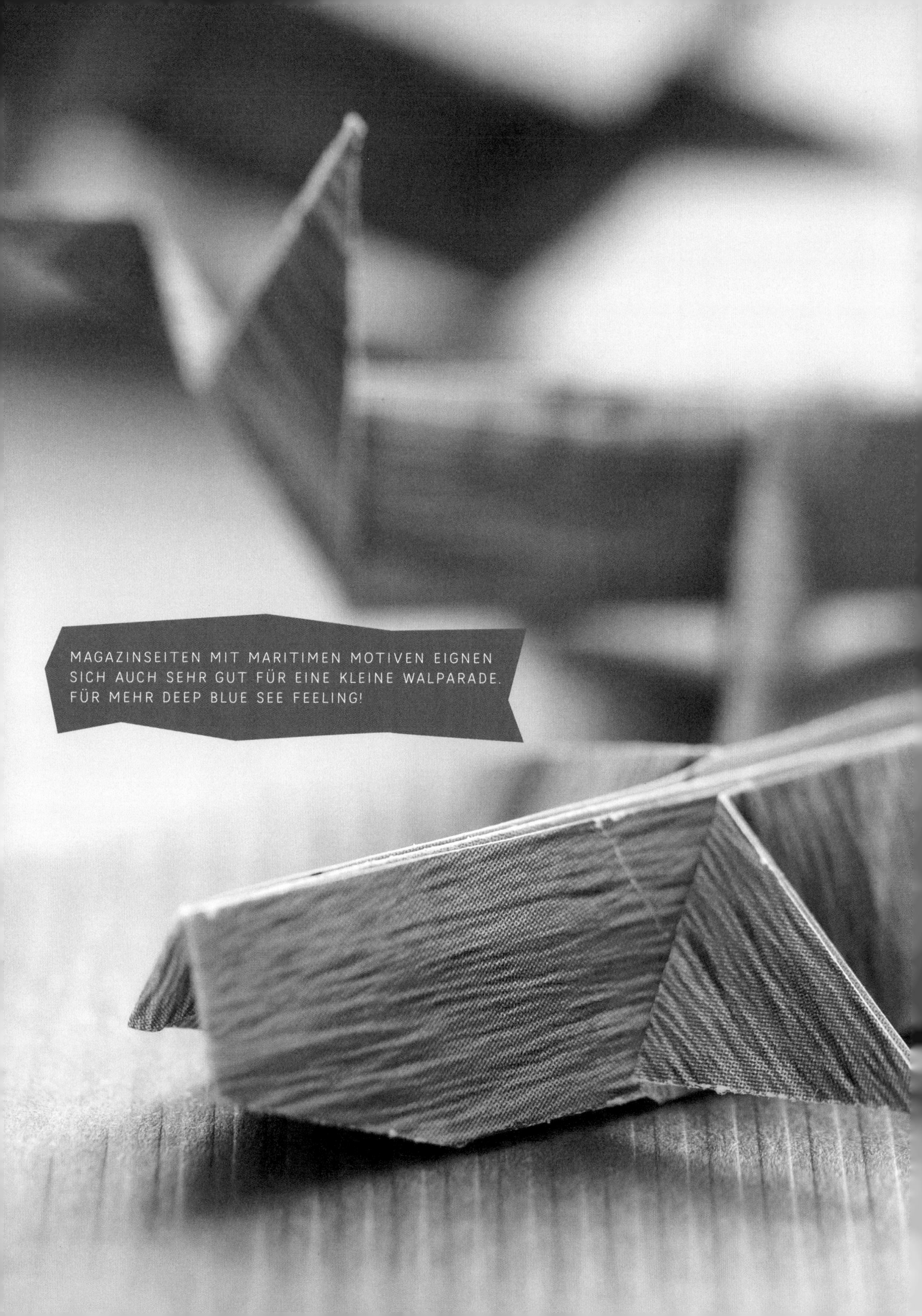

MAGAZINSEITEN MIT MARITIMEN MOTIVEN EIGNEN SICH AUCH SEHR GUT FÜR EINE KLEINE WALPARADE. FÜR MEHR DEEP BLUE SEE FEELING!

Herbstgestöber

MATERIAL:
PACKPAPIERSTÜCKE (CA. 10 X 10 CM UND 6 X 6 CM), SCHERE, ZEITUNGSPAPIER, KLEBEBAND, HEISSKLEBER, SCHNUR, NADEL, EVTL. WEISSE ACRYLFARBE, PINSEL

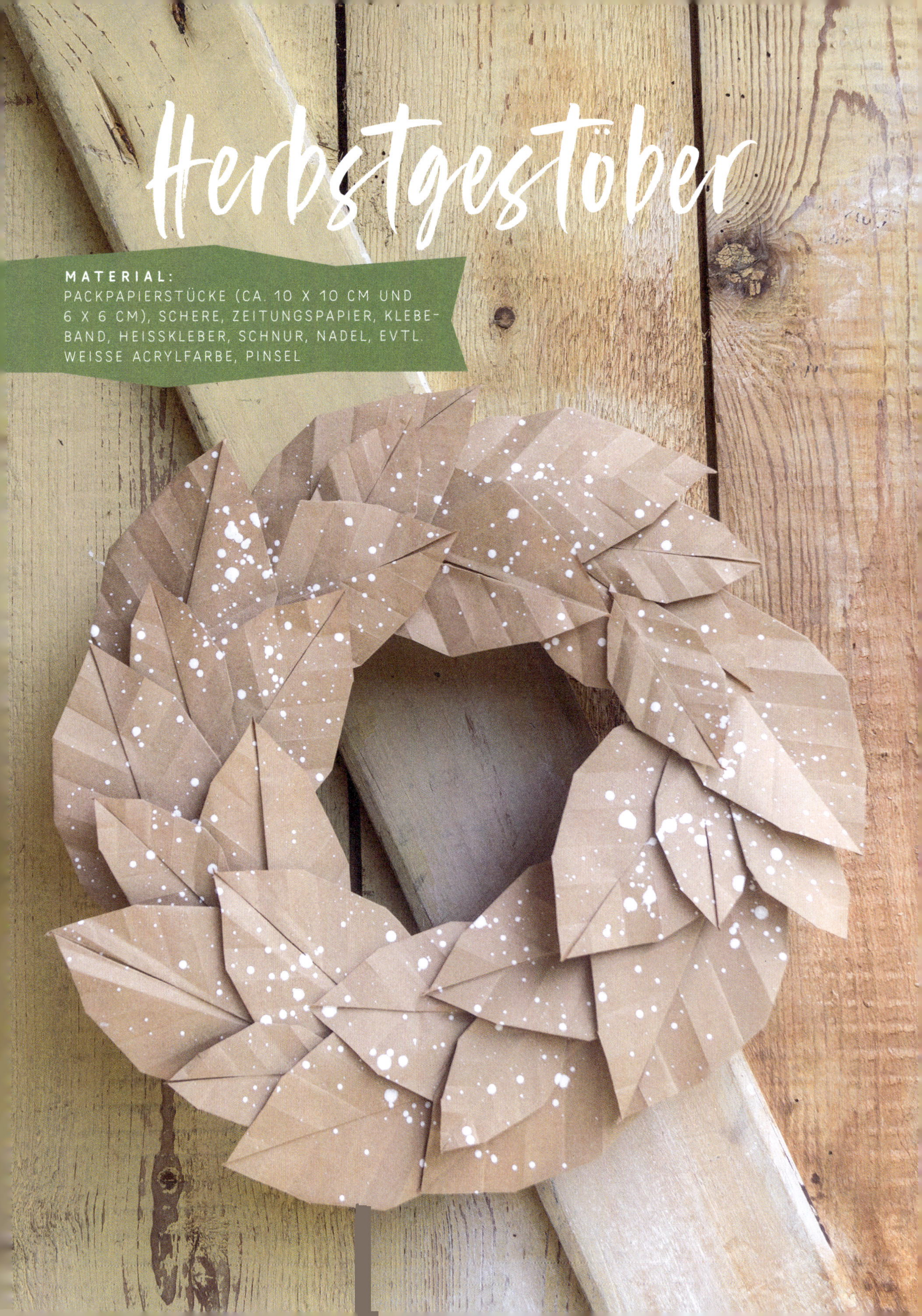

MIT DEM HERBST BEGINNT DIE GEMÜTLICHE ZEIT. ABER AUCH DAS SCHMUDDELWETTER. WER KEINE LUST HAT, VOR DIE TÜR ZU GEHEN, ABER TROTZDEM EIN BISSCHEN HERBSTDEKO MÖCHTE, KANN SICH SEIN GANZ EIGENES LAUB FÜR EINEN HERBSTKRANZ BASTELN.

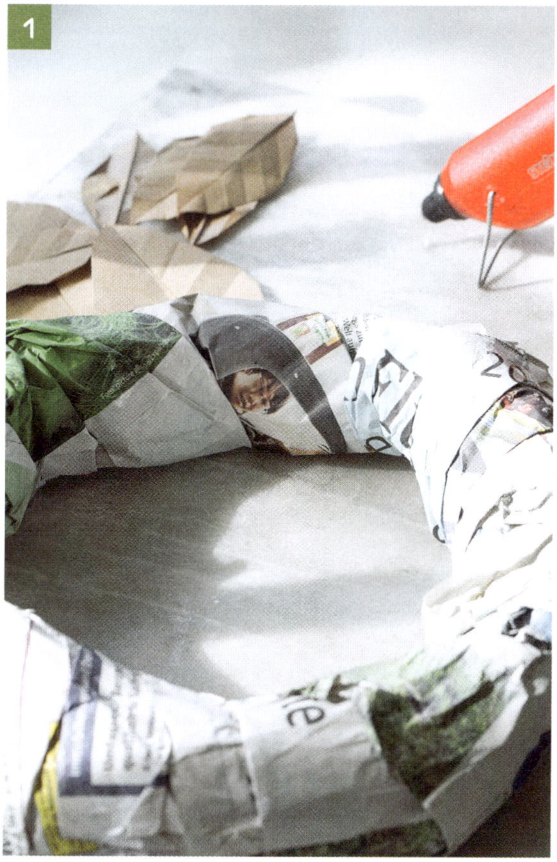

1

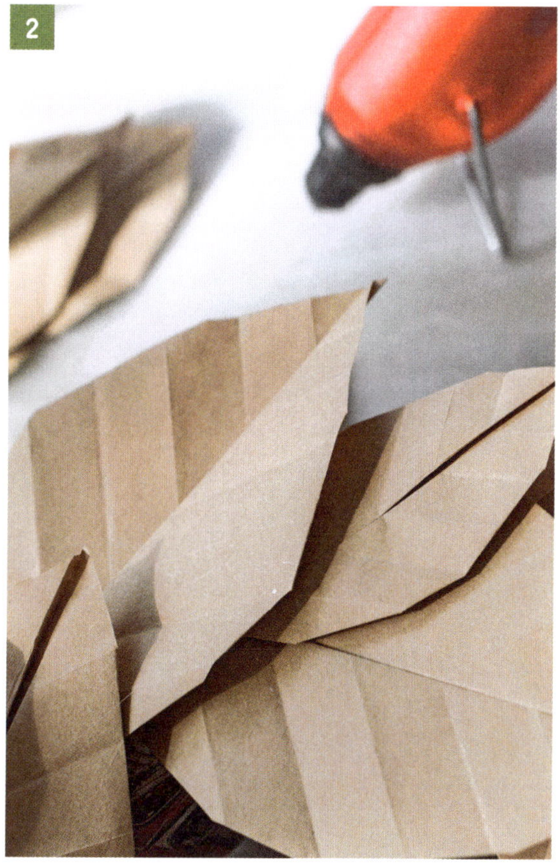

2

1. Für diesen Herbstkranz muss man zunächst erst einmal viele Blätter falten (die Anleitung befindet sich auf der nächsten Seite).
Hat man keine Grundform, die man bestücken kann, z. B. Strohkranz oder einen Kreis aus Styropor, kann man sich auch einen Kranz aus Zeitungspapier selber basteln.

Dafür die Zeitungsseiten zusammendrehen und immer wieder neue Seiten drum herumwickeln. Anschließend mit Klebeband fixieren.

Für die spätere Aufhängung sollte man hier bereits mit einer Nadel eine entsprechend lange Schnur durch das Papier fädeln.

2. Die Blätter (hier 2 verschiedene Größen) kann man anschließend mit der Heißklebepistole auf dem Papierkranz befestigen.
Sind genügend Blätter angebracht, kann man sie mit einem Pinsel und etwas weißer Acrylfarbe besprenkeln. So wirkt es noch ein wenig lebendiger.

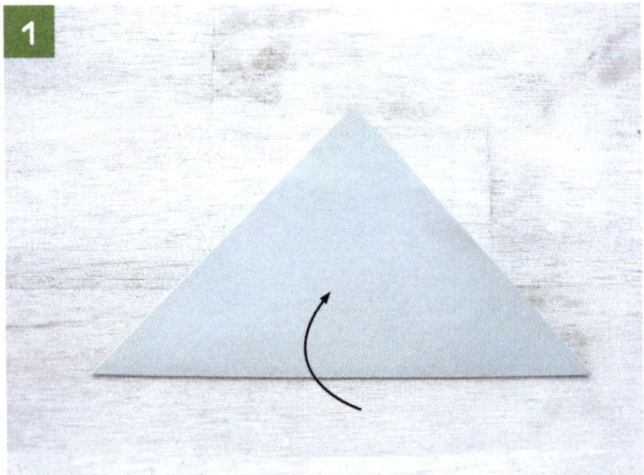

1. Zunächst faltet man den Bogen Papier einmal nach oben zur Spitze.

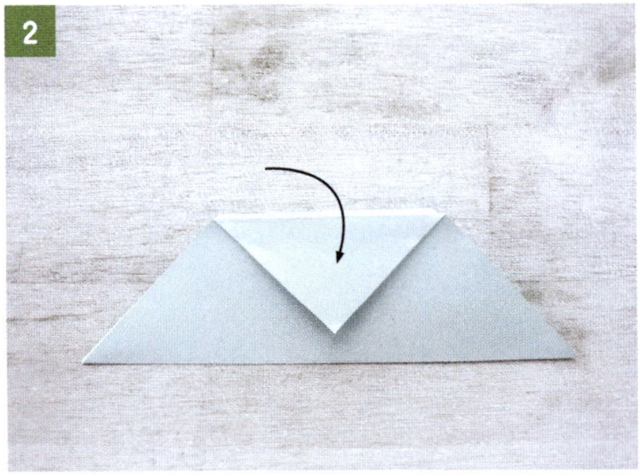

2. Dann die obere Spitze vorne und hinten ca. zwei Drittel nach unten falten.

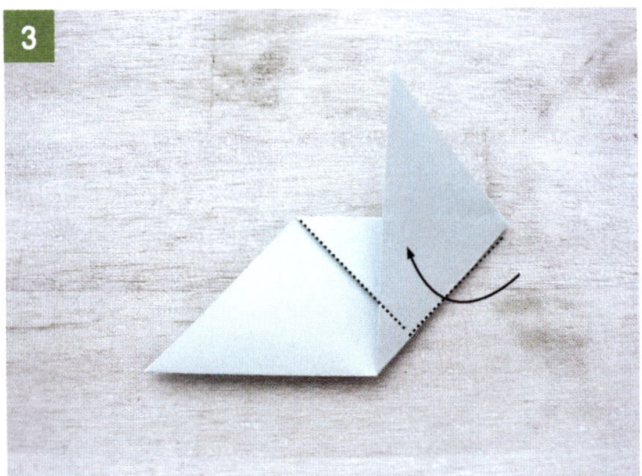

3. Dann faltet man die rechte Seite nach links, und zwar genau an die Kante des kleinen heruntergefalteten Dreiecks.

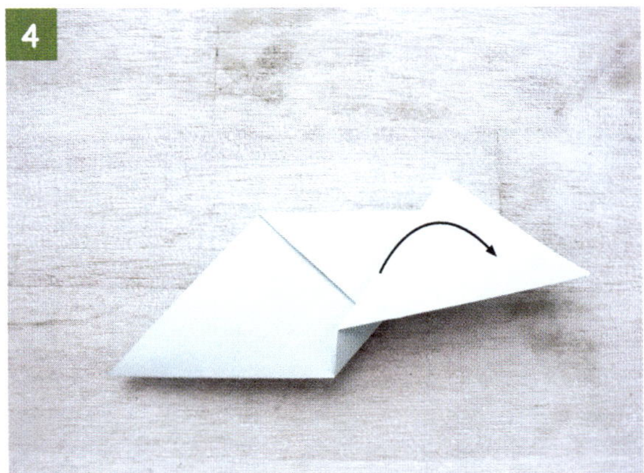

4. Anschließend die Seite im Ziehharmonikafalz wieder zurück nach rechts.

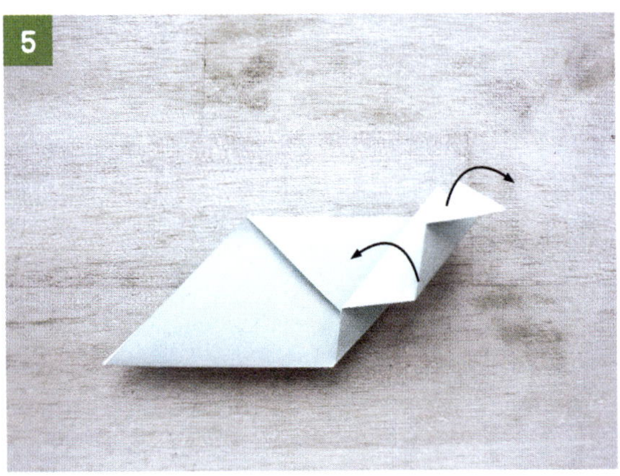

5. Dann wieder nach links und die restliche kleine Spitze zurück nach rechts.

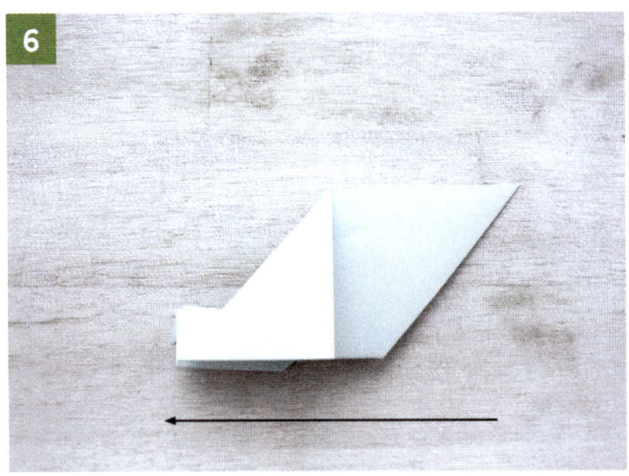

6. Dann das Objekt zur linken Seite wenden und leicht drehen. Dann sollte es so liegen wie in der Abb. oben.

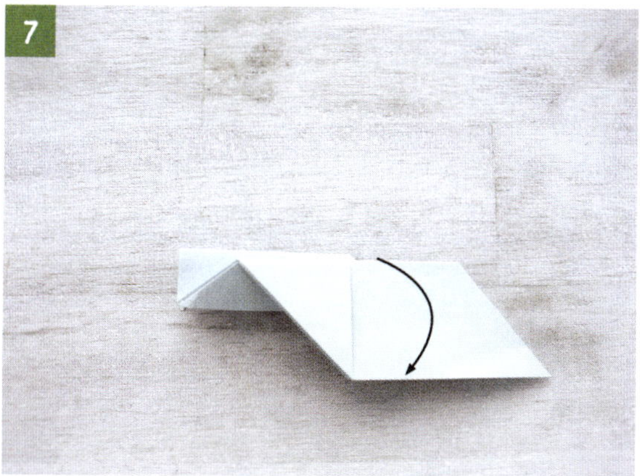

7. Nun faltet man den oberen Teil nach unten.

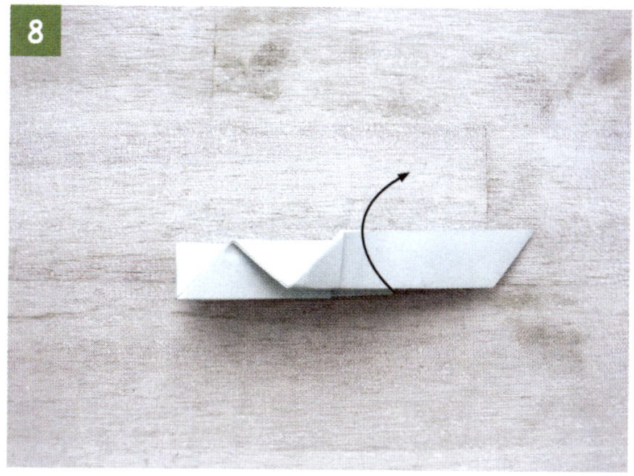

8. Anschließend gleich wieder nach oben. Sollte hier ein Stück überstehen, einfach wieder nach unten falten.

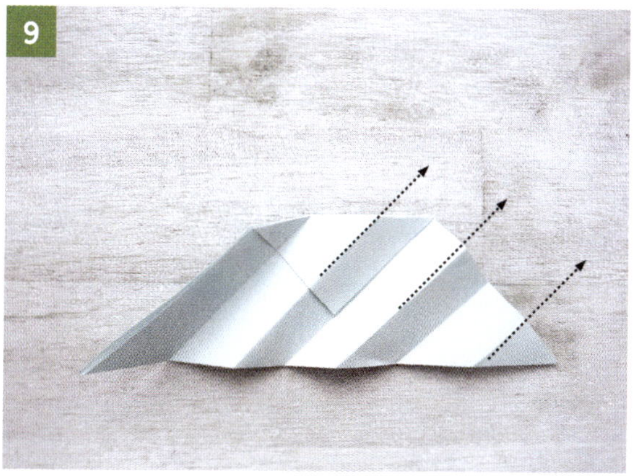

9. Jetzt kann man das ganze Objekt auseinanderfalten. Dabei sollten die Falten nach rechts oben zeigen.

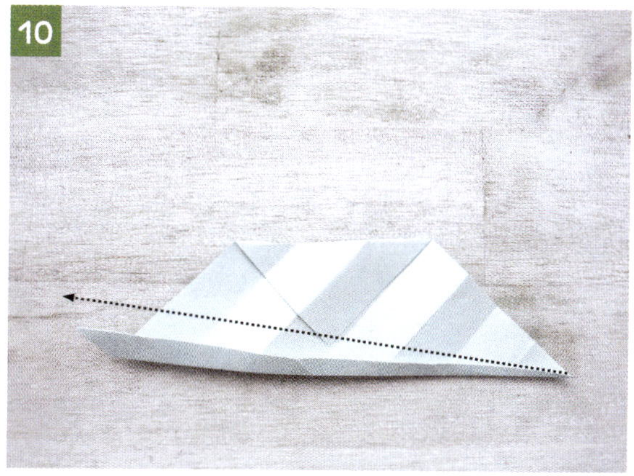

10. Die untere Kante nach oben falten, sodass sie rechts ganz knapp ausläuft.

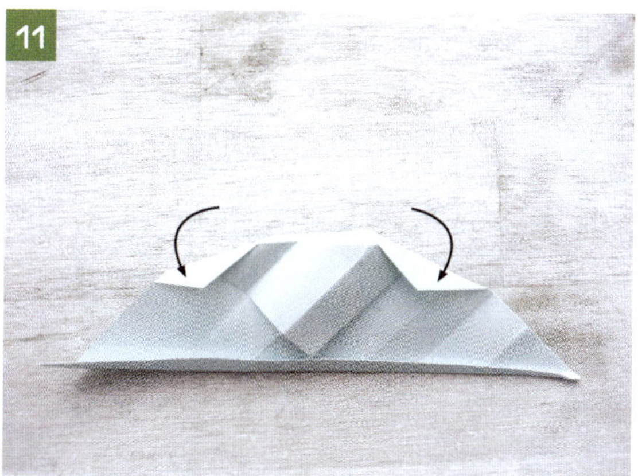

11. Nun muss man nur noch die kleinen Ecken oben auf beiden Seiten vorne und hinten einknicken.

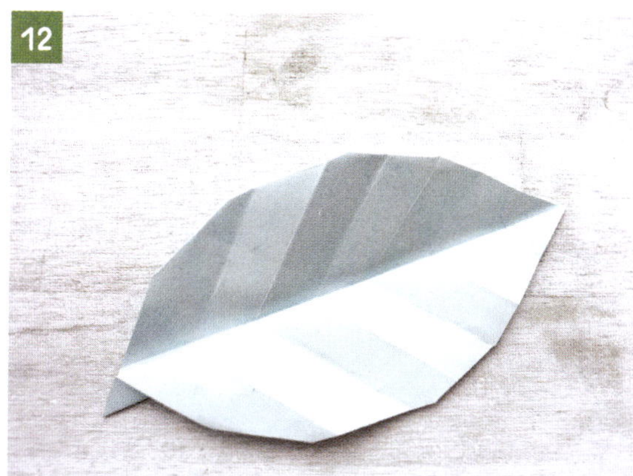

12. Anschließend kann man auch schon das Herbstblatt auseinanderfalten.

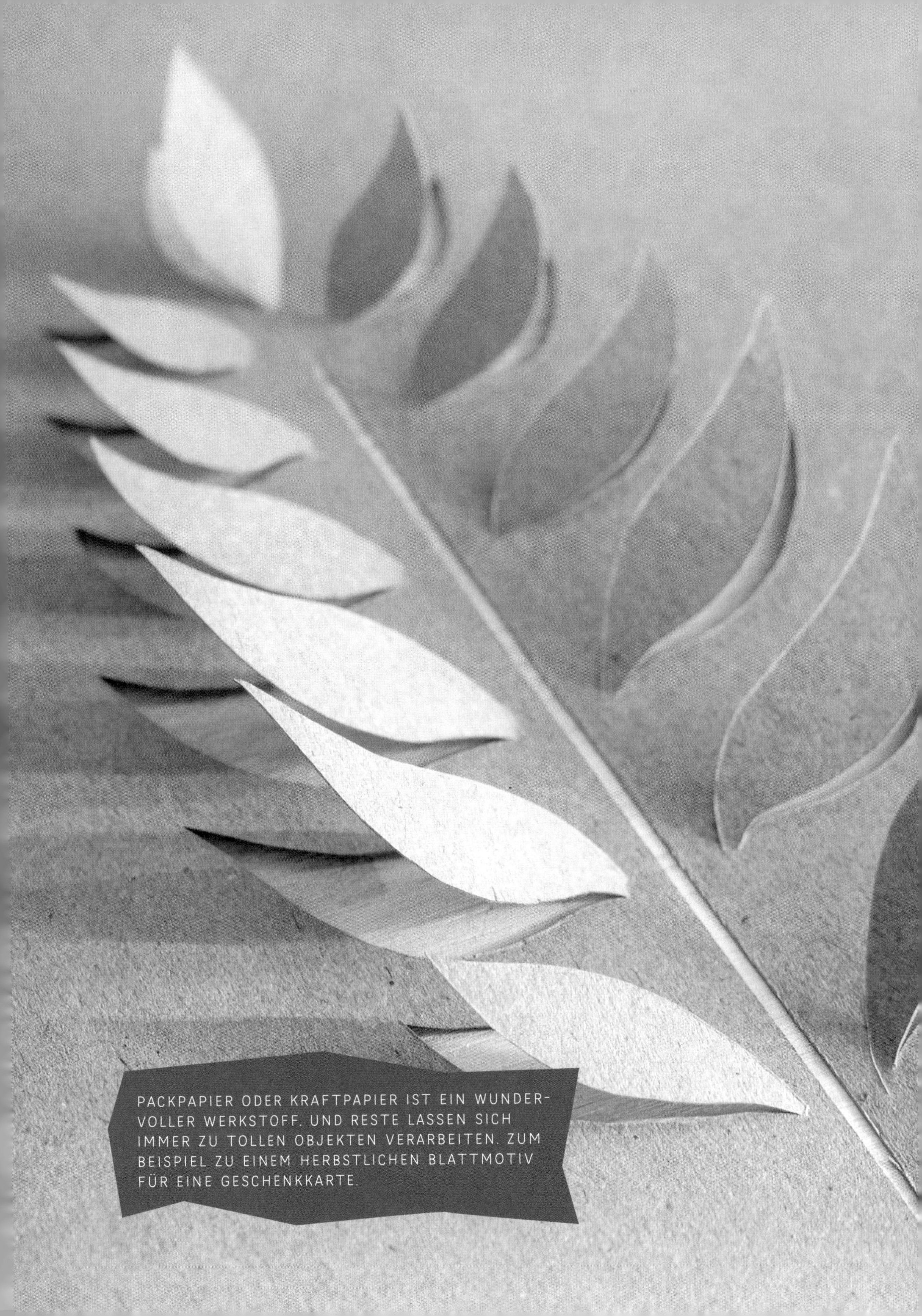

PACKPAPIER ODER KRAFTPAPIER IST EIN WUNDERVOLLER WERKSTOFF. UND RESTE LASSEN SICH IMMER ZU TOLLEN OBJEKTEN VERARBEITEN. ZUM BEISPIEL ZU EINEM HERBSTLICHEN BLATTMOTIV FÜR EINE GESCHENKKARTE.

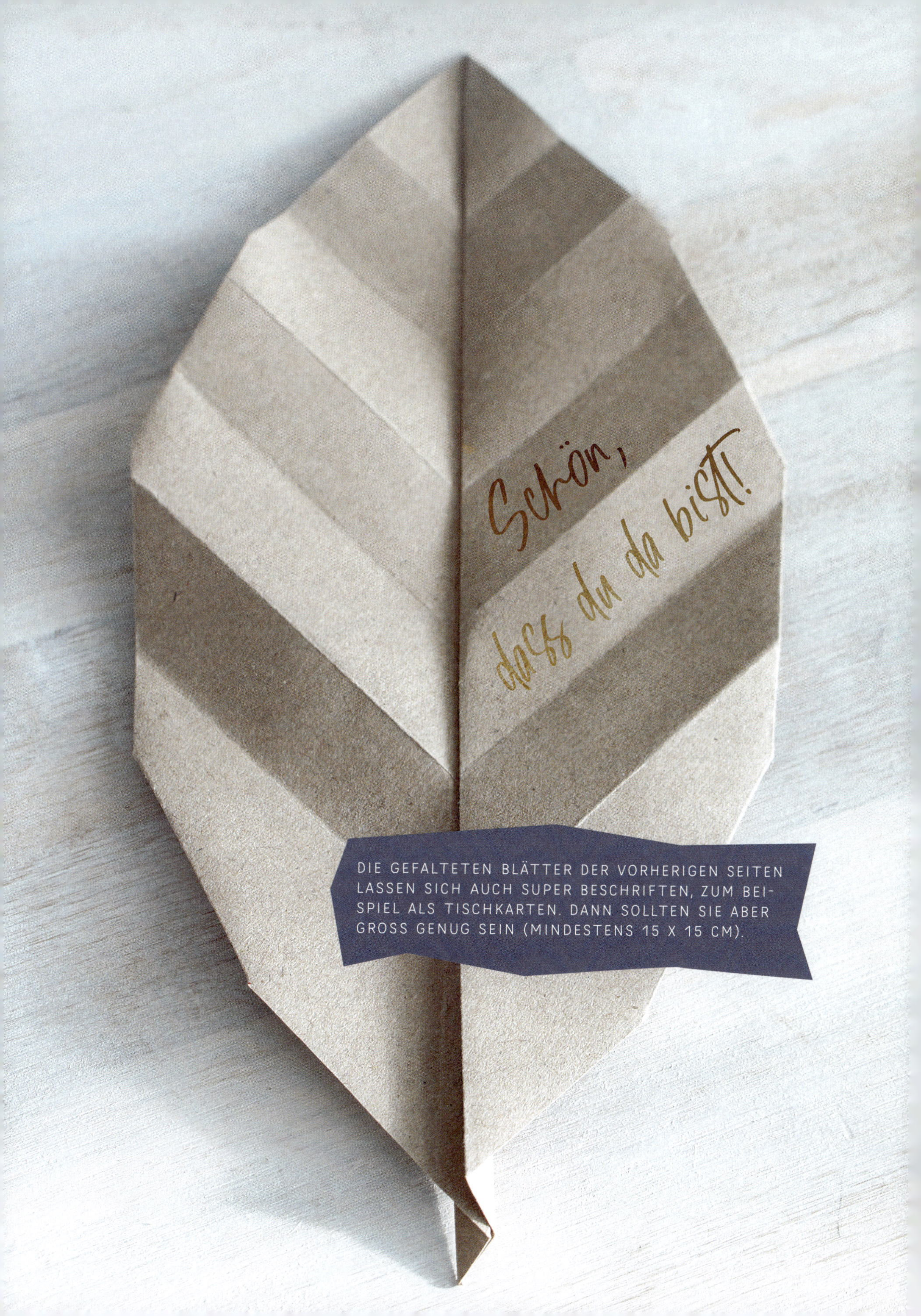

DIE GEFALTETEN BLÄTTER DER VORHERIGEN SEITEN LASSEN SICH AUCH SUPER BESCHRIFTEN, ZUM BEISPIEL ALS TISCHKARTEN. DANN SOLLTEN SIE ABER GROSS GENUG SEIN (MINDESTENS 15 X 15 CM).

Pfeffer und Salz

MATERIAL:
QUADRATISCHER BOGEN PAPIER, LINEAL, CUTTER, EVTL. DRUCKER

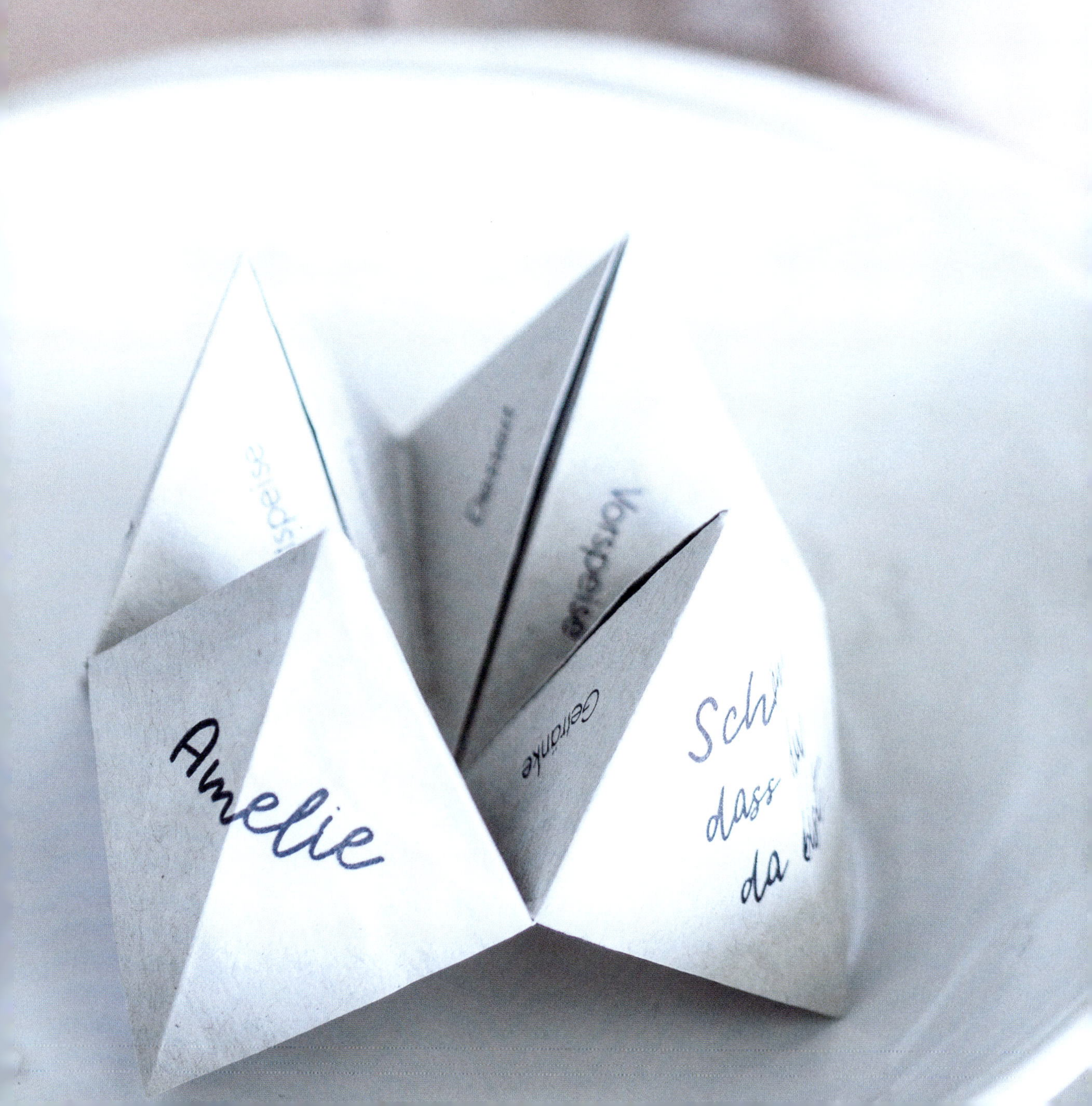

HIMMEL UND HÖLLE ODER PFEFFER UND SALZ KANNTE MAN BISHER NUR ALS KINDERSPIEL. ABER ALS INDIVIDUELLE EINLADUNG, ALS TISCH- ODER MENÜKARTE? DAS IST DOCH MAL WAS ANDERES. AUF JEDEN FALL EIN HINGUCKER AUF DEM TISCH, SOGAR AUS ALTEM VERKLECKSTEM PACKPAPIER.

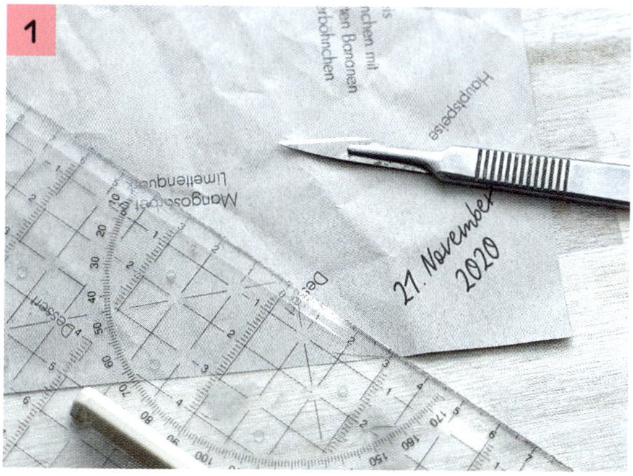

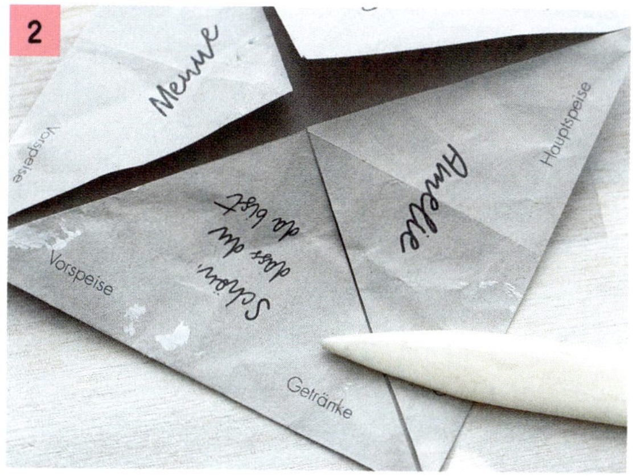

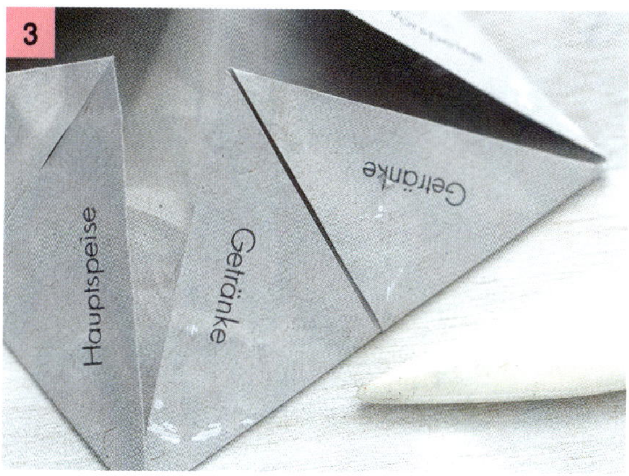

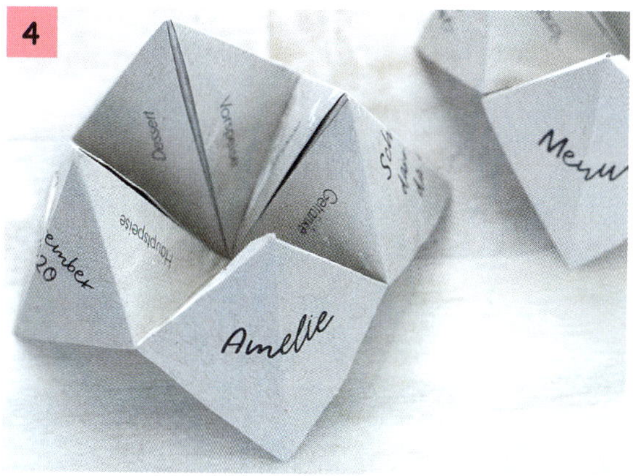

1. Für diese Menükarten benötigt man z. B. ein altes Stück Packpapier. Es können auch ruhig ein paar Farbkleckse darauf sein.

Wer die Karten nicht per Hand beschriften möchte, kann sich die Vorlage auf Seite 120 zu Hilfe nehmen und sich mit entsprechenden Einträgen sein ganz eigenes Menü gestalten. Die Vorlage dann einfach auf das Papier kopieren und anschließend ausschneiden.

2.–4. Entsprechend der Anleitung auf der nächsten Seite faltet man dann die Menükarte zusammen.

Am besten bastelt man für jeden Gast ein eigenes kleines Menüspiel mit seinem Namen.

ANLEITUNG FÜR PFEFFER UND SALZ

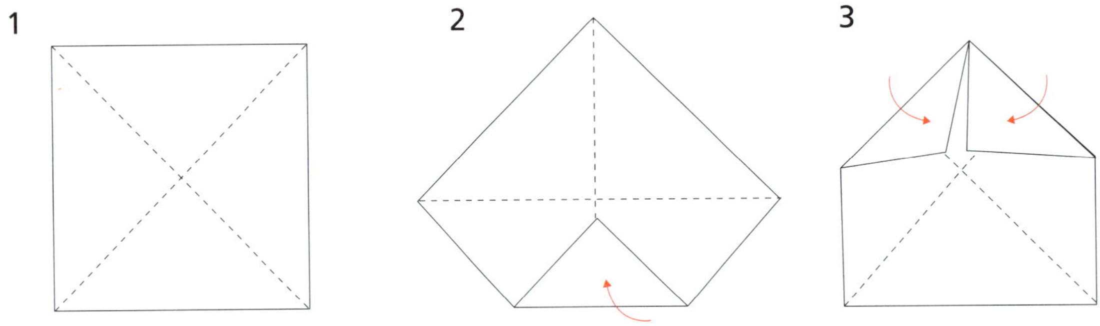

1. Den quadratischen Bogen zunächst jeweils zu den Spitzen falten. Und wieder öffnen.
2.–5. Dann alle 4 Ecken zur Mitte falten. Anschließend wenden.

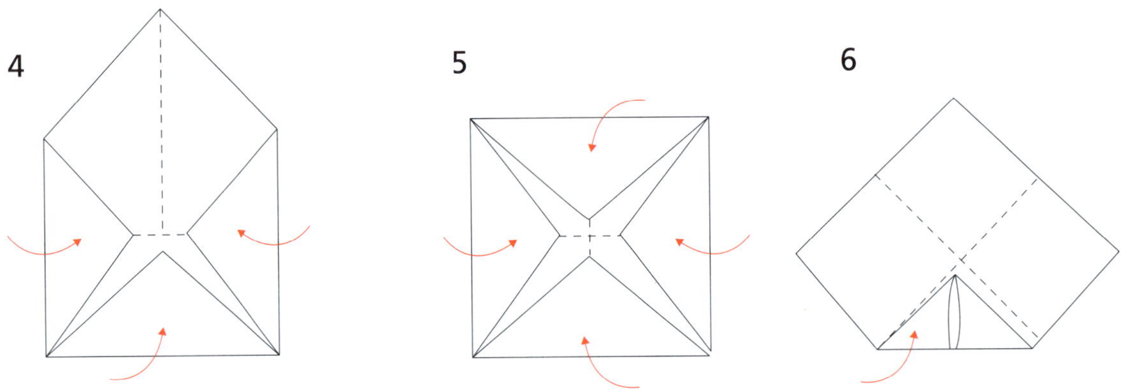

6.–8. Nun noch einmal alle 4 Ecken zur Mitte falten. Anschließend die untere Seite einmal oben und einmal nach rechts falten und umdrehen.

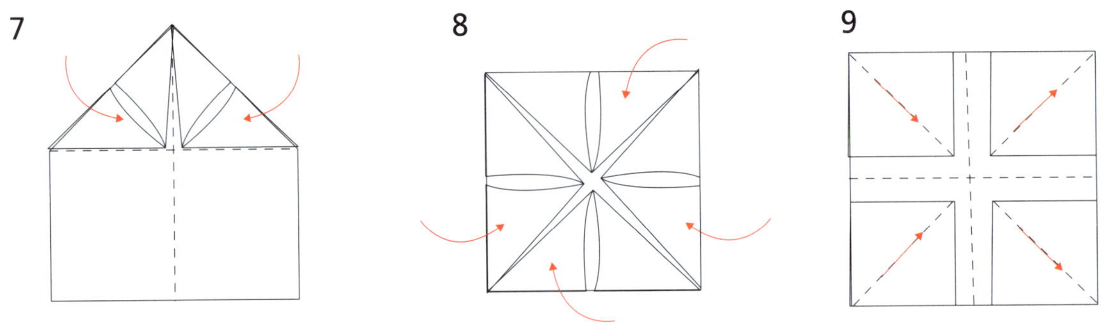

9. Auf dieser Seite sind kleine Taschen entstanden, in die man nun die Finger schiebt und das Ganze in Form bringt.

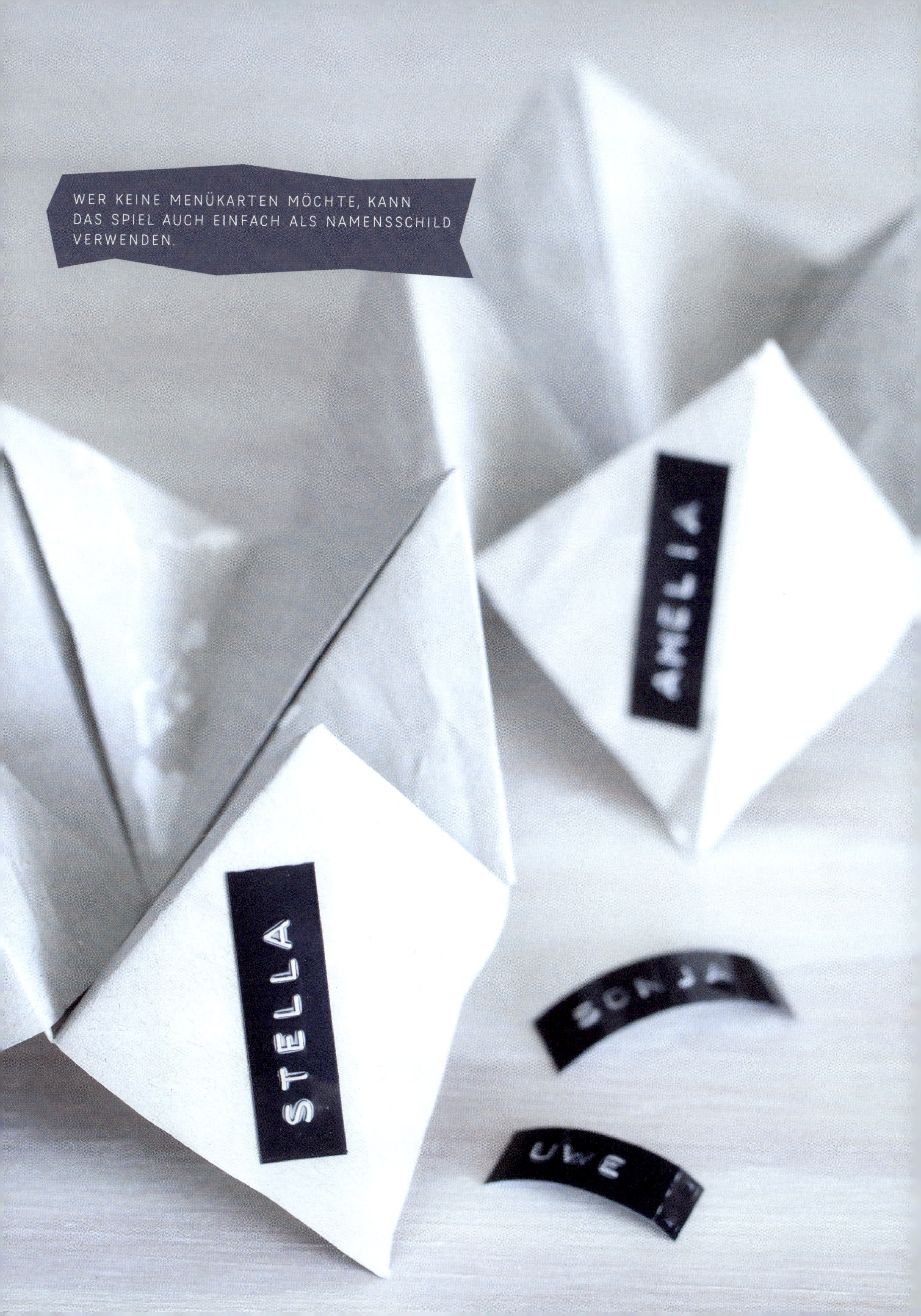

WER KEINE MENÜKARTEN MÖCHTE, KANN DAS SPIEL AUCH EINFACH ALS NAMENSSCHILD VERWENDEN.

Leichtgewichte

MATERIAL:
FARBIGE MAGAZINSEITEN, BÜCHER ODER PROSPEKTE, LOCHSTANZE, KLEBER, NADEL, SCHNUR, HOLZPERLEN, EVTL. GLITZERLACK

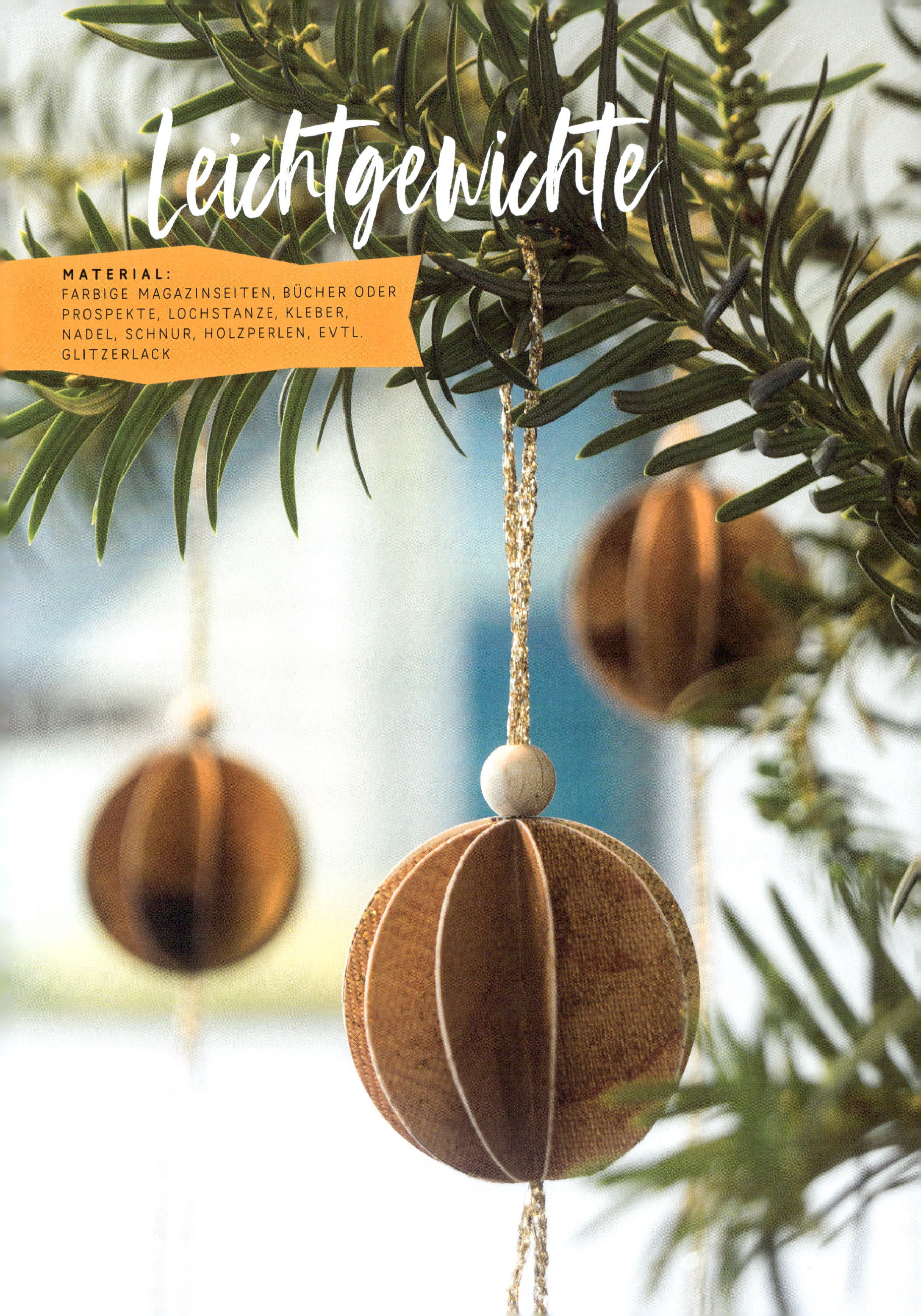

WEIHNACHTEN KOMMT BEKANNTERMASSEN IMMER SCHNELLER, ALS MAN DENKT. UND WENN MAN NICHT JEDEN TREND MITMACHEN MÖCHTE, KANN MAN SICH DIE WEIHNACHTSKUGELN AUCH EINMAL SELBER BASTELN. DIESE LEICHTEN KUGELN SIND GANZ SCHNELL GEMACHT.

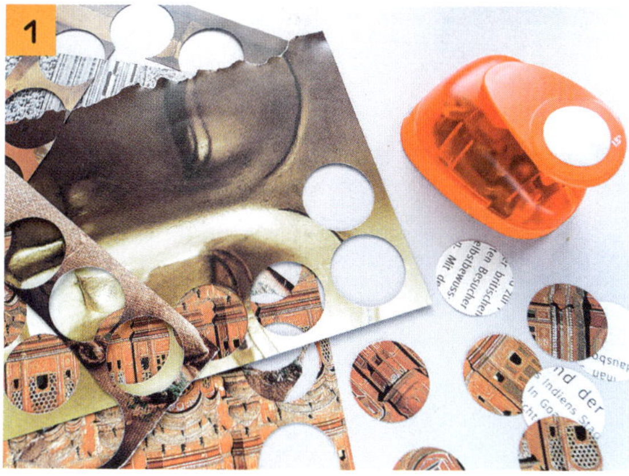

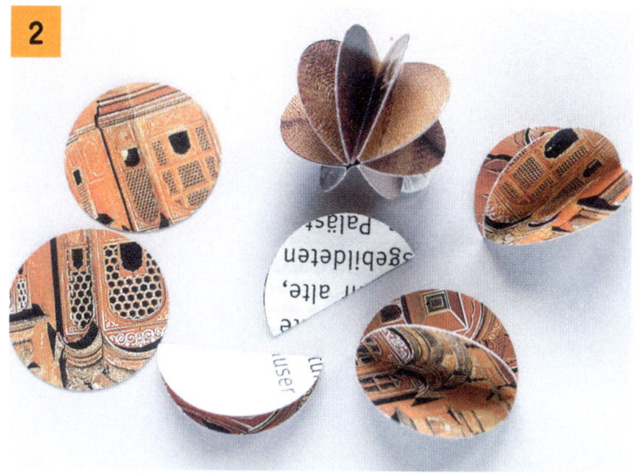

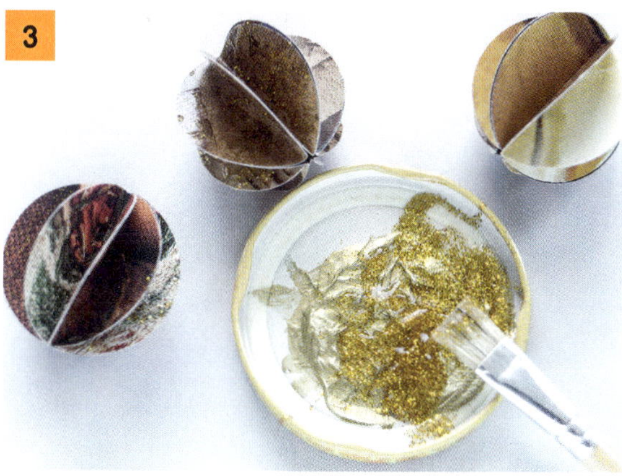

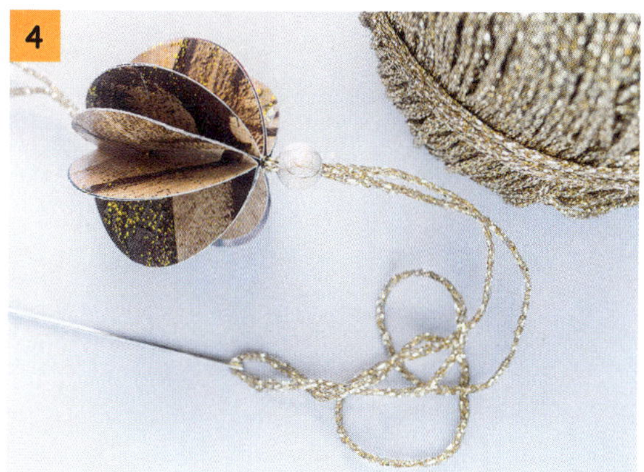

1. Vorlagen suchen aus alten Magazinen, Büchern oder Prospekten. Die Kreise am besten mit einer Lochstanze ausstanzen, dann werden die Kugeln gleichmäßiger. (Aber natürlich geht's auch mit Zirkel und Schere.) Pro Kugel benötigt man acht Kreise.

2. Dann faltet man die Kreise einmal in der Mitte zu Halbkreisen und klebt die einzelnen halben Flächen zusammen.

3. Nachdem der Kleber trocken ist, kann man noch ein wenig Glitzerlack auf den Innenseiten aufbringen.

4. Am Schluss fädelt man mit einer Nadel noch eine Schnur hindurch und schließt das Ganze mit einer kleinen Holzkugel ab. Das lange Ende der Schnur gut verknoten.

A Tännchen please

MATERIAL:
QUADRATISCHE MAGAZINSEITEN ODER PACKPAPIER (UNTERSCHIEDLICHE GRÖSSEN), SCHERE

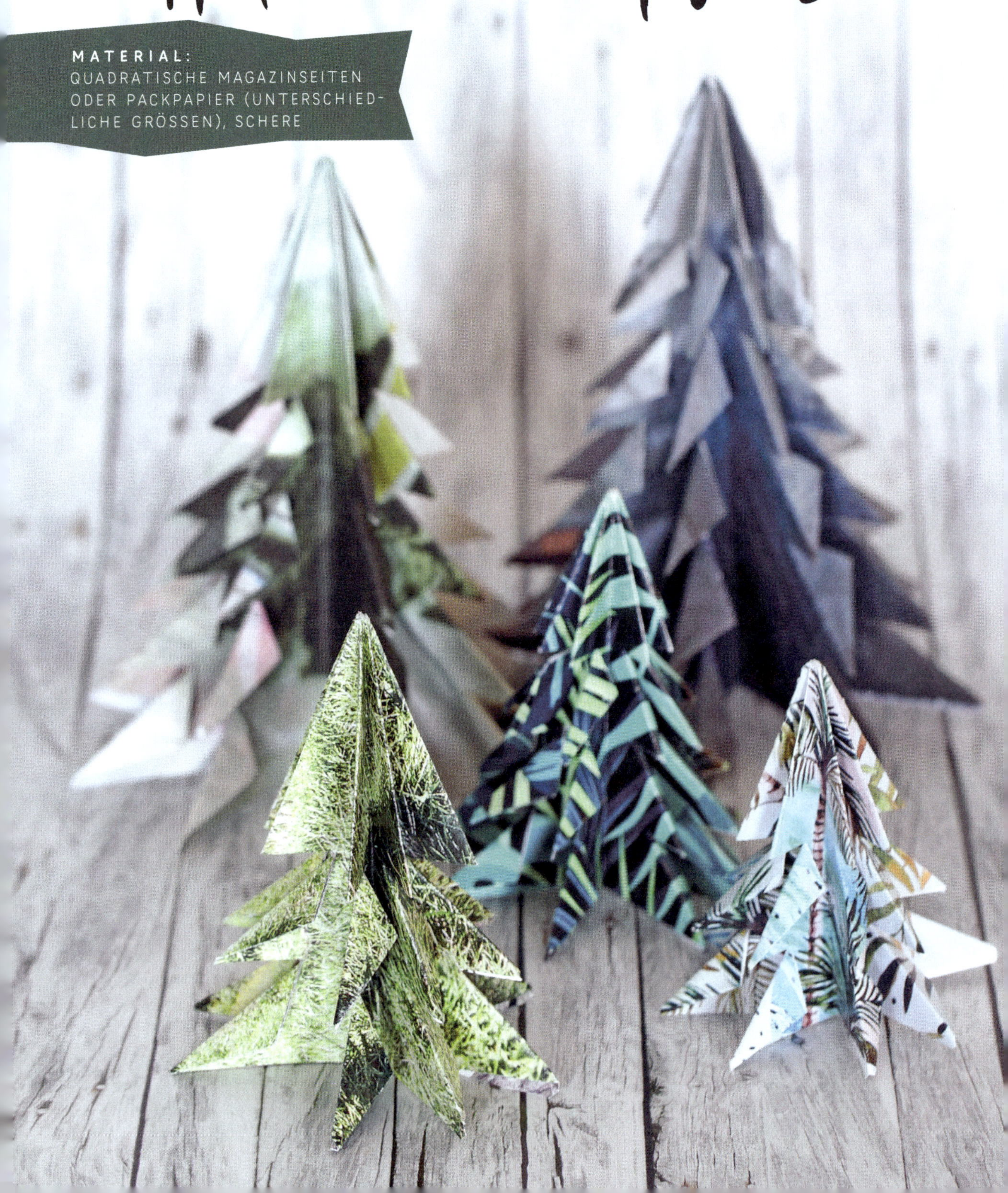

MEIN ABSOLUTER LIEBLING UNTER DEN SELBSTGEBASTELTEN TANNENBÄUMEN. DAVON KANN MAN GAR NICHT GENUG HABEN. DIE SEHEN NICHT NUR MIT PACKPAPIER SCHICK AUS, SONDERN AUCH AUS BUCHSEITEN ODER MAGAZINSEITEN. AM BESTEN GLEICH EINEN GANZEN WEIHNACHTSWALD FALTEN.

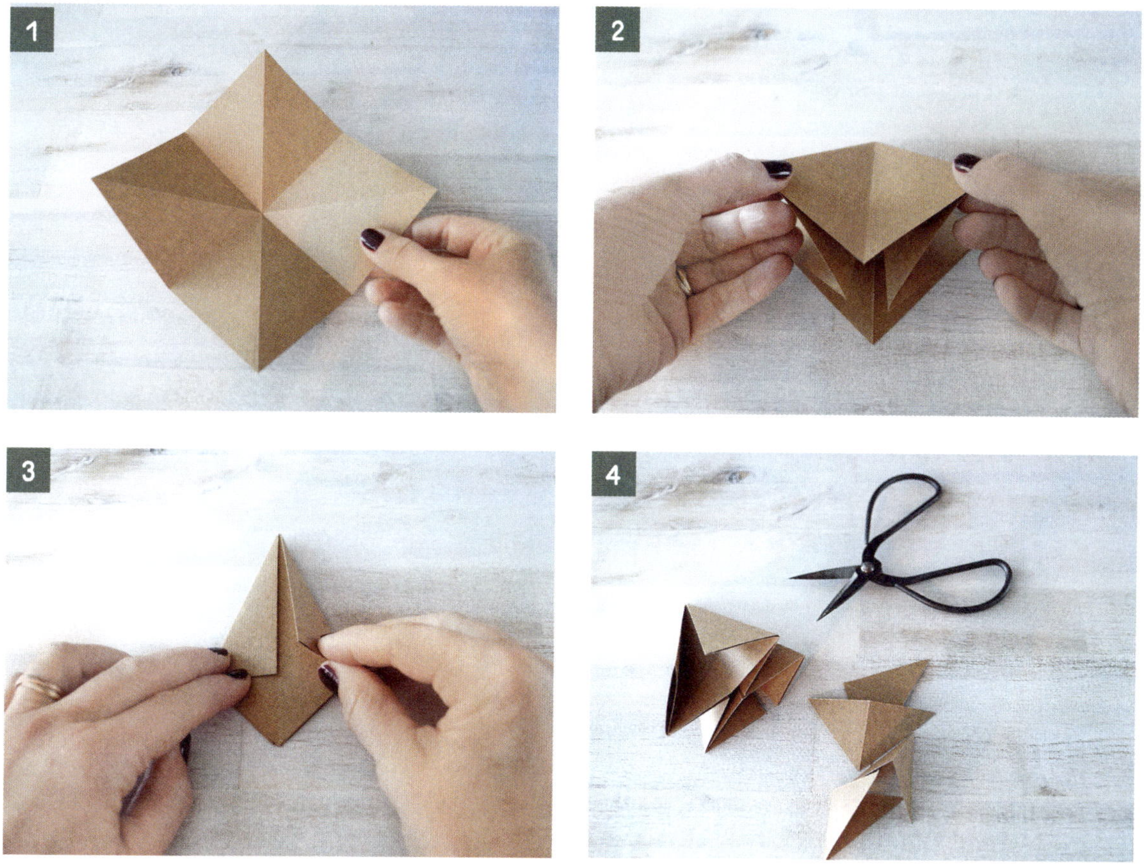

1. Zunächst faltet man jeweils die Spitzen des Bogens zueinander. Die Seite, die später außen sein soll, muss innen liegen. Auffalten und das Blatt wenden (wichtig!). Dann faltet man die geraden Seiten zueinander. Den Bogen abermals auffalten und mit der Spitze nach oben hinlegen.

2. Nun die Spitzen oben und unten nach unten zusammenfalten.

3. Danach faltet man zunächst auf der Vorderseite die linke und die rechte Seite zur Mitte, wendet das Ganze und wiederholt dies auf der Rückseite.

4. Anschließend den unteren Teil mit der Schere gerade abschneiden.

Fortsetzung auf der nächste Seite

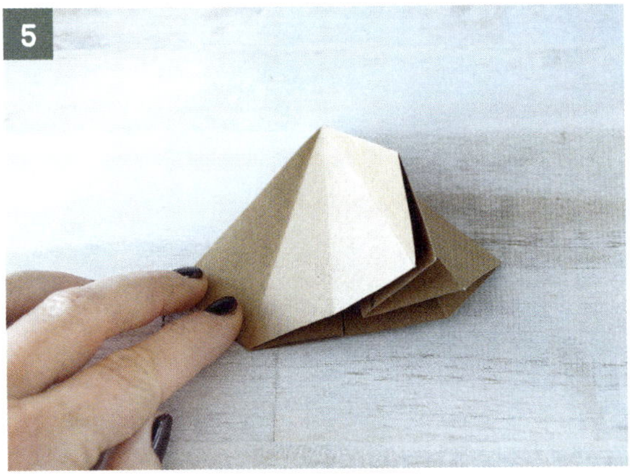

5. Nun alle 4 Flügel wieder auseinanderfalten.

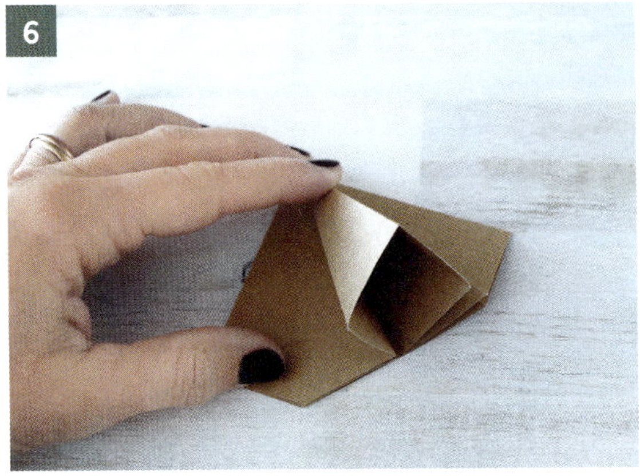

6. Dann öffnet man einen Flügel und drückt das neu entstandene Dreieck glatt.

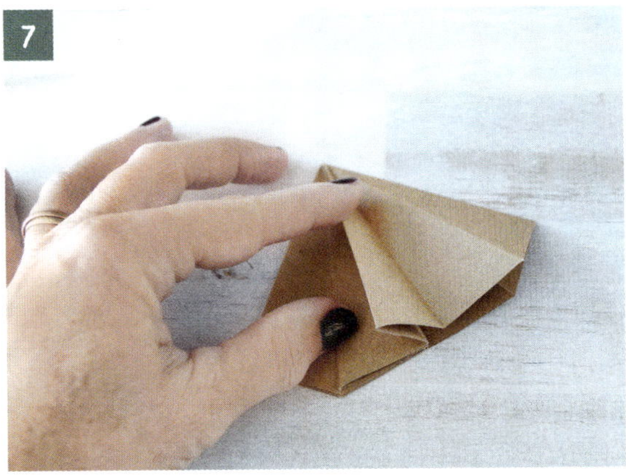

7. Anschließend faltet man den rechten Flügel des neuen Dreiecks nach links. Dann den zweiten Flügel öffnen und ebenfalls nach links falten. Das Objekt wenden und mit den restlichen 2 Flügeln gleich verfahren.

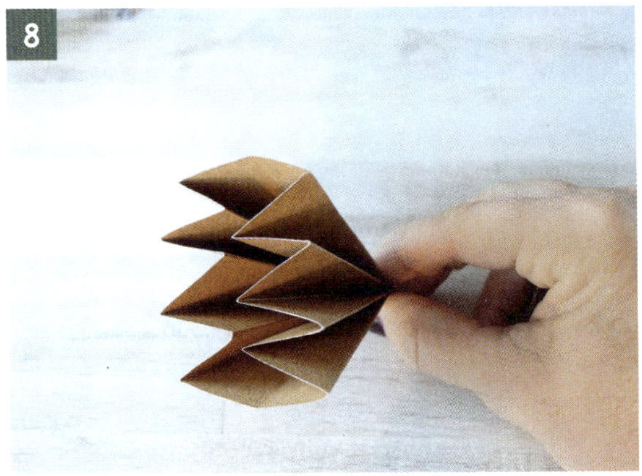

8. Wenn alles richtig gefaltet ist, sollte die kleine Form aussehen wie in der Abb. oben.

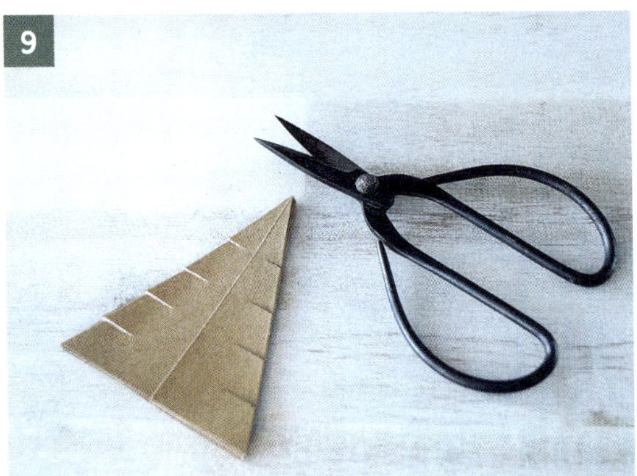

9. Dann drückt man die einzelnen Flügel fest zusammen und schneidet das Objekt auf beiden Seiten gleichmäßig mit der Schere ein.

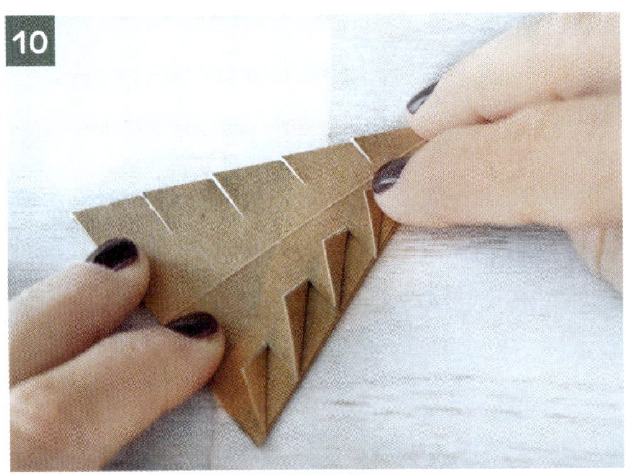

10. Danach werden die kleinen Ecken eine nach der anderen nach innen geknickt. Das Bäumchen auseinanderfalten und aufstellen.

ZUGEGEBEN, DIE SCHRITTE 5–7 SIND ETWAS KNIFFELIG. ABER WENN MAN DEN DREH MAL RAUSHAT, GEHT ES WIE VON SELBST.

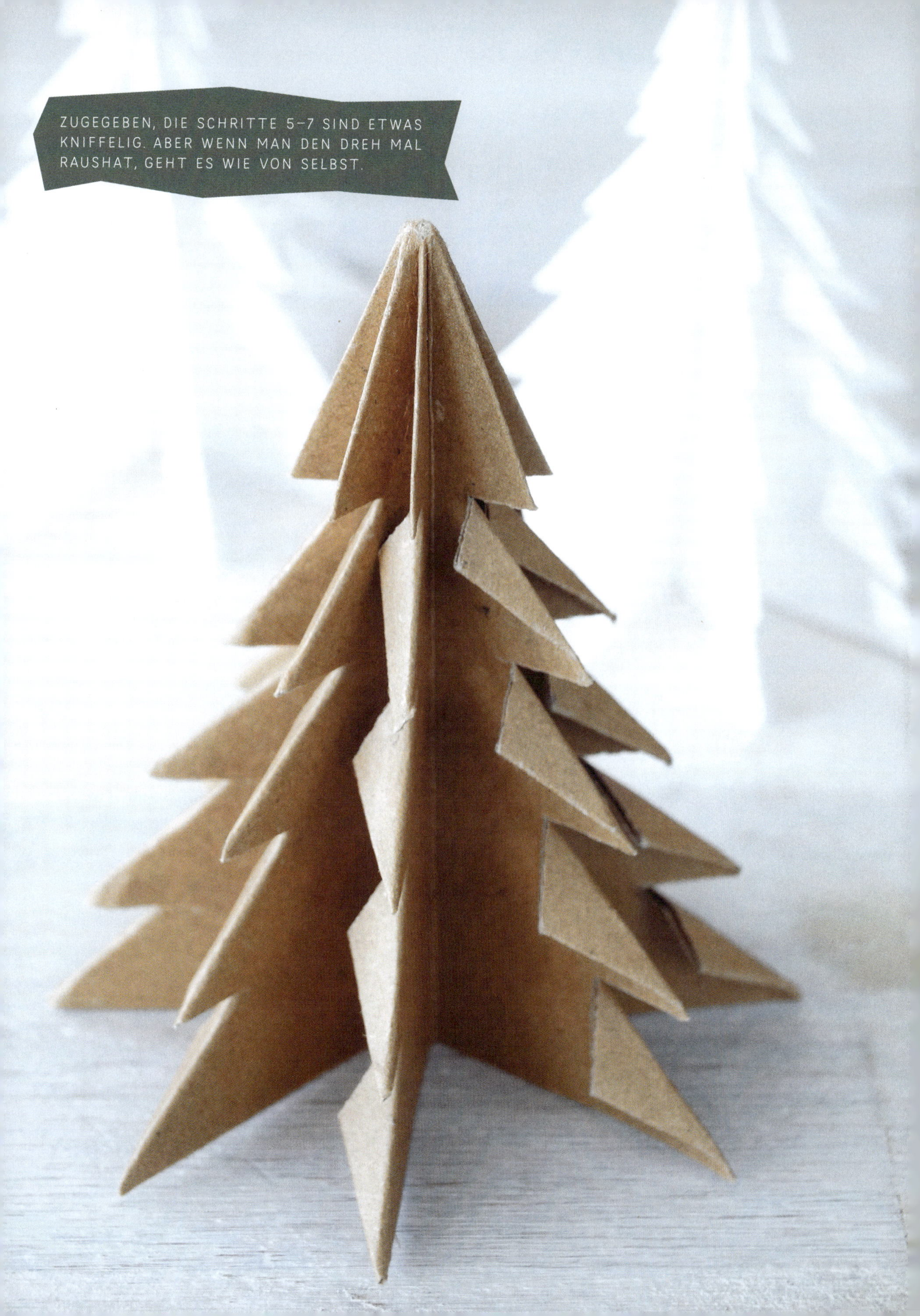

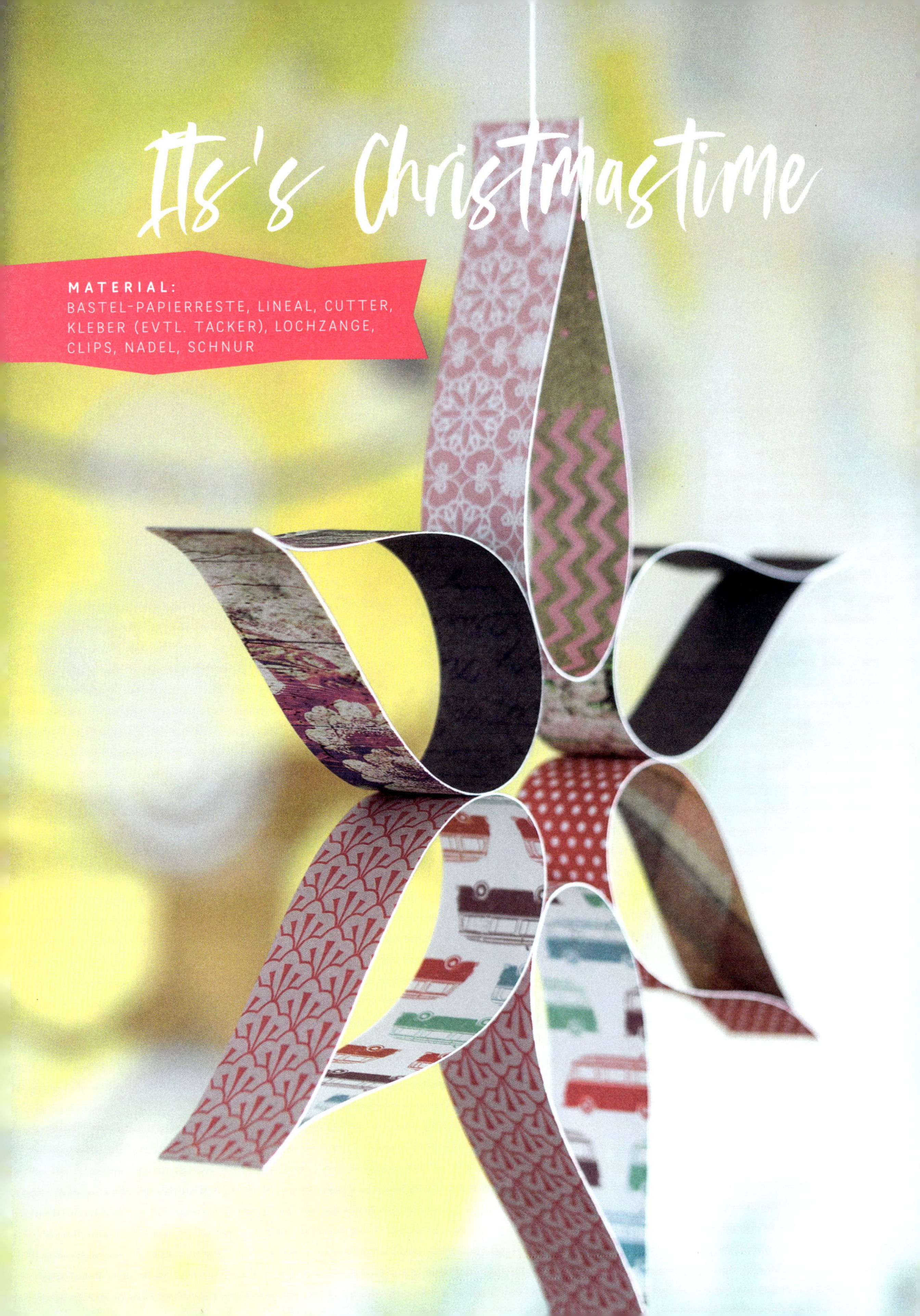

Its's Christmastime

MATERIAL:
BASTEL-PAPIERRESTE, LINEAL, CUTTER, KLEBER (EVTL. TACKER), LOCHZANGE, CLIPS, NADEL, SCHNUR

VOM BASTELN IN DER WEIHNACHTSZEIT BLEIBEN IMMER MAL PAPIERRESTE ÜBRIG, DIE SICH ABER IM NÄCHSTEN JAHR GUT WEITERVERWENDEN LASSEN. DIESEN STERN AUS STREIFEN KANN MAN IN JEDER GRÖSSE BASTELN, JE NACHDEM, WAS DIE RESTEKISTE HERGIBT.

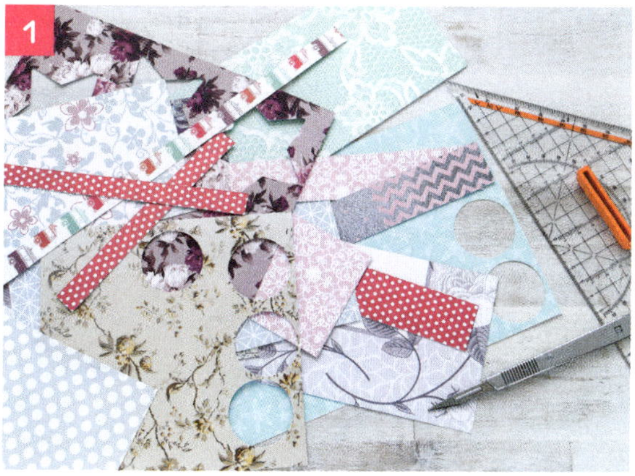

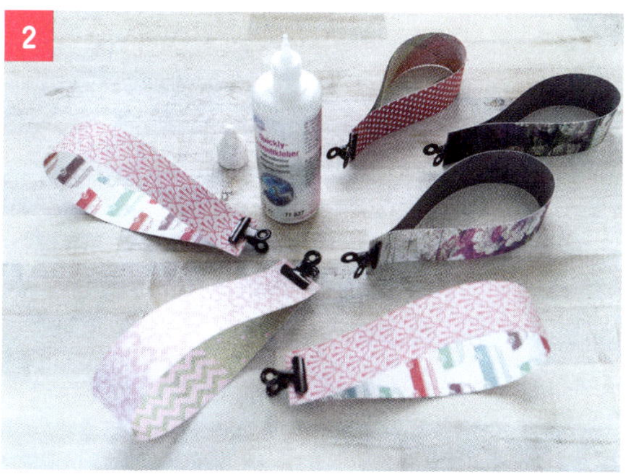

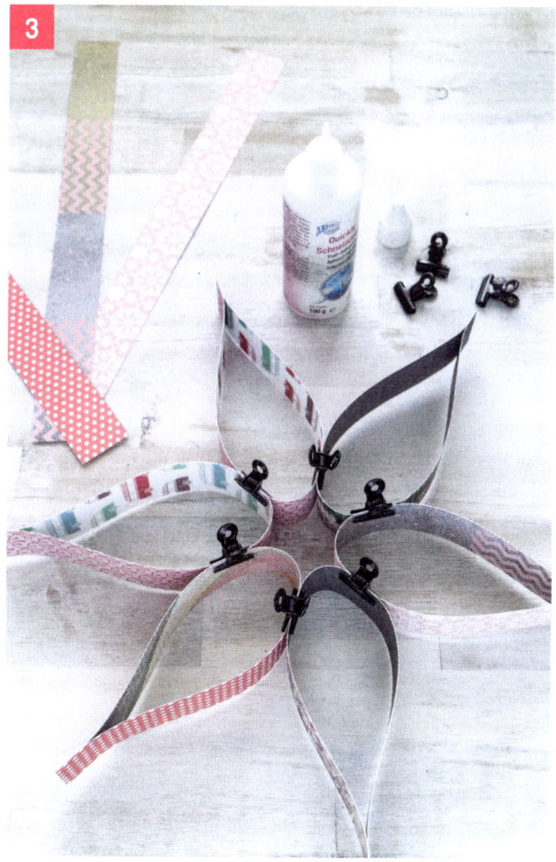

1. Erst mal sammeln, was alles an Resten so übrig ist, und vielleicht nach Größen sortieren. Für den Stern benötigt man 6 identisch große Streifen. Die können sehr schmal, aber auch breiter sein. Auch die Länge ist variabel. Ganz wie man seinen Stern mag.

2. Dann klebt man zunächst alle Streifen an einer Seite zusammen. Metallclips sind hier eine praktische Hilfe, bis der Kleber trocken ist.

3. Dann den Stern zusammenlegen und an den Berührungsflächen zusammenkleben. Auch hier kann man die Clips verwenden, um den Stern zunächst in Form zu bringen.
Nachdem der Kleber trocken ist, einfach wieder entfernen.

Mit einer Lochzange oder einer dicken Nadel noch eine Schnur an einem Ende anbringen. Schon ist ein erster Stern fertig.

Alternativ zum Kleben kann man die Papierstreifen auch zusammentackern.

Pfeffer und Salz Beschriftungsvorlage

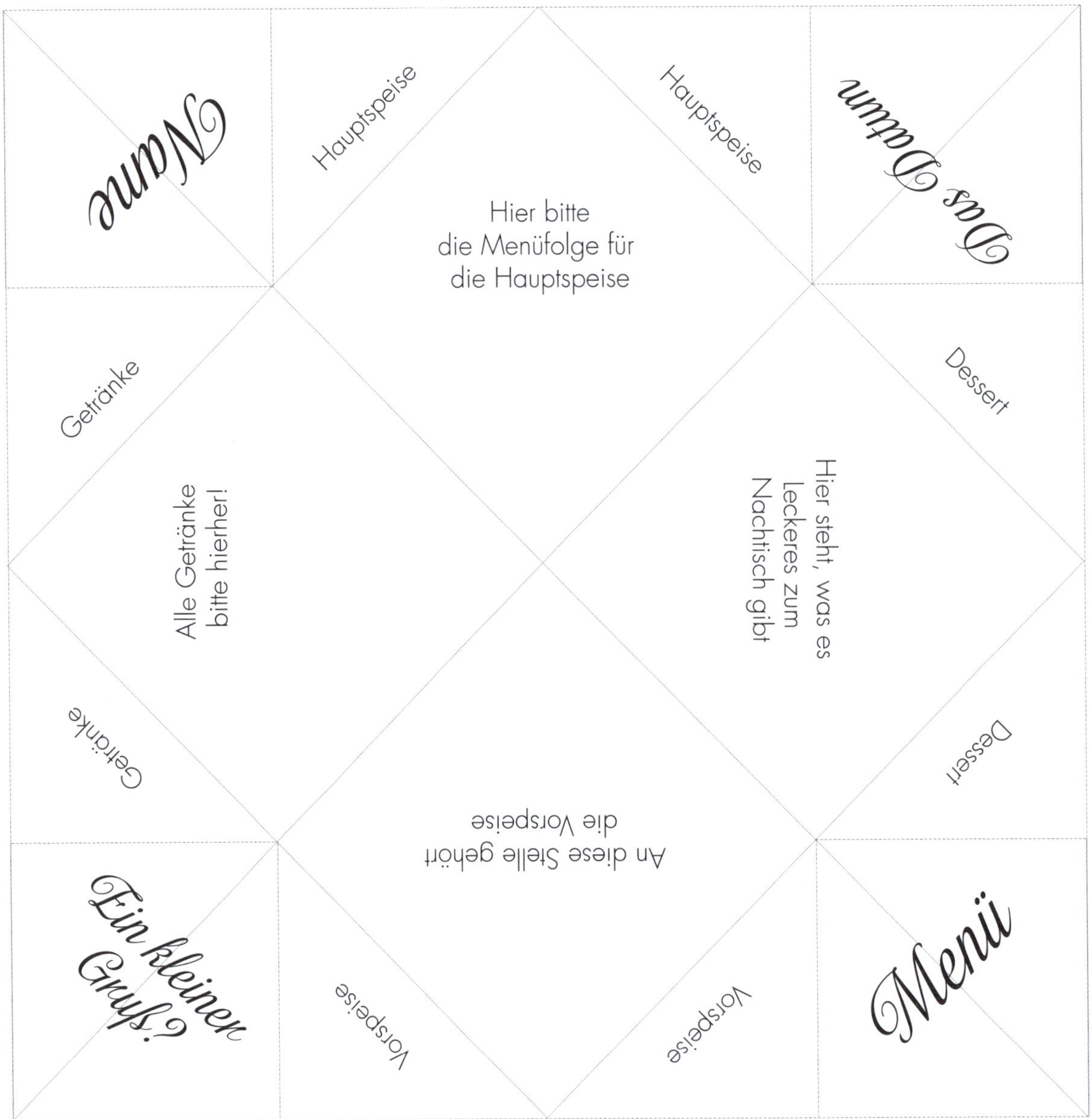

Piktogramme

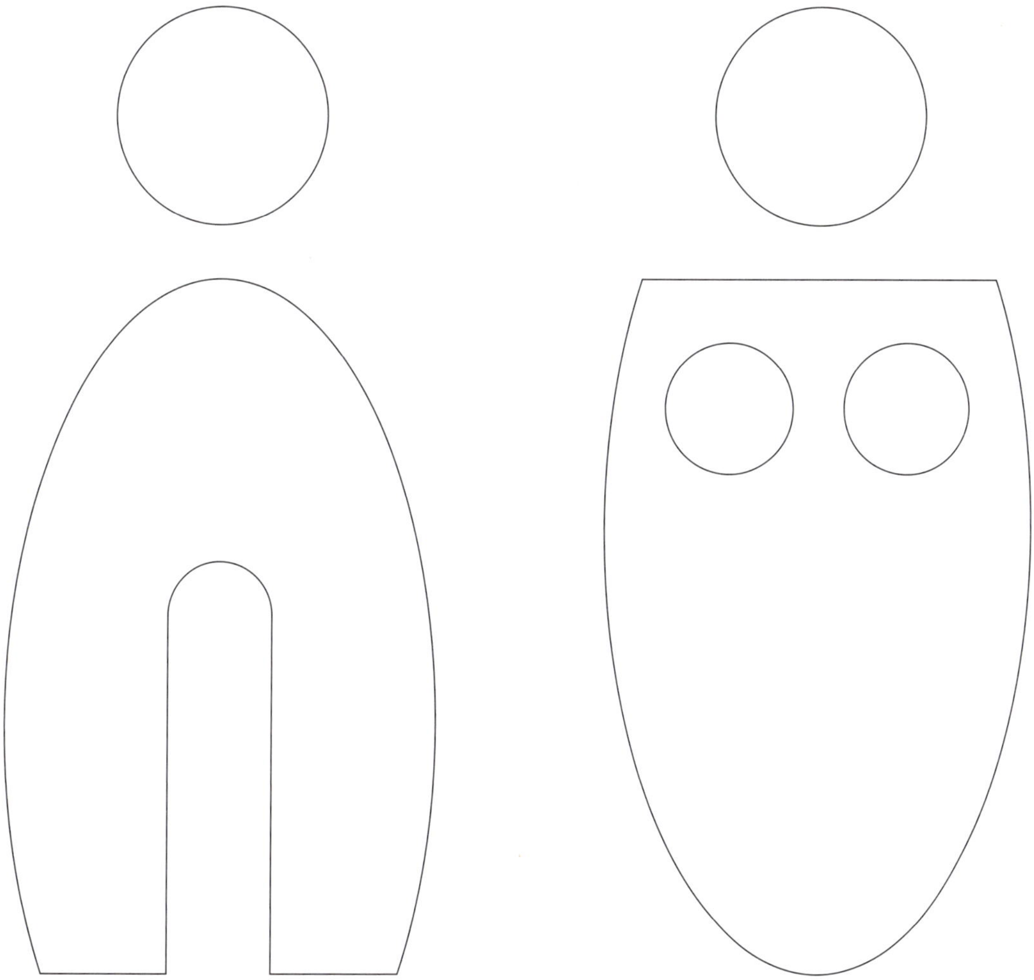

Rahmen

Rahmen

Untiere

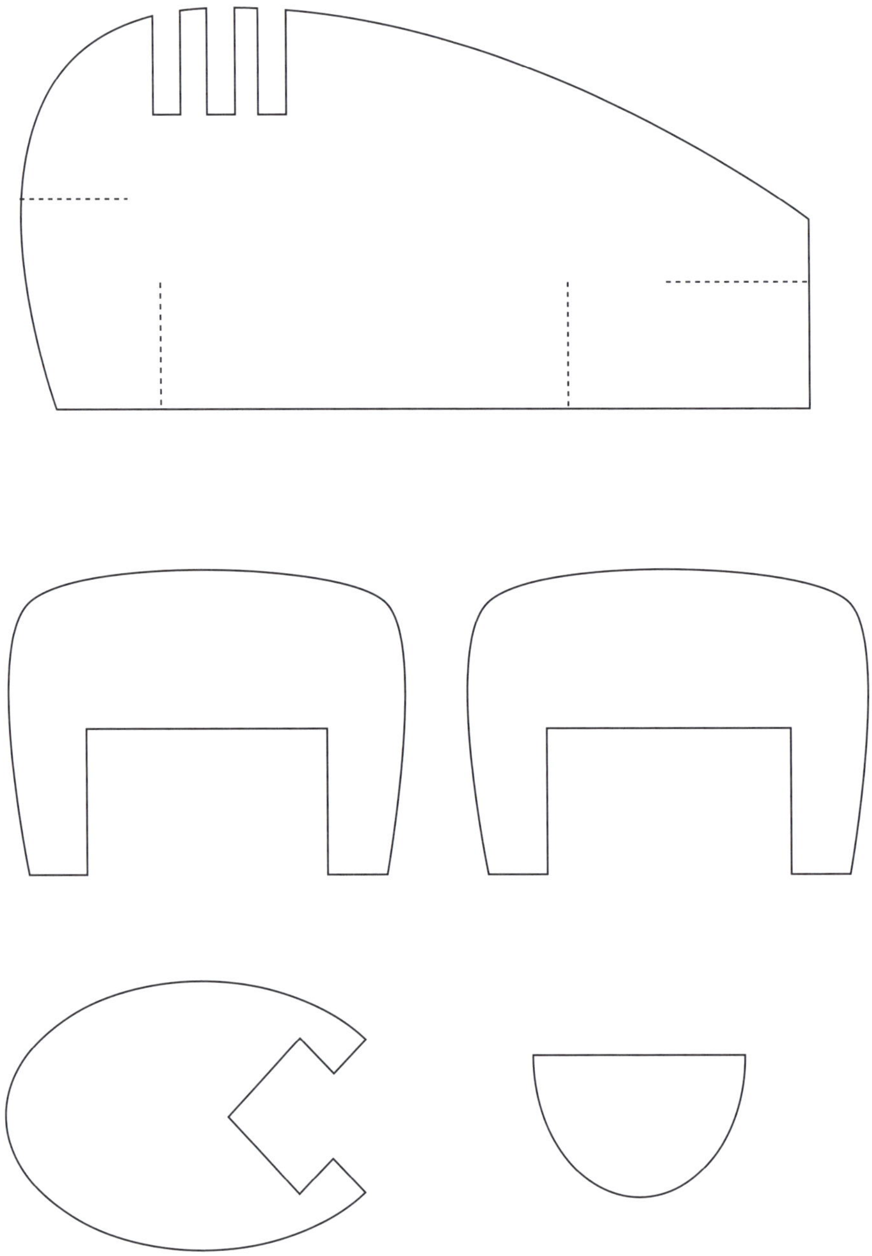

Untiere

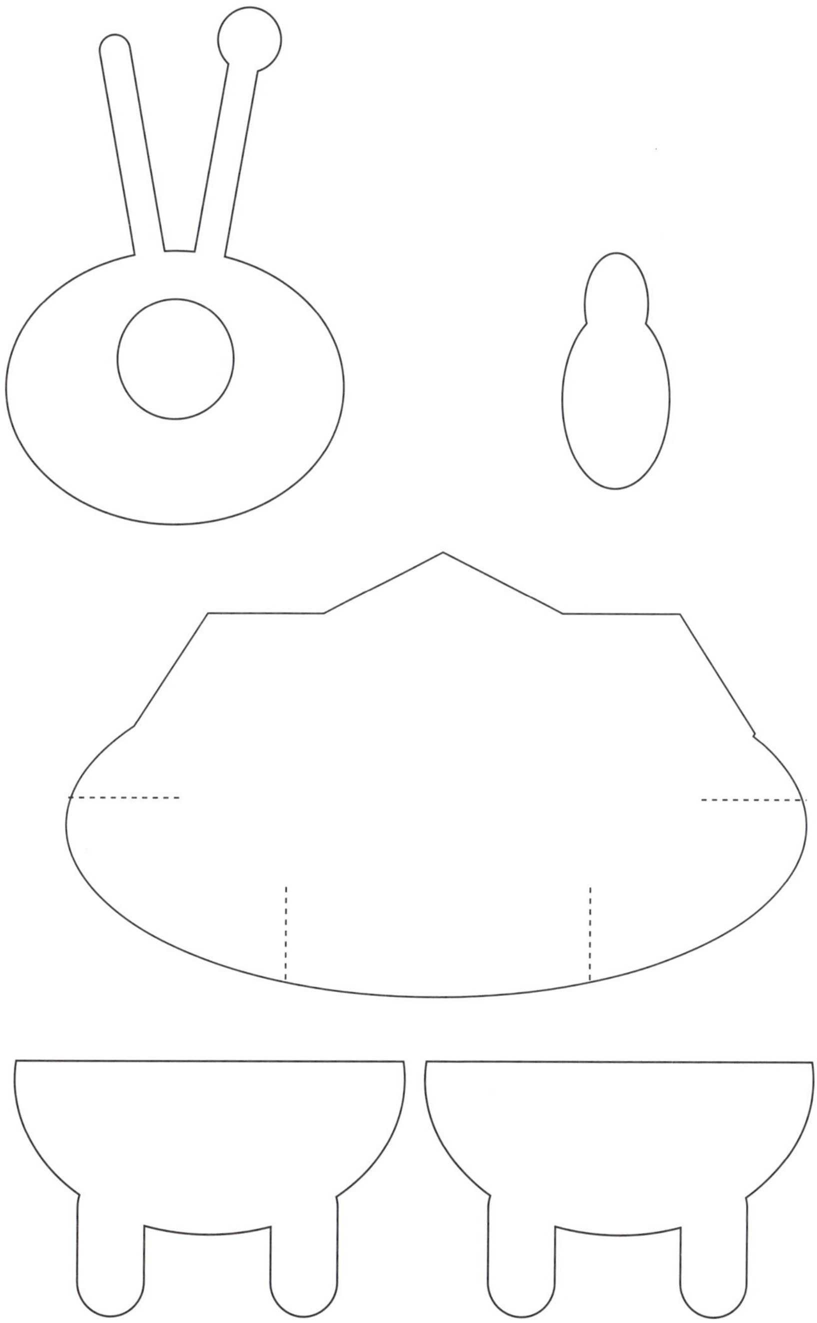

Tütenboden falten

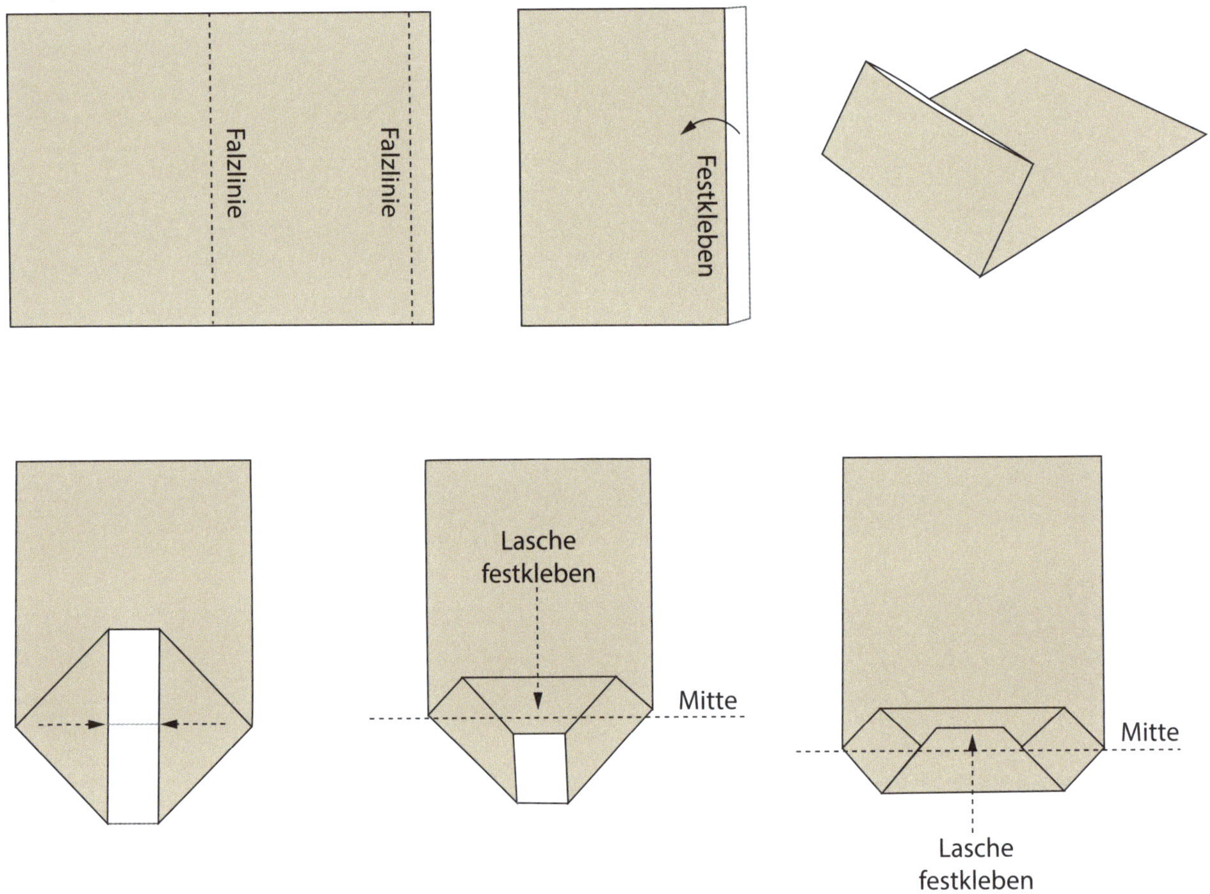

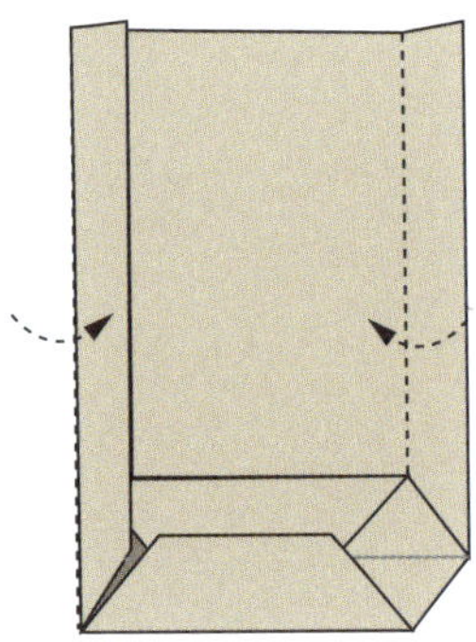

Seiten einfalten.
Jeweils beide Seiten nach vorne
und noch einmal nach hinten.

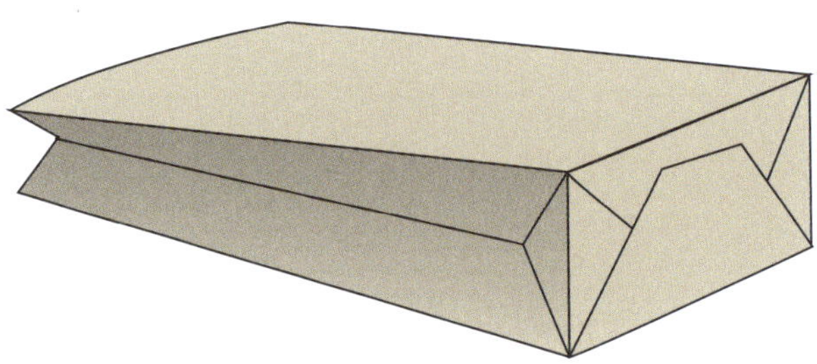

Alles auseinanderfalten
und in Form bringen.

Blumenranke für Piksbilder

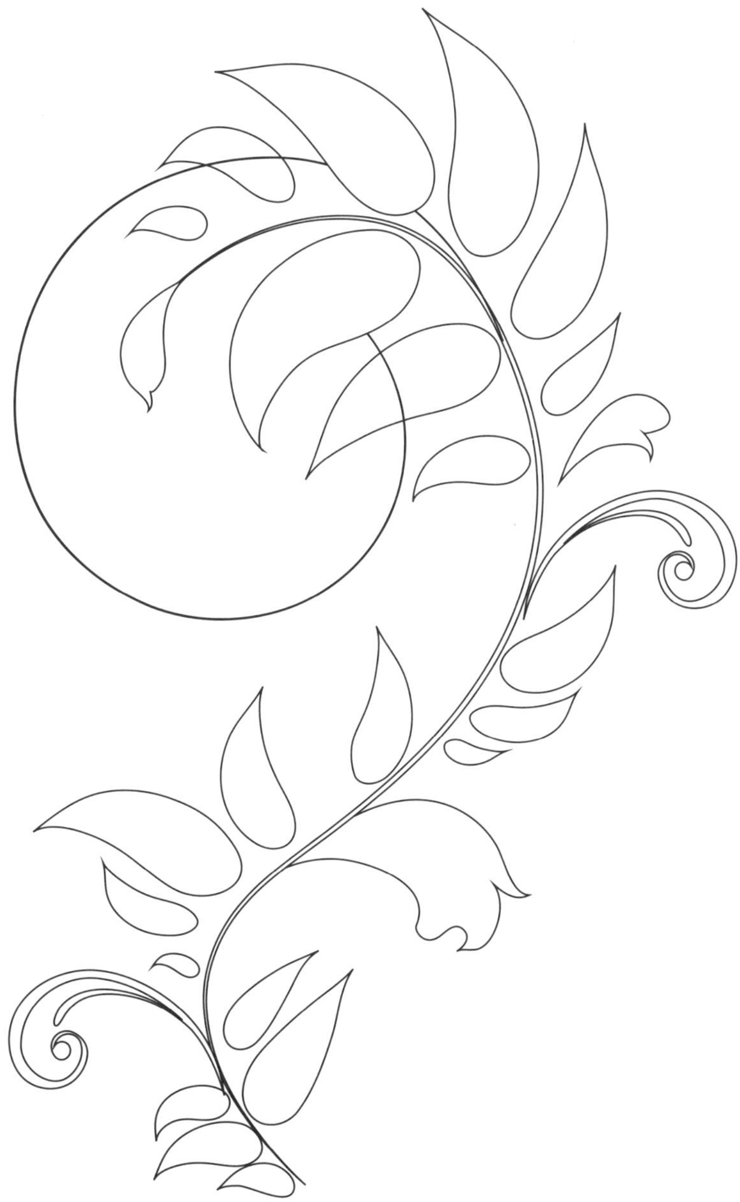

Impressum

Autorin: Ina Mielkau
Fotos und Grafiken: Ina Mielkau
Produktmanagement: Svenja Wiglinghaus
Lektorat: Sigrun Borstelmann
Korrektorat: Constanze Lüdicke
Umschlaggestaltung: Ina Mielkau
Layout und Satz: Ina Mielkau
Repro: LUDWIG:media
Herstellung: Julia Hegele
Printed in Poland by CGS Printing

★★★★★

Sind Sie mit diesem Titel zufrieden? Dann würden wir uns über Ihre Weiterempfehlung freuen. Erzählen Sie es im Freundeskreis, berichten Sie Ihrem Buchhändler oder bewerten Sie beim Onlinekauf.
Und wenn Sie Kritik, Korrekturen oder Aktualisierungen haben, freuen wir uns über Ihre Nachricht an Christophorus Verlag, Postfach 40 02 09, 80702 München oder per E-Mail an lektorat@verlagshaus.de.

Unser komplettes Programm finden Sie unter

www.christophorus-verlag.de

In diesem Buch wird aus Gründen der besseren Lesbarkeit das generische Maskulinum verwendet. Weibliche und anderweitige Geschlechteridentitäten werden dabei ausdrücklich mitgemeint, soweit es für die Aussage erforderlich ist.

Die Deutsche Nationalbibliothek verzeichnet diese Publikation in der Deutschen Nationalbibliografie; detaillierte bibliografische Daten sind im Internet über http://dnb.d-nb.de abrufbar.

2. Auflage 2024

ISBN 978-3-8388-3786-4

MIX
Papier | Fördert gute Waldnutzung
FSC® C111616

Einfach nachhaltig

Nachhaltigkeit ist uns wichtig! Mit diesem Buch unterstützen Sie eine ökologische Produktion. Wir verwenden FSC-zertifizierte Papiere, drucken mit mineralölfreien Druckfarben, verzichten auf das Einschweißen in Plastikfolie und achten auf kurze Transportwege.

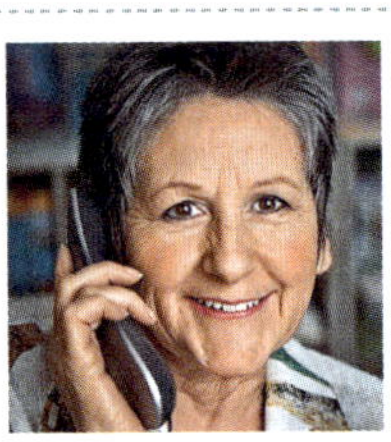

Kreativ-Service

Sie haben Fragen zu den Büchern und Materialien? Frau Erika Noll ist für Sie da und berät Sie rund um alle Kreativthemen. Rufen Sie an! Wir interessieren uns auch für Ihre eigenen Ideen und Anregungen. Sie erreichen Frau Noll per E-Mail: **mail@kreativ-service.info** oder Tel.: **+49 (0) 5052/91 18 58**

Besuchen Sie uns im Internet: www.christophorus-verlag.de